장유경의
아이놀이 백과 5~6세

장유경의
아이 놀이 백과

아동발달심리학자가 전하는 융복합 놀이 100

| 장유경 지음 |

5~6세

B 북폴리오

| 프롤로그 |

아이들에게 놀이를 돌려주자

• • •

유아기의 마지막 단계에 있는 48~72개월의 아이들은 이제 어린이집이나 유치원을 다니면서 교육을 받을 수 있을 정도로 인지적으로 성장했고, 또래 친구와 함께 놀 수 있을 정도로 언어와 사회성도 발달했다. 그리고 더 복잡하고 더 재미있는 다양한 놀이를 친구들과 즐길 수 있을 만큼 성장했다. 그런데 안타깝게도 놀기엔 아이들이 너무 바쁘다. 우리나라뿐 아니라 전 세계적으로 더 어린 나이부터 학습을 강조하면서 아이들의 놀이 시간은 더 줄어들고 있다. 유아기의 마지막 시기에서 놀이의 의미를 다시 생각해본다.

놀이는 재미있어야 한다

3권에 소개되는 놀이는 1, 2권에 비해 훨씬 복잡하고 전문적으로 보인다. 이 책 전체를 통해 놀이의 발달적 효과, 교육적 효과를 누누이 설명했지만 때로는 이게 놀이인지 수업인지 혼동될 때도 있다. 사실 아이들에게 가장 좋은 수업은 놀이 같은 수업이다.

큰 아이가 미국에서 자랄 때 태권도를 배운 적이 있다. 한 30분쯤 운전해서 가야 하는 거리에 미국인 사범이 운영하는 태권도 도장이 있었다. 아이는 일주일에 2번씩 그 미국인 사범에게서 태권도를 배우며 '하나', '둘', '차렷', '경례', '태권' 같은 구령도 어눌한 한국말로 배웠다. 그 당시 우리 눈에는 미국인 사범에게 배우는 태권도 동작이 '각'도 잡히지 않고 엉성하기 짝이 없어 보였고, 수업 시간도 짧은 데다가 아이는 수업의 반은 놀고 있는 듯이 보였다. 그러나 정작 아이는 무척 재미있어했다. 그렇게 몇 달을 배우다가 잠깐 한국에 들어올 일이 생겼다. 마침 아파트 단지에 태권도 도장이 있어서 가 보았더니 여기는 주 5일제로 수업하고 있었고, 매일 이루어지는 수업도 매우 타이트하게 진행하고 있었다. 생각해 보니 여기서 한 달을 배우면 미국에서 두세 달 배우는 것 이상의 효과가 있을 것이 분명했다. 아이도 좋다고 해서 드디어 태권도의 종주국에서 제대로 태권도를 배우기 시작했다. 그렇게 한 달을 배웠다. 아이의 태권도 실력은 일취월장했을까? 아이는 한 달 후에 태권도를 그만두었다.

　이 책에서 소개하는 많은 놀이는 정말 상당히 교육적이고 발달적인 효과가 있다. 많은 연구 결과가 이를 증명한다. 보드게임을 하다가 보면 덧셈, 뺄셈을 자연스럽게 하게 되고, 끝말잇기를 하다 보면 어휘가 늘고 음운인식 능력이 생기며, 청기 백기 놀이를 하다 보면 집행기능이 발달하고 자기조절 능력이 발달한다. 그래서 아인슈타인은 놀이야말로 '최고의 연구'라고 했다. 또 비고스키는 놀이 속에서 아이들이 다음 단계의 발달을 경험한다고 했다.

　그러나 놀이는 무엇보다 먼저 재미있어야 한다. 우리 큰 아들의 태권도 배우기처럼 아이의 수준에 맞지 않게 놀이에서 욕심을 부리면 놀이는 그 순간부터 고역이 되고 훈련이 된다. 아주 간단하다. 아이와 함께 놀이를 하면서 시간가는 줄 모르고 깔깔대며 웃고 즐겼다면 그게 바로 '놀이'이다.

놀이는 아이들에게 제일 적합한 교육의 도구이지만, 즐거움이 사라지는 순간 모든 마법을 잃고 만다.

만약 이러한 놀이가 부족하면 어떤 일이 생길까? 놀이 연구소의 스튜어트 브라운 박사는 몇십 년 동안 끔찍한 범죄자들을 인터뷰하며 이들의 어릴 적 놀이 경험을 조사했다. 이 범죄자들의 공통점은 어릴 때 즐거운 놀이의 기억이 없다는 것이었다. 브라운 박사의 결론은 어릴 적에 놀이의 경험이 부족하거나 박탈되면 호기심과 인내, 자기 조절을 배울 수 있는 기회를 놓치게 될 뿐 아니라 첫 10년 동안의 지속적인 놀이 결핍은 우울증과 경직된 사고, 공격성 그리고 충동조절의 실패와 같은 정서적인 문제를 초래한다는 것이다.

놀이는 선택이 아닌 아이들의 권리

2015년 5월 전국 시도교육감협의회는 '어린이 놀이 헌장'을 선포했다. 어린이 놀이 헌장은 아이들에게 놀이는 선택 사항이 아니고 권리이며 아이들은 놀 장소와 시간을 누릴 수 있어야 한다고 명시하고 있다. 학원을 보내고 학습지를 시키는 것은 선택의 문제이지만, 놀이는 아이들의 권리이다.

이제 유아에서 아동으로 성장해서 더 큰 세계를 향해 나아가는 우리 아이들에게 즐거운 놀이의 권리를 되찾아 주어야 할 때이다.

일단 믿어보자. 놀이가 주는 발달과 교육의 효과를 그냥 믿고 딱지치기와 공기놀이를 할 시간을 아이들에게 돌려주자. 아이가 얼굴이 발갛게 상기될 정도로 뛰어다니거나 반대로 아무것도 하지 않고 뒹굴고 빈둥거릴 수 있는 시간과 장소를 허락하자. 아니, 아이와 함께 이 책의 놀이를 진심으로 즐겨보자. 아이와 어른, 우리 모두에게 놀이가 필요하다.

아동발달심리학자, 심리학 박사
장유경

▶ 이 책의 활용법 ◀

이 책에서는 이 시기 아이들에게 꼭 필요한 놀이를 영역별로 선별하여 실었다.
책의 구성을 살펴보면서 각 코너의 활용법을 알아보자.

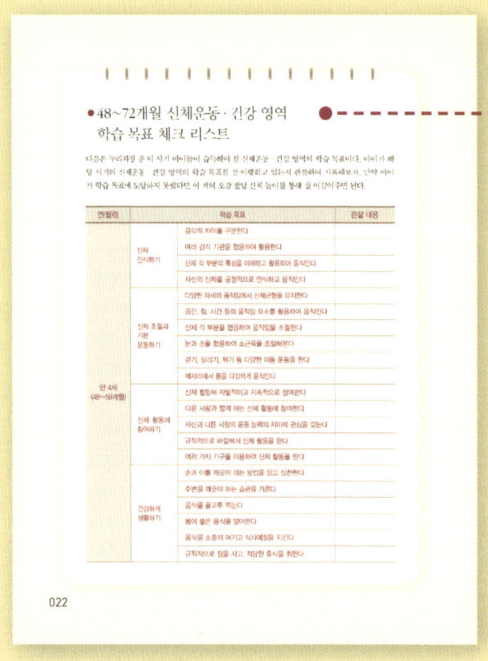

● **학습 목표 체크 리스트**: 1, 2권과 달리 3권에서는 국가에서 제시하는 유아 교육과정인 누리과정을 참고하여 영역별 학습 목표 체크 리스트를 정리했다. 제시된 교육과정의 목표들을 보며 아이의 발달을 기대하고 교육을 제공하는 방향을 지침으로 사용하면 좋겠다.

● 각 놀이는 5개의 영역으로 분류하여 소개했다. 1, 2권과 달리 3권에서는 누리과정의 영역을 참고하여 '예술' 영역이 추가로 포함되었다. 아이들의 놀이는 사실 여러 영역을 동시에 자극하지만 그래도 가장 강조되는 영역을 주 영역으로 정했다. 이 시기 아이들의 놀이는 1, 2권의 놀이보다 더 교육적이며 발달적이다. 앞서도 이야기했지만, 각 영역에서 상당한 발달이 일어나고 있는 시기인지라 여러 연구와 논문을 참고해서 각 영역의 발달을 자극할 수 있는 놀이로 선별했다.

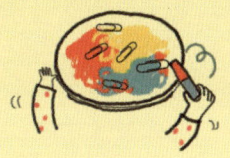

● 첫 부분에는 놀이 방법을 읽기 전에 간단하게 놀이를 이해할 수 있도록 놀이에 대해 소개했다.

● 준비물에서는 놀이를 위해 필요한 준비물을 제시했다. 1, 2권과 마찬가지로 집에서 쉽게 구할 수 있는 재료나 재활용품도 아이를 위해 좋은 놀잇감이 된다.

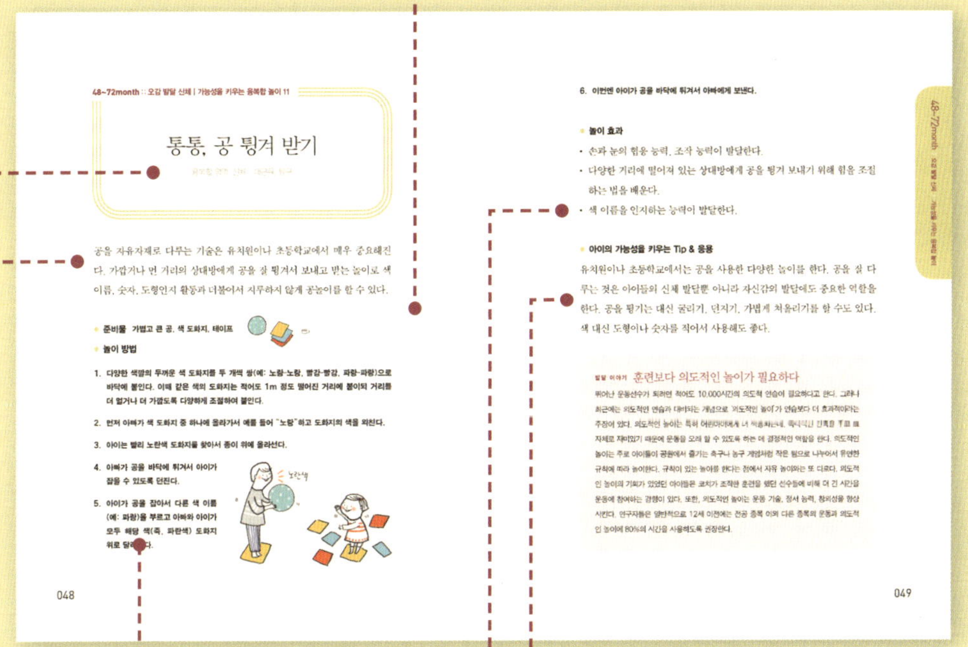

● 놀이 방법은 1, 2권에 비해서 놀이 중에 나누는 대사를 많이 생략했다. 이제 아이도 제법 이야기를 잘하고 부모도 아이와 대화하는 데에 익숙해졌을 것이기 때문이다. 다만 놀이 방법을 더 분명하게 설명할 필요가 있을 때만 대사를 적었다. 놀이 방법을 읽고 그림을 참조하면 훨씬 더 이해가 쉬울 것이다.

● 놀이 효과는 그 놀이를 통해 발달할 수 있는 기능들을 선별해서 적었다. 그러나 놀이의 효과는 여기에 적을 수 없을 만큼 많다는 것을 미리 말해두고 싶다.

● 아이의 가능성을 키우는 Tip & 응용은 해당 놀이를 변형할 수 있는 몇 가지 방법을 제시했다. 아이에 따라 놀이의 Tip을 참고하면서 난이도를 조절하여 놀아주면 좋겠다.

009

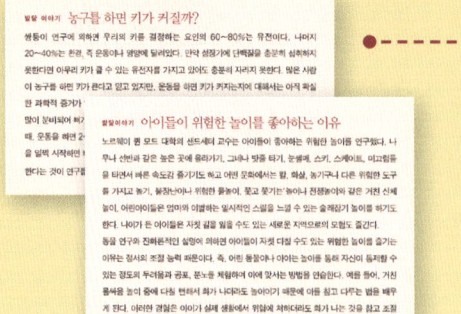

● 발달 이야기에서는 이 시기 아이들에 대한 다양한 연구와 이론, 시사적인 주제들을 간단하게 소개했다. 3권에서는 한국 연구를 많이 참고했고, 참고한 자료들은 참고문헌에 표시하였다. 복잡한 연구들을 너무 간단히 설명하려다 보니 뻔한 이야기처럼 들릴 수도 있겠지만, 과학적인 연구와 근거가 있는 것을 소개하려고 노력했다. 이를 통해 아이들의 발달과 교육에 대해 조금이라도 더 이해할 수 있으면 좋겠다.

● 장 박사의 Q&A 고민상담소에서는 이 또래의 아이를 키우는 엄마들의 놀이와 학습에 대한 궁금증을 실제로 조사하여 가장 빈도수가 높았던 질문들을 뽑았다. 그동안 엄마들이 가졌던 고민이 조금이나마 해소될 수 있기를 바란다.

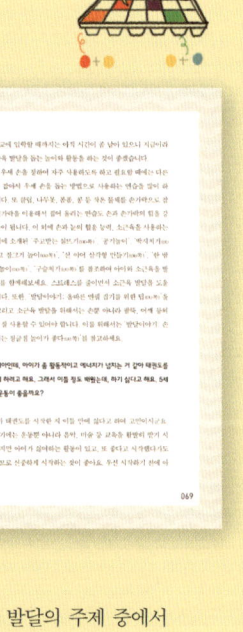

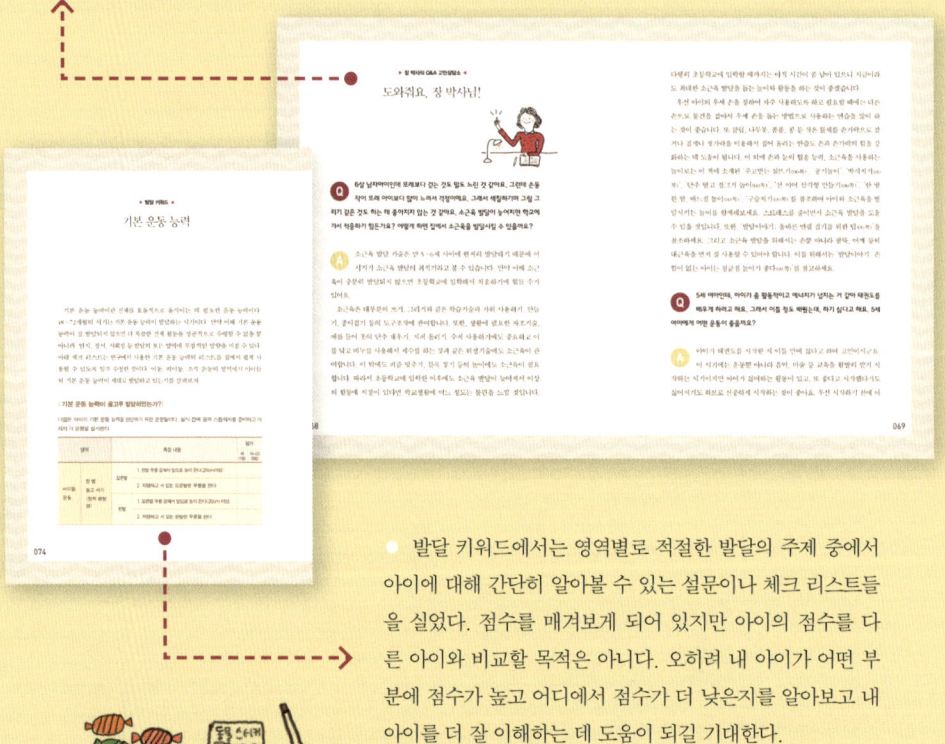

● 발달 키워드에서는 영역별로 적절한 발달의 주제 중에서 아이에 대해 간단히 알아볼 수 있는 설문이나 체크 리스트들을 실었다. 점수를 매겨보게 되어 있지만 아이의 점수를 다른 아이와 비교할 목적은 아니다. 오히려 내 아이가 어떤 부분에 점수가 높고 어디에서 점수가 더 낮은지를 알아보고 내 아이를 더 잘 이해하는 데 도움이 되길 기대한다.

| 차례 |

프롤로그 | 아이들에게 놀이를 돌려주자 004
이 책의 활용법 008

Chapter 1

| 오감 발달 신체 | 아이의 가능성을 키우는 48~72개월 융복합 놀이

자신감과 사회성 발달을 위한 신체 놀이를 해요

신체 활동이 왕성하고 복잡한 동작이 가능한 시기 019
놀이 1 점점 더 낮게, 림보 놀이 025 놀이 2 여우야 여우야 뭐하니? 028
놀이 3 돌리고 깡충 뛰기 030 놀이 4 사방치기 032
놀이 5 선 따라 술래잡기 034 놀이 6 깡충깡충 줄넘기 036
놀이 7 찡꽁 빵꽁, 토끼 씨름 038 놀이 8 모양 따라 하기 요가 040
놀이 9 공기놀이 043 놀이 10 풍선 하키 046
놀이 11 통통, 공 튕겨 받기 048 놀이 12 슛! 발로 하는 볼링 050
놀이 13 우유통 야구 놀이 052 놀이 14 주고받는 실뜨기 054
놀이 15 딱지치기 056 놀이 16 단추 열고 잠그기 놀이 058
놀이 17 선 이어 삼각형 만들기 060 놀이 18 한 땀 한 땀, 바느질 놀이 062
놀이 19 단추로 하는 골프 놀이 064 놀이 20 구슬치기 066

장 박사의 Q&A 고민상담소 도와줘요, 장 박사님! 068
발달 키워드 기본 운동 능력 074

Chapter 2

| 소통 발달 언어 | 아이의 가능성을 키우는 48~72개월 융복합 놀이

문법에 맞게
문장을 정확하게 사용해요

짧은 노래나 동요, 동시를 기억해 외울 수 있는 시기 079

놀이 1 이야기 끈 085   놀이 2 끝말잇기 088   놀이 3 누굴까? 스무고개 090

놀이 4 스티커로 그림 이야기 만들기 092   놀이 5 그림 속 이야기 만들기 094

놀이 6 동화 읽고 극 놀이 096   놀이 7 이야기 릴레이 098

놀이 8 말소리 파노라마 100   놀이 9 머리, 어깨, 무릎, 발 102

놀이 10 말소리 더하기, 빼기 104   놀이 11 다른 말소리 찾기 106

놀이 12 나만의 단어장 만들기 108   놀이 13 단어 카드 젓가락 집기 110

놀이 14 단어 카드 찾아서 동작하기 112   놀이 15 장애물 넘어 이름 완성하기 114

놀이 16 글자 낚시 116   놀이 17 글자 카드 뒤집기 118

놀이 18 글자로 글자 만들기 120   놀이 19 자음과 모음 짝짓기 122

놀이 20 낱자 밟아 이름 쓰기 124

장 박사의 Q&A 고민상담소 도와줘요, 장 박사님! 127
발달 키워드 또래와의 언어 사용 132

Chapter 3

| 호기심 발달 탐구 | 아이의 가능성을 키우는 48~72개월 융복합 놀이

수학과 과학에 흥미를 가지게 해요

수 세기와 간단한 덧셈, 뺄셈이 가능한 시기 137

놀이 1 누가 더 멀리 던졌을까? 143 놀이 2 30분은 얼마나 길까? 146

놀이 3 수 직선 놀이 148 놀이 4 더 큰 수와 더 작은 수 150

놀이 5 수 가르기 놀이 152 놀이 6 10 만들기 놀이 154

놀이 7 10 만들기 '고 피쉬 놀이' 157 놀이 8 낙하산과 사다리 보드게임 160

놀이 9 입체도형 포토북 만들기 162 놀이 10 '냠냠' 맛있는 입체도형 164

놀이 11 인형은 어디에? 166 놀이 12 지시 따라 보물찾기 168

놀이 13 길이 순서대로 놓기 170 놀이 14 비밀 패턴 풀기 172

놀이 15 냉장고 정리 174 놀이 16 우리 집 오는 길 그리기 176

놀이 17 화산 폭발 동영상 만들기 178 놀이 18 꽃 색깔 바꾸기 마술 180

놀이 19 병 속 무지개 만들기 182 놀이 20 강낭콩 키우기 184

장 박사의 Q&A 고민상담소 도와줘요, 장 박사님! 186
발달 키워드 수학적 태도 191

Chapter 4

| 사회 · 정서 감성 발달 | 아이의 가능성을 키우는 48~72개월 융복합 놀이

또래와 관계 맺는 법을 배워요

또래와 비교하며 자존감을 형성하는 시기 197
놀이 1 보디스캔 명상 203　　놀이 2 표정 읽기 206
놀이 3 놀이공원 보드게임 208　　놀이 4 명화 속 감정 느끼기 210
놀이 5 감정 온도계 212　　놀이 6 오늘의 기분 214　　놀이 7 마니또 놀이 216
놀이 8 감사 쿠폰 선물하기 218　　놀이 9 칭찬 나누기 220
놀이 10 가라사대 놀이 222　　놀이 11 청기 백기 놀이 224
놀이 12 신호등 놀이 226　　놀이 13 머리-발-어깨-무릎 228
놀이 14 줄 당겨 컵 쌓기 230　　놀이 15 엉덩이 맞대고 공 옮기기 232
놀이 16 눈 맞춤 234　　놀이 17 달라진 곳 찾기 236
놀이 18 사람 고리 풀기 238　　놀이 19 숟가락 위에 주사위 쌓기 240
놀이 20 포스트잇 붙이기 242

장 박사의 Q&A 고민상담소 도와줘요, 장 박사님! 244
발달 키워드 사회적 유능성 249

Chapter 5

| 예술 창의 발달 | 아이의 가능성을 키우는 48~72개월 융복합 놀이

음악, 미술로 자기감정이나 느낌을 표현해요

예술적 환경에서 경험하며 재능을 발견하는 시기 255

놀이 1 물병 악기 260   **놀이 2** 마술피리 만들기 262   **놀이 3** 음악 줄넘기 264

놀이 4 윙윙윙, 왕벌이 되어 보자 266   **놀이 5** 몸으로 리듬 만들기 268

놀이 6 종이 물고기 만들기 270   **놀이 7** 실 잡아당겨 그리기 272

놀이 8 밀가루 점토 만들기와 점토 놀이 274   **놀이 9** 마음대로 색 만들기 276

놀이 10 그림자놀이 278   **놀이 11** 자석으로 그림 그리기 280

놀이 12 낙서로 그림 그리기 282   **놀이 13** 병뚜껑 그림 284

놀이 14 사진으로 그림 완성하기 286   **놀이 15** 스티로폼 조각 288

놀이 16 종잇조각 290   **놀이 17** 반쪽 자화상 그리기 292

놀이 18 키친타월 프린팅 294   **놀이 19** 손가락 인형 만들기 296

놀이 20 커피 필터 부케 만들기 298

장 박사의 Q&A 고민상담소 도와줘요, 장 박사님! 300
발달 키워드 그리기 표현 능력의 평가 305

에필로그 | 아이들에게 잃었던 놀이의 즐거움을 되찾아주자 308
참고문헌 310

Chapter 1

오감 발달 신체

아이의 가능성을 키우는 48~72개월 융복합 놀이

자신감과 사회성 발달을 위한 신체 놀이를 해요

신체 활동이 왕성하고
복잡한 동작이 가능한 시기

• • •

신체 영역 발달의 특징

아이들의 놀이를 생각하면 제일 먼저 떠오르는 것이 신체 놀이일 만큼 아이들에게 있어 신체 활동은 중요하다. 특히 48~72개월의 아이들은 신체 활동이 매우 왕성하고 이제 점프는 물론이며 달리고, 구르고, 공을 던지고 받기, 뛰면서 공차기와 같은 복잡한 동작도 할 수 있다. 또 가위를 사용하고, 단추를 여닫고 끈을 묶고 연필을 잡을 수 있다. 이 시기는 다양한 운동 능력이 급속하게 발달하는 시기이므로 기초 운동 능력이 잘 갖춰져야 더욱 전문적인 스포츠 활동을 잘할 수 있게 된다. 또한, 이 시기의 신체 활동은 골격과 근육의 발달을 돕고 혈액순환을 촉진하므로 규칙적으로 운동하는 아이들은 키가 더 크고 체중도 더 무겁고 심장, 폐, 소화기관의 발달에도 도움이 된다. 이뿐만이 아니다. 굳이 운동선수를 만들려는 목적이 아니더라도 이 시기 신체 활동과 운동 능력은 아이들의 자신감 발달과 사회성 발달에도 영향을 준다. 아이들은 자신의 운동 능력을 또래와 비교하기 시작하고 달리기를 잘하거나 축구를 잘하는 것에 자신감을 가진다. 또 단체 운동을 시작하면서 자연스럽게 또래들을 사귀고 운동을 잘하는 아이는 친구 사이에서 인기도 높다. 마지막으로 신체 활동은 정서의 순화, 스트레스 해소에 도움이 되어서 아이들의 정신건강에도 좋다.

이러한 이유로 이 시기 남자아이들은 축구, 농구 등의 구기 운동과 수영을, 여자아이들은 생활체육이나 발레, 수영, 인라인스케이트를 많이 배운다. 태권도 역시 남녀 모두에게 인기가 높다. 이 시기 신체 활동은 특히 어떤 점에 관심을 두어야 하는지 유치원의 누리과정 중 신체운동·건강 영역의 목표를 살펴보자.

누리과정 신체운동·건강 영역 내용

- **신체 인식하기**: 감각 능력을 기르고 활용하기, 신체를 인식하고 움직이기가 목표다.

- **신체 조절과 기본 운동하기**: 신체 조절에서는 다양한 자세와 움직임에서는 신체의 균형을 유지하기, 신체 각 부분을 협응하여 움직임을 조절하기, 눈과 손을 협응하여 소근육을 조절하기, 도구를 활용하여 여러 가지 조작운동 활동을 한다. 기본 운동하기에서는 걷기, 달리기, 뛰기 등 다양한 이동 운동과 제자리에서 몸 움직이기를 한다.

- **신체 활동에 참여하기**: 자발적으로 신체 활동에 참여하고 여러 기구를 이용하여 신체 활동을 한다.

- **건강하게 생활하기**: 몸과 주변을 깨끗이 하기, 규칙적으로 자고 일과를 즐기기, 질병을 예방하는 방법을 알고 실천하기 등이다.

이상의 누리과정 목표를 보면 유치원에서도 또래와의 신체 놀이를 통해서 신체 조절과 기본 운동 능력의 향상을 강조하는 것을 알 수 있다. 이 책에서 소개되는 놀이가 아이에게 신체 조절과 기본적인 신체 운동 능력을 키

위주는 데 도움이 될 것이다.

아이의 흥미를 살려주는 신체 놀이

- 대근육 놀이: 달리기, 제자리 뛰기, 균형 잡기 등 대근육을 사용하는 놀이로는 '여우야 여우야 뭐하니?(38쪽)', '점점 더 낮게, 림보놀이(25쪽)', '돌리고 깡충 뛰기(30쪽)', '사방치기(32쪽)', '선 따라 술래잡기(34쪽)', '깡충깡충 줄넘기(36쪽)', '찡꽁 빵꽁, 토끼 씨름(38쪽)', '모양 따라 하기 요가(40쪽)'가 있다.

- 도구를 이용한 신체 놀이: 주로 실내에서 할 수 있는 공놀이로 '풍선 하키(46쪽)', '통통, 공 튕겨 받기(48쪽)', '슛! 발로 하는 볼링(50쪽)', '우유통 야구 놀이(52쪽)'가 있다.

- 소근육 놀이: 손과 눈의 협응 능력, 소근육을 사용하는 놀이로는 '주고받는 실뜨기(54쪽)', '공기놀이(43쪽)', '딱지치기(56쪽)', '단추 열고 잠그기 놀이(58쪽)', '선 이어 삼각형 만들기(60쪽)', '한 땀 한 땀, 바느질 놀이(62쪽)', '구슬치기(66쪽)'가 좋다.

2013년에 개정된 초등 교과과정에서는 체육교과가 포함된 '즐거운 생활'이 통합교과로 합쳐졌다. 체육 관련 내용은 주로 놀이(예를 들어 게임하기, 계절놀이, 민속놀이 등)와 표현에 집중되어 있어서 이 책에 소개되는 놀이를 함께하는 것이 도움이 될 것이다.

전 세계적으로 유아기부터 학과 교육을 강조하는 추세와 컴퓨터와 같은 디지털기기의 확산으로 아이들의 신체 놀이와 휴식 시간이 줄어들고 있다. 그러나 많은 연구에서 아이들이 몸을 움직여 뛰어놀고 나면 더 잘 집중하고 건강해진다는 결과를 보여준다. 시간 날 때 잠시 바깥에 나가서 아이와 함께 사방치기라도 하는 것이 발달을 위한 최대의 투자이다.

● 48~72개월 신체운동·건강 영역 학습 목표 체크 리스트

다음은 누리과정 중 이 시기 아이들이 습득해야 할 신체운동·건강 영역의 학습 목표이다. 아이가 해당 시기의 신체운동·건강 영역의 학습 목표를 잘 이행하고 있는지 관찰하여 기록해보자. 만약 아이가 학습 목표에 도달하지 못했다면 이 책의 오감 발달 신체 놀이를 통해 잘 이끌어주면 된다.

연(월)령		학습 목표	관찰 내용
만 4세 (48~59개월)	신체 인식하기	감각적 차이를 구분한다	
		여러 감각 기관을 협응하여 활용한다	
		신체 각 부분의 특성을 이해하고 활용하여 움직인다	
		자신의 신체를 긍정적으로 인식하고 움직인다	
	신체 조절과 기본 운동하기	다양한 자세와 움직임에서 신체균형을 유지한다	
		공간, 힘, 시간 등의 움직임 요소를 활용하여 움직인다	
		신체 각 부분을 협응하여 움직임을 조절한다	
		눈과 손을 협응하여 소근육을 조절해본다	
		걷기, 달리기, 뛰기 등 다양한 이동 운동을 한다	
		제자리에서 몸을 다양하게 움직인다	
	신체 활동에 참여하기	신체 활동에 자발적이고 지속적으로 참여한다	
		다른 사람과 함께하는 신체 활동에 참여한다	
		자신과 다른 사람의 운동 능력의 차이에 관심을 갖는다	
		규칙적으로 바깥에서 신체 활동을 한다	
		여러 가지 기구를 이용하여 신체 활동을 한다	
	건강하게 생활하기	손과 이를 깨끗이 하는 방법을 알고 실천한다	
		주변을 깨끗이 하는 습관을 기른다	
		음식을 골고루 먹는다	
		몸에 좋은 음식을 알아본다	
		음식을 소중히 여기고 식사예절을 지킨다	
		규칙적으로 잠을 자고, 적당한 휴식을 취한다	

연(월)령		학습 목표	관찰 내용
만 4세 (48~59개월)	건강하게 생활하기	하루 일과에 즐겁게 참여한다	
		바른 배변 습관을 가진다	
		질병을 예방하는 방법을 알고 실천한다	
		날씨와 상황에 알맞게 옷을 입는다	
	안전하게 생활하기	놀이기구나 놀잇감, 도구를 안전하게 사용한다	
		안전한 장소를 알고 안전하게 놀이한다	
		TV, 인터넷, 통신기기 등의 위해성을 알고, 바르게 사용한다	
		교통안전 규칙을 알고 지킨다	
		교통수단을 안전하게 이용한다	
		학대, 성폭력, 실종, 유괴 상황 시 도움을 요청하는 방법을 알고 행동한다	
		재난 및 사고 등 비상 시 적절하게 대처하는 방법을 알고 행동한다	
만 5세 (60개월~)	신체 인식하기	감각으로 대상이나 사물의 특성과 차이를 구분한다	
		여러 감각 기관을 협응하여 활용한다	
		신체 각 부분의 특성을 이해하고 활용하여 움직인다	
		자신의 신체를 긍정적으로 인식하고 움직인다	
	신체 조절과 기본 운동하기	다양한 자세와 움직임에서 신체 균형을 유지한다	
		공간, 힘, 시간 등의 움직임 요소를 활용하여 움직인다	
		신체 각 부분을 협응하여 움직임을 조절한다	
		눈과 손을 협응하여 소근육을 조절해본다	
		도구를 활용하여 여러 가지 조작 운동을 한다	
		걷기, 달리기, 뛰기 등 다양한 이동 운동을 한다	
		제자리에서 몸을 다양하게 움직인다	
	신체 활동에 참여하기	신체 활동에 자발적이고 지속적으로 참여한다	
		다른 사람과 함께하는 신체 활동에 참여한다	
		자신과 다른 사람의 운동 능력의 차이를 이해한다	

연(월)령	학습 목표		관찰 내용
만 5세 (60개월~)	신체 활동에 참여하기	규칙적으로 바깥에서 신체 활동을 한다	
		여러 가지 기구를 이용하여 신체 활동을 한다	
	건강하게 생활하기	스스로 몸을 깨끗이 하는 습관을 기른다	
		주변을 깨끗이 하는 습관을 기른다	
		적당량의 음식을 골고루 먹는다	
		몸에 좋은 음식을 선택할 수 있다	
		음식을 소중히 여기고 식사예절을 지킨다	
		규칙적으로 잠을 자고, 적당한 휴식을 취한다	
		하루 일과에 즐겁게 참여한다	
		규칙적인 배변 습관을 가진다	
		질병을 예방하는 방법을 알고 실천한다	
		날씨와 상황에 알맞게 옷을 입는다	
	안전하게 생활하기	놀이기구나 놀잇감, 도구의 바른 사용법을 알고 안전하게 사용한다	
		안전한 장소를 알고 안전하게 놀이한다	
		TV, 인터넷, 통신기기 등의 위해성을 알고, 바르게 사용한다	
		교통안전 규칙을 알고 지킨다	
		교통수단을 안전하게 이용한다	
		학대, 성폭력, 실종, 유괴 상황 시 도움을 요청하는 방법을 알고 행동한다	
		재난 및 사고 등 비상 시 적절하게 대처하는 방법을 알고 행동한다	

48~72month :: 오감 발달 신체 | 가능성을 키우는 융복합 놀이 1

점점 더 낮게, 림보 놀이

융복합 영역: 신체 · 대근육 유연성

중앙아메리카의 전통적인 곡예 댄스에서 유래한 놀이로 막대를 떨어뜨리지 않고 그 밑을 지나가야 한다.

- **준비물** 긴 막대 또는 줄

- **놀이 방법**

1. 긴 막대 또는 줄을 준비해서 두 사람이 들거나 적당한 곳에 묶는다.
2. 먼저 한 사람이 가슴을 뒤로 젖히고 등이 땅을 향하게 만든 상태에서 막대나 줄을 건드리지 않고 그 밑을 지나간다.
3. 처음에는 어깨높이에서 시작해서 막대나 줄의 높이를 배, 허리, 무릎 높이로 점점 낮추고 제일 마지막까지 남은 사람이 이긴다.

- **놀이 효과**
- 유연성과 근력 향상에 도움이 된다.
- 신체 지각과 균형감각의 발달을 돕는다.

● **아이의 가능성을 키우는 Tip & 응용**

놀이를 시작하기 전에 스트레칭 등으로 몸을 좀 풀고 난 다음에 시작한다. 더 쉽게 하기 위해서는 허리를 젖히지 말고 바닥을 보고 허리를 굽힌 상태에서 막대 밑을 통과한다. 막대의 높이를 낮추면서 막대를 통과하는 다양한 방법을 생각해본다. 아이들보다 키가 큰 엄마, 아빠와 함께 누가 더 잘하나 시합을 해보는 것도 재미있다. 엉덩방아를 찧어도 다치지 않게 바닥에 매트를 깔아둔다.

발달 이야기 5~6세에 시작하기 좋은 유아 스포츠

수영: 가장 어릴 때부터 시작할 수 있지만, 부모가 함께하지 않는 한 아이가 지시를 알아듣고 따를 수 있는 만 4세 이후에 시작하는 것이 좋다. 우선 물과 친해지는 것이 중요해서 처음에는 친구들과 함께 놀이처럼 재미있게 배우는 것이 좋다. 3~4개월 정도 기본 영법을 익힌 뒤에 개인 지도를 해도 좋다. 수영은 전신운동으로 골격을 키우는 데 도움이 되고 심폐지구력과 근력이 향상된다. 무엇보다 생존을 위해 필수로 배워야 하는 종목이므로 유아기에 시작하는 것이 좋다.

발레: 만 5~6세를 전후해서 문화센터 등에서 쉽게 배울 수 있다. 발레는 척추의 바른 정열을 도와 자세교정 및 근력과 근지구력의 발달, 기초 운동 능력인 유연성, 평형성, 순발력, 민첩성, 협응력을 기르는 데 도움이 된다. 또한, 클래식 음악에 맞춰 다양한 동작을 하므로 감성 발달은 물론 리듬감과 창의성 발달에도 도움이 된다. 그러나 어려서부터 너무 어려운 동작을 가르치면 역효과가 날 수 있으므로 주의한다. 발레 수업을 고를 때는 아이들이 너무 많으면 교사가 일일이 동작을 교정해주기가 어려우므로 교사 1인당 아이들의 수가 얼마나 되는지를 고려한 후 선택한다.

태권도: 유연하고 부드러운 기술과 강력하고 날카로운 기술을 동시에 사용해서 전신을 발달시키는 운동이다. 일종의 수련이기 때문에 질서, 예의, 극기, 자제 등의 태도를 배울 수 있다. 요즘은 유아 체육 프로그램과 결합하여 아이들의 수준에 맞게 재미있게 태권도 동작을 가르치는 프로그램들이 많다. 보통 만 5~6세 사이에 태권도를 시작하는데, 국내의 한 연구 결과에 의하면 만 5세보다는 만 6세에 태권도를 배운 아이들이 태권도를 하지 않은 아이들보다

키가 더 컸다. 태권도를 배운 아이들은 유연성, 민첩성, 평형성, 순발력, 근지구력 등의 기본 체력에서 태권도를 배우지 않은 아이들보다 더 뛰어났다.

축구: 가장 보편적이면서도 재미있게 할 수 있는 종목이다. 다른 종목에 비해 비교적 쉽게 참여할 수 있어서 운동신경이 떨어지거나 운동에 대한 흥미를 느끼지 못하는 아이에게도 좋다. 대부분의 유아 체육 종목들이 개인 종목인 데 비해 축구는 팀으로 하는 단체 운동이라 사회성과 리더십을 기를 수 있는 장점이 있다. 축구를 통해 공을 다룰 수 있게 되면 다른 구기 종목의 단체 스포츠를 배우는 데도 도움이 된다. 운동을 하면서 몸도 부딪치고 넘어지기도 하는 것은 괜찮지만, 너무 경쟁적이고 격렬해지기보다는 즐기면서 할 수 있도록 신경 써줄 필요가 있다.

48~72month :: 오감 발달 신체 | 가능성을 키우는 융복합 놀이 2

여우야 여우야 뭐하니?

융복합 영역: 신체, 사회성

3명 이상의 많은 아이가 함께 놀 수 있는 놀이로 실내보다는 맘껏 달릴 수 있는 바깥에서 하면 좋다.

- 준비물 없음
- 놀이 방법

1. 가위, 바위, 보로 술래(여우)를 정한다.

2. 술래(여우)는 한 장소에 서서 아이들을 기다린다.

3. 술래를 제외한 나머지 사람들은 손을 잡고 "여우야 여우야 뭐하니?" 노래를 부르며 한 발자국씩 술래(여우)에게 다가간다.
   아이들: 여우야 여우야 뭐하니? 여우: 잠잔다. 아이들: 잠꾸러기!
   아이들: 여우야 여우야 뭐하니? 여우: 세수한다. 아이들: 멋쟁이!
   아이들: 여우야 여우야 뭐하니? 여우: 밥 먹는다.
   아이들: 무슨 반찬? 여우: 개구리 반찬!
   아이들: 죽었니? 살았니? 여우: 살았다!

4. 노래의 마지막 부분에서 술래(여우)가 "살았다!"라고 말하면서 아이들을 잡으러 간다. 나머지는 술래에게 잡히지 않도록 도망친다. 이때 술래(여우)에게 잡힌 사람이 다시 술래(여우)가 된다.

5. 만약 술래(여우)가 '죽었다'고 대답하면 모두 움직이지 않고 제자리에 가만히 서 있어야 한다. 이때 움직이는 사람이 술래가 된다.

● **놀이 효과**
- 빠르게 달리는 연습을 재미있게 할 수 있다.
- 친구들과 자연스럽게 신체 접촉을 하면서 친밀감이 형성된다.
- 놀이를 통해 규칙을 배우고 갈등의 해결과 공동체 의식을 익힌다.

● **아이의 가능성을 키우는 Tip & 응용**

아이들이 손을 잡아 원을 만들고 술래가 원 안에 앉아 있는 형태로 놀이를 진행해도 된다. 인원이 많으면 술래가 한 명 이상이 되어도 좋다.

발달이야기 유아기에는 어떤 운동이 좋을까?

취학 전 만 2~5세는 기본적인 운동 능력을 숙달하기 시작하는 시기(기본 운동 단계)다. 대부분의 아이가 주의력이 제한되고 균형감각도 발달 중이며, 시력과 움직이는 물체를 추적하는 능력도 완성되어 있지 않다. 따라서 이 시기는 본격적인 스포츠를 시작하기에는 아직 어리다. 너무 일찍 조직적인 운동에 참여하는 아이들은 잦은 부상이나 탈진 증후군을 나타내어 장기적으로 볼 때 그다지 큰 도움이 되지 않는다. 이때는 오히려 달리기나 수영, 텀블링, 던지기와 공 받기 같은 기본적인 활동을 하는 것이 좋다. 이러한 활동은 활동적이고 구조화되지 않은 자유놀이를 통해 연습할 수 있다. 또 이 시기 아이들은 짧은 주의력 때문에 다른 사람을 보고 따라 하거나 스스로 탐구하거나 실험하면서 배울 때 가장 배운다. 직접 지도하는 시간은 짧게 하고 보여주면서 가르치고 놀이 시간을 포함하는 것이 좋다.

이 시기에 기본적인 운동 능력과 체력을 가지고 만 6~9세가 되면 본격적인 스포츠를 시작해도 좋다(전문 운동 단계). 이제 아이들은 시각, 주의력, 멀리 던지기 등의 이동 기술이 향상된다. 또 지시를 잘 따를 수 있다. 이때부터는 달리기, 축구, 야구, 농구, 체조, 수영, 테니스, 태권도, 스케이팅 등을 본격적으로 시작해도 좋다.

48~72month :: 오감 발달 신체 | 가능성을 키우는 융복합 놀이 3

돌리고 깡충 뛰기

융복합 영역: 신체, 사회성

간단한 재료로 손쉽게 놀잇감을 만들어 누가 더 오래 돌리는지 시합을 할 수 있으며, 말 뛰기 연습이 자연스럽게 될 수 있다.

- **준비물** 끈이나 줄, 작은 플라스틱 물병, 콩

- **놀이 방법**

1. 플라스틱 물병의 뚜껑을 열어, 줄이 들어갈 만한 구멍을 뚜껑에 만든다.
2. 1의 구멍으로 줄을 넣어서 끈이 빠지지 않게 한쪽 끝에 매듭을 만든다.
3. 물병의 1/3 정도까지 콩을 넣는다.
4. 병뚜껑을 닫는다.
5. 병이 연결된 줄의 다른 쪽에 발목이 들어갈 정도의 고리를 만든다.
6. 고리를 발목에 끼우고, 병이 연결된 쪽의 발을 움직여서 병을 발 주위로 회전시킨다. 이때 다른 발은 물병을 매단 줄이 지나갈 수 있게 깡충 뛴다.

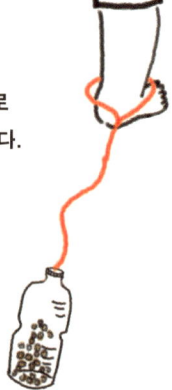

- **놀이 효과**
- 여럿이 놀 수도 있고 혼자서도 놀 수 있다.

- 스키핑(한쪽 발로 내딛고 위로 깡충 뛰기를 교대로 하는 것) 연습을 할 수 있고 하체 강화에 도움이 된다.

● **아이의 가능성을 키우는 Tip & 응용**

처음엔 연습이 좀 필요하지만 금방 익숙해진다. 줄에 다른 발이 걸리지 않고 얼마나 빨리 물병을 돌릴 수 있는지 본다.

> **발달 이야기 스케이팅**
>
> **인라인 스케이팅**: 바퀴가 달린 스케이트를 타는 인라인스케이트는 배우기가 비교적 쉽고 공간과 시간의 제약이 적으며 금전적인 부담도 적은 것이 장점이다. 게다가 칼로리 소모도 크고 유연성과 순발력, 민첩성, 평형성, 지구력 등을 길러주기 때문에 신체 발달이 필요한 유아와 아동에게 매우 좋다. 또한, 최근에는 인라인스케이트를 정규교과로 채택한 초등학교가 늘어나고 있다. 인라인스케이트를 배울 때는 부상을 방지하기 위해 보호 장비를 착용하는 것이 무엇보다 중요하다. 특히 넘어질 때 가장 많이 다치는 부위가 손목이므로 손목 보호 장비는 꼭 갖춰야 한다.
>
> **피겨 스케이팅**: 피겨 스케이팅은 발레처럼 클래식 음악에 맞춰 춤을 추지만, 얼음판 위에서 모든 동작이 이루어지기 때문에 상당한 기초 체력이 뒷받침되어야 한다. 발레처럼 유연성이 좋아야 할 뿐 아니라 점프와 회전을 위해서는 하체 근력이 좋아야 하므로 예술성과 체력을 모두 길러줄 수 있는 운동이다. 탁월한 유산소 운동일 뿐 아니라 다양한 동작들을 숙달해 나가는 과정에서 자신감과 자기 조절력을 기르는 데에도 상당히 효과적이다. 주로 전문 강사로부터 개인 지도를 받는 경우가 많으나 최근에는 유아와 초등학생을 위한 단체 레슨을 하는 곳도 생기고 있다. 지시를 이해하고 연습과 훈련을 감당하기 위해서는 빨라도 만 6세 이후에 시작하는 것이 좋다.

48~72month :: 오감 발달 신체 | 가능성을 키우는 융복합 놀이 4

사방치기

융복합 영역: 신체 · 대근육, 사회성

한 발로 뛰기, 양발로 뛰기, 균형 잡기를 한꺼번에 할 수 있고 은근히 땀도 나서 운동의 효과도 느낄 수 있는 놀이다.

- **준비물** 색깔 테이프, 콩주머니
- **놀이 방법**

1. 바닥에 테이프로 사방치기 판을 그린다.
2. 엄마가 먼저 콩주머니를 사방치기 판의 1번에 던진다. 이때 콩주머니가 1번 네모 안에 떨어져야 하고 만약 줄 밖으로 나가면 다른 사람에게 순서가 넘어간다는 것을 알려준다.
3. 2, 3, 6번은 한 발로 가고 4, 5번 7, 8번은 양발로 딛는다.
4. 7, 8번에서 뒤로 돌아 같은 방법으로 되돌아오다가 한 발로 2번에 멈춰서 콩주머니를 집는다.
5. 2~8번까지 같은 방법으로 콩주머니를 번호 순서대로 던진다.
6. 콩주머니가 옆 칸에 있을 때는 한 발로 서서 집고, 3번과 6번에 있을 때는 4번과 5번, 7번과 8번에서 두 발로 서서 집는다.
7. 8번까지 마치면 놀이판 밖에서 뒤돌아 콩주머니를 던져 하늘 안으로 넣으면 이긴다.
8. 콩 주머니가 선에 닿거나, 선 밖으로 나가거나, 뛰다가 발이 선에 닿으면 안 된다. 가장 빨리 말판을 돌아오는 사람이 이긴다.

● **놀이 효과**
- 한 발 뛰기, 양발 뛰기, 방향 바꾸기 등의 이동운동과 콩주머니 던지기로 조작 운동 능력을 향상시킬 수 있다.
- 공간 지각력을 높인다.

● **아이의 가능성을 키우는 Tip & 응용**

실내용으로 사방치기 러그와 매트를 시중에서 팔기도 하지만 간단하게 테이프로 그려도 된다. 수천 년 전 로마 병사들도 커다란 말판을 그려놓고 무거운 것을 들고 사방치기를 하며 신체를 단련했다고 한다. 전 세계적으로 다양한 사방치기 놀이가 있고 말판도 조금씩 다르다. 말판을 돌아오는 시간을 제한하면 더 어려운 놀이가 될 수 있다.

발달 이야기 운동을 선택할 때 고려해야 할 것들

너무 일찍 한 가지 운동 종목에만 전념하기 전에 잘 생각해야 할 것이 있다. 한 종목에만 집중하는 것은 다른 즐거운 운동의 경험을 제한할 가능성이 있기 때문이다. 전공 종목을 갖는 것은 스트레스와 탈진 증후군을 경험할 가능성이 크다. 따라서 아이가 이 활동을 얼마나 좋아할지, 각 운동은 연령에 적합한 기술 발달을 강조하는지, 모든 아이가 참여할 기회가 있는지, 안전한지를 점검해야 한다. 또 강사나 교사의 스타일이 잘하는 아이만 계속 시켜서 잘 못하는 아이들이 참여할 시간이 부족하지 않은지도 살펴봐야 한다. 아이가 조직적인 운동을 좋아하지 않는다면, 평생을 지속할 수 있는 다른 신체 활동을 찾아보는 것이 좋다. 자전거 타기, 걷기, 친구와 줄넘기, 술래잡기 심지어 비디오 게임을 통해서도 강한 강도의 운동이나 댄스를 할 수 있다. 아이가 무엇을 하든 목표는 평생의 신체 활동임을 명심한다.

48~72month :: 오감 발달 신체 | 가능성을 키우는 융복합 놀이 5

선 따라 술래잡기

융복합 영역: 신체, 사회성

술래잡기인데 선을 따라서만 움직여야 해서 일반적인 술래잡기보다 좁은 공간에서 놀 수 있다. 그렇지만 좁은 공간이라 잡히지 않으려면 상당히 빨리 도망쳐야 한다.

- **준비물** 색깔 테이프 또는 분필
- **놀이 방법**

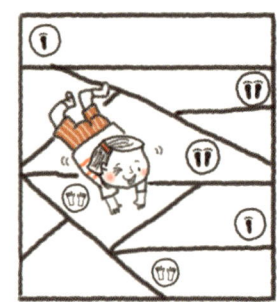

1. 색깔 테이프를 바닥에 붙여서 큰 직사각형을 만든다. 만약 실외 공간이 있다면 바닥에 분필로 큰 직사각형을 그리고 그림처럼 직사각형의 군데군데에 선을 만들고 대각선을 그린다.

2. 그림처럼 6개의 원을 그린 뒤, 2개의 원에는 두 발, 다른 2개의 원에는 한 발, 마지막 2개의 원에는 두 손을 그린다.

3. 한 사람이 술래가 되어 다른 아이를 잡는 놀이로 모두 선을 따라 움직여야 한다.

4. 동그라미가 그려진 곳은 선을 밟지 않아도 되는 안전구역이다. 이 안전구역에 있는 동안은 동그라미에 그려진 대로 두 발 모양 구역에서는 '두 발로 모아 뛰기', 한 발 모양 구역에서는 '한 발로 뛰기', 손 모양이 그려진 안전구역에서는 손을 바닥에 붙이고 엎드린 다음 두 발을 위로 차는 동작을 해야 한다.

● **놀이 효과**
- 균형감각, 대근육의 조정과 통제 능력 발달에 상당한 효과가 있다.
- 술래에게 잡히지 않으려면 선을 따라 재빨리 달려야 한다.
- 공간감각의 발달에 도움이 된다.

● **아이의 가능성을 키우는 Tip & 응용**

어린아이를 위한 놀이에서는 선을 많이 그려서 다닐 수 있는 곳을 많이 만들고 안전구역에서는 더 쉬운 동작을 하도록 한다. 예를 들어, 점프하면서 손뼉을 치거나 점핑 잭 같은 동작이다. 선의 수를 적게 그리면 술래를 포함해서 사람들이 다니는 길이 줄어들기 때문에 더 어렵다. 판을 그리는 방법과 정하는 동작에 따라 아이와 엄마, 아빠에게도 상당한 운동이 될 수 있다.

발달 이야기 운동선수가 되려면 집중적인 조기교육이 필요할까?

운동선수가 되기 위해서는 전공 종목을 더 빨리 시작할수록 좋을까? 이 경우에도 너무 빨리 전공 종목을 정하기에 앞서 다양한 종목을 훈련보다는 놀이로 시작하는 것이 좋다.
- 소아 정형외과 전문가들에 의하면 어린 운동선수가 과사용 부상을 당하는 경우의 50% 이상이 한 종목을 전공하는 경우에 생겼다.
- 오하이오 주립대의 연구에 의하면 어릴 때부터 한 종목에 집중한 사람일수록 운동을 일찍 그만두고 평생 운동을 하지 않을 확률이 높았다 .
- 로욜라 대학의 쟈얀티 박사의 연구에 의하면 아이가 다양한 종목의 운동을 하는 경우보다 한 종목에 일찍부터 집중하는 경우에 부상의 위험성이 70~93% 더 높았다.
- 일찍부터 전공을 정하는 경우에는 오히려 과도한 스트레스로 하고 싶은 동기와 재미가 줄어들기 때문에 탈진 증후군을 경험할 가능성이 훨씬 더 컸다.

48~72month :: 오감 발달 신체 | 가능성을 키우는 융복합 놀이 6

깡충깡충 줄넘기

융복합 영역: 신체 · 대근육

초등학교 체육 시간에 줄넘기를 많이 하는데, 이 줄넘기는 매우 효과적인 유산소 운동으로 만 3세만 넘어도 시작할 수 있다.

- **준비물** 줄넘기
- **놀이 방법**

1. 아이의 키에 맞게 줄넘기의 줄을 조절한다. 줄의 중앙을 두 발로 밟고 섰을 때 줄넘기의 손잡이 부분이 어깨 위로 올라오는 정도의 길이가 적절하다.

2. 앞을 보고 똑바로 서고 두 팔은 옆구리에 가볍게 대고 각각 양쪽으로 45도 정도 벌린다. 손잡이를 잡은 엄지손가락은 밖을 향하게 하고 몸무게는 발의 앞부분으로 약간 가져간다.

3. 우선 줄 없이 제자리에서 뛰는 연습을 한다. 정면을 보고 발의 앞부분을 눌러서 점프하고 줄넘기를 잡은 것처럼 팔목은 원을 그리듯이 돌린다.

4. 그다음에는 줄넘기를 반으로 접어서 한 손에 잡고 가볍게 돌리면서 3에서처럼 제자리에서 뛴다.

5. 엄지손가락이 하늘을 보게 줄넘기를 잡고 줄을 무릎 뒤에 놓고 원을 그리며 앞으로 넘기는 연습을 한다.

6. 줄을 앞으로 잘 넘길 수 있게 되면 적절한 시점에서 점프한다.

- **놀이 효과**
- 줄넘기는 매우 효율적인 유산소 운동이자 전신운동으로 15분만 뛰어도 150~200kcal가 소모된다.
- 상체와 하체를 위한 좋은 근력 운동이다.
- 등, 어깨, 가슴, 배의 근육도 강화한다.
- 심폐 능력 강화, 아이의 키 성장, 운동 능력 향상에 도움이 된다.

- **아이의 가능성을 키우는 Tip & 응용**

줄넘기를 할 적당한 장소를 찾는데, 장애물이 없고 충격을 흡수할 수 있는 바닥이 좋다. 충격 완화를 위해 실내에서도 맨발보다는 신발을 신는 것이 좋다. 처음에는 줄에 걸려서 넘어지기도 하고 줄에 맞아서 아플 수도 있다. 그러나 조금만 참고 꾸준히 연습하면 곧 배울 수 있다.

발달 이야기 농구를 하면 키가 커질까?

쌍둥이 연구에 의하면 우리의 키를 결정하는 요인의 60~80%는 유전이다. 나머지 20~40%는 환경, 즉 운동이나 영양에 달려있다. 만약 성장기에 단백질을 충분히 섭취하지 못한다면 아무리 키가 클 수 있는 유전자를 가지고 있어도 충분히 자라지 못한다. 많은 사람이 농구를 하면 키가 큰다고 믿고 있지만, 운동을 하면 키가 커지는지에 대해서는 아직 확실한 과학적 증거가 없다. 동물 연구의 결과에서는 운동을 하면 성장호르몬과 성호르몬이 더 많이 분비되어 뼈가 길어졌다. 아직 사람에 대한 연구 결과는 없지만, 동물 연구로 미루어볼 때, 운동을 하면 2~5cm 정도는 키를 더 크게 할 수 있을 것으로 생각된다. 확실한 것은 운동을 일찍 시작하면 뼈가 튼튼해진다는 것이다. 또한, 체조와 같은 일부 운동은 키 성장을 방해한다는 것이 연구를 통해 입증됐다.

48~72month :: 오감 발달 신체 | 가능성을 키우는 융복합 놀이 7

찡꽁 빵꽁, 토끼 씨름

융복합 영역: 신체 · 대근육, 사회성

머리의 위치를 움직여서 내이의 전정기관을 자극하는 놀이로 격렬하지 않아도 집중력 향상에 도움이 된다.

- **준비물** 2명 이상

- **놀이 방법**

1. 두 아이가 서로 등을 맞대고 선다.
   이때 두 아이의 체격이 서로 엇비슷해야 좋다.

2. 팔을 뒤로 엇갈리게 건다.

3. 한 아이가 몸을 낮추고 다른 아이의 엉덩이 아래를 받치며 수그린다. 그러면 등을 맞댄 다른 아이는 몸이 뒤로 젖혀진다.

4. 다음에는 순서를 바꿔서 몸을 젖혔던 아이가 반대로 몸을 수그려서 상대방의 몸을 뒤로 젖히게 한다.

- **놀이 효과**
  - 내이의 전정기관 자극으로 신경계가 활성화되어 주의집중에 도움이 된다.
  - 굽었던 등과 어깨를 활짝 펴주어 자세 교정에 도움이 된다.

● **아이의 가능성을 키우는 Tip & 응용**

뒤로 팔짱을 낀 채로 앉아서 동작을 해봐도 좋다. 뒤로 팔짱을 끼고 앉은 자세에서 서로 반대 방향의 목표 지점까지 이동해본다. 동작과 함께 노래를 곁들이면 더 재미있다. 먼저 등을 구부리는 아이가 질문하고 뒤로 젖혀지는 아이가 대답하는 형식으로 노래한다.

(질문) 찡―꽁 (답) 빵―꽁

(질문) 토끼야? (답) 왜?

(질문) 어디 가니? (답) 저기

(질문) 뭣 하러? (답) 씨름하러

(질문) 어떻게? (답) 이렇게

발달이야기 아이들이 위험한 놀이를 좋아하는 이유

노르웨이 퀸 모드 대학의 샌드세터 교수는 아이들이 좋아하는 위험한 놀이를 연구했다. 아이들은 나무나 선반과 같은 높은 곳에 올라가기, 그네나 밧줄 타기, 눈썰매, 스키, 스케이트, 미끄럼틀을 타면서 빠른 속도감 즐기기도 하고 어떤 문화에서는 칼, 화살, 농기구와 같은 위험한 도구를 가지고 놀기, 불장난이나 위험한 물놀이, 쫓고 쫓기는 놀이나 전쟁놀이와 같은 거친 신체 놀이를 했다. 어린아이들은 엄마와 이별하는 일시적인 스릴을 느낄 수 있는 술래잡기 놀이를 하기도 하고, 나이가 든 아이들은 자칫 길을 잃을 수도 있는 새로운 지역으로의 모험도 즐긴다.

동물 연구와 진화론적인 설명에 의하면 아이들이 자칫 다칠 수도 있는 위험한 놀이를 즐기는 이유는 정서의 조절 능력 때문이다. 즉, 어린 동물이나 아이는 놀이를 통해 자신이 통제할 수 있는 정도의 두려움과 공포, 분노를 체험하며 이에 맞서는 방법을 연습한다. 예를 들어, 거친 몸싸움 놀이 중에 다칠 뻔해서 화가 나더라도 놀이이기 때문에 이를 참고 다루는 법을 배우게 된다. 이러한 경험은 아이가 실제 생활에서 위험에 처하더라도 화가 나는 것을 참고 조절하며 친구나 주위 사람들과 관계를 유지하는 데 도움이 된다.

48~72month :: 오감 발달 신체 | 가능성을 키우는 융복합 놀이 8

모양 따라 하기 요가

융복합 영역: 신체 · 대근육

요가는 고대 인도에서 만들어진 수련법으로 '하나'라는 뜻이다. 즉, 요가는 몸과 마음이 하나가 되게 하는 동시에 아이들의 성장 발달과 스트레스 해소에 큰 도움을 준다

- 준비물 매트
- 놀이 방법

1. 바르게 앉기: 매트에 반가부좌 자세로 허리를 펴고 바르게 앉는다.

2. 호흡하기: 아랫배가 풍선처럼 불룩해지도록 복식 호흡한다.

3. 다양한 자세들을 따라 해본다.
   나비 자세 - 앉은 자세에서 양 발바닥을 서로 붙이고 무릎 관절을 상하로 천천히, 빠르게 움직인다.
   막대 자세 - 두 다리를 펴고 손을 엉덩이 옆 바닥에 붙인 후 호흡과 함께 발끝을 당겼다 숙인다.
   고양이 자세 - 두 팔과 두 무릎을 세워 엎드려서 등을 올렸다 내렸다 한다.
   엎드린 개 자세 - 개가 기지개를 펴는 것과 비슷한 모습으로 선 자세에서 엎드려 두 손바닥을 바닥에 대고 엉덩이를 쳐들어 'ㄱ' 자 모양을 만든다.
   메뚜기 자세 - 배를 대고 엎드려서 가슴과 어깨를 위로 들고 위를 쳐다보며 두 팔을 등 뒤에서 깍지 낀다.

활 자세 – 엎드린 상태에서 두 손으로 양 발목을 잡아 몸이 휘어지게 한다.

4. 명상의 마무리는 아랫배로 깊은 호흡을 한다.

● **놀이 효과**

- 유연성, 평형성, 순발력, 근력 및 근지구력 향상에 도움을 준다.
- 이완과 호흡을 바탕으로 한 요가 스트레칭은 성장판 자극에 효과적이다.
- 아이들의 바른 자세를 잡아준다.
- 변비와 비만 예방에도 큰 효과가 있다.
- 동작과 이완, 호흡, 명상은 스트레스를 없애주고, 집중력을 키워준다.

● **아이의 가능성을 키우는 Tip & 응용**

아이들은 동작을 금방 따라 하지만 너무 무리하거나 다치지 않게 조심한다. 동작을 하면서 몸의 어느 부분이 움직이고 있는지 알아차리는 신체 지각 능력이 발달한다. 근육을 의식적으로 움직여보고 호흡, 동작, 명상을 한 뒤에 기분이 어떤지 함께 이야기를 나눈다.

발달 이야기 어린이 요가의 효과

국내의 한 연구에서 만 5세 아이들에게 8주 동안 요가를 가르치거나 혹은 실외 놀이를 하게 한 다음에 8주 후 아이들의 기초 체력(근지구력, 유연성, 평형성, 민첩성과 순발력)과 스트레스를 측정했다. 그 결과 요가 프로그램에 참여한 아이들이 실외 놀이에 참여한 아이들에 비해 기초체력 중 근지구력, 유연성, 평형성은 향상되었고, 민첩성과 순발력은 차이가 없었다. 이는 요가 자세 중에는 일정 시간 동안 같은 자세를 유지하는 동작이 많아 요가 프로그램이 근지구력 향상에 도움이 되었고 구부리기, 뻗기, 늘이기, 비틀기 등의 동작이 유연성을 향상시켜주고 한 발로 서기, V자 앉기, 나무 자세 등은 평형성 향상에 긍정적인 영향을 준 것으로 보인다. 또한, 요가 프로그램에 참여한 아이들은 실외 놀이를 한 아이들에 비해 스트레스가 감소하였다. 특히 '불안 좌절감 경험으로 인한 스트레스', '자존감이 상해 받은 스트레스'는 요가 집단의 아이들이 실외 놀이 집단보다 훨씬 감소하였다. 이는 요가의 자세뿐 아니라 호흡과 명상이 정서적 안정에 도움이 된 것으로 보인다.

48~72month :: 오감 발달 신체 | 가능성을 키우는 융복합 놀이 9

공기놀이

융복합 영역: 신체 · 소근육

오래전부터 내려오는 우리의 전통놀이로 손가락과 손의 근육들을 자극하는 소근육 놀이다. 옛날에는 여자아이의 놀이로 여겨졌지만, 소근육 자극에 더할 나위 없이 좋아 남자아이에게도 필요하다.

- **준비물** 작은 공깃돌 5개
- **놀이 방법**

1. 손에 잡은 공깃돌 5개를 바닥에 흩뜨린다.

2. 한 알 집기: 다섯 알 중 한 개를 손가락으로 집어 위로 던지고 이것이 떨어지는 동안 바닥에 있는 네 개의 공깃돌 중 한 알을 집은 후 떨어지는 공깃돌을 손바닥에 받는다. 한 알 집기를 네 번 해서 바닥의 공깃돌을 모두 집는다.

3. 두 알 집기: 한 알 집기가 끝나면 다시 공깃돌을 흩뿌리고 공깃돌 하나를 집어서 위로 던진 다음 바닥의 공깃돌을 두 알씩 집으면 된다.

4. 세 알 집기: 두 알 집기가 끝나면 다시 공깃돌을 흩뜨리고 공깃돌 하나를 집어서 위로 던진 다음 바닥의 공깃돌 세 알을 한꺼번에 집는다. 바닥에 남은 한 알은 한 알 잡기로 마무리한다.

5. 네 알 집기: 공깃돌을 모두 쥐고 한 알을 위로 올리고 받는 사이에 네 알을 땅에 놓는다. 다시 한 알을 위로 올리고 떨어지는 사이에 바닥의 네 알을 한꺼번에 집으면서 떨어지는 돌을 받는다.

6. 꺾기: 한 알 집기에서 네 알 집기까지가 끝나면 손바닥에 공깃돌을 모두 얹고 위로 던진 다음 떨어지는 공깃돌을 재빨리 손등으로 받는다. 손등에 얹힌 공깃돌을 그대로 위로 띄운 다음 공중에서 낚아챈다. 이때 잡은 공깃돌의 수만큼 나이를 먹는다.

7. 공기를 하다가 떨어지는 돌을 받지 못하거나 바닥에 있는 돌을 집지 못하거나 다른 돌을 건드렸을 때 그리고 꺾기에서 손등에 올라간 돌을 모두 잡지 못했을 때는 다른 사람에게로 순서가 넘어간다.

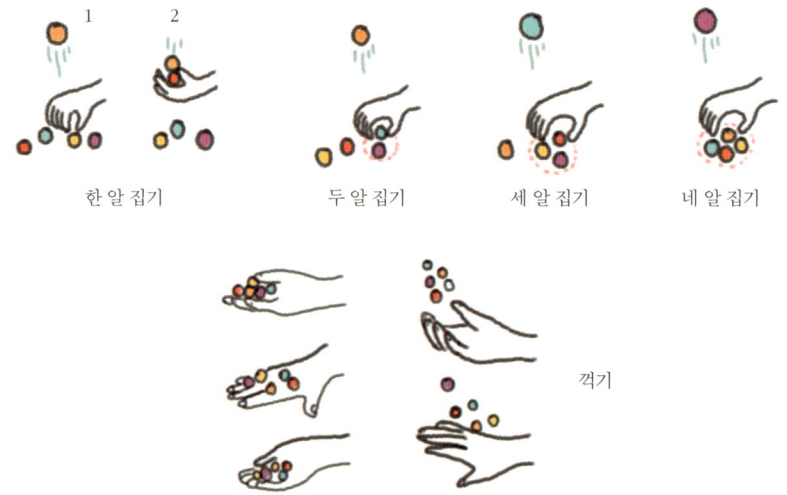

한 알 집기 두 알 집기 세 알 집기 네 알 집기

꺾기

● **놀이 효과**

- 손과 손가락의 소근육 움직임을 통해 해당하는 뇌 부위를 자극한다.
- 돌이 놓이는 위치와 방향에 따라 어떻게 돌을 집을지 다양한 전략을 생각하게 한다.
- 침착하게 주의집중 하는 능력을 키우는 데 도움이 된다.

● **아이의 가능성을 키우는 Tip & 응용**

- 바보 공기: 일반 공기놀이와 다르게 처음에 던진 공깃돌을 받지 않고 그

공깃돌이 바닥에 떨어지기 전에 바닥에 있는 공깃돌을 집기만 하면 되는 변형된 공기놀이다.
- 많은 공기놀이: 많은 수의 공깃돌을 흩어 놓고 들러 앉아서 두 알 이상씩 집기를 하면서 공깃돌을 많아 따낸 편이 이긴다.

> **발달 이야기** 올바른 연필 잡기를 위한 팁
>
> 연필이나 크레용을 제대로 잡는 법을 배우지 않으면 글씨를 조금만 써도 손이 쉽게 피로해진다. 그래서 글쓰기를 제대로 하려면 연필 잡기부터 시작해야 한다. 세 손가락으로 연필을 잡는 올바른 연필 잡기를 하려면 먼저 가운뎃손가락으로 연필을 받친 다음에 엄지와 집게손가락을 동그랗게 모아 연필을 잡는다. 이때 네 번째 손가락(약지)과 새끼손가락은 손바닥에 붙여서 고정시켜주어야 연필을 잡은 세 손가락을 자유롭게 사용할 수 있다. 처음에는 약지와 새끼손가락 밑에 작은 종이를 넣어 종이가 떨어지지 않도록 붙잡고 있는 연습을 하면 도움이 된다.

48~72month :: 오감 발달 신체 | 가능성을 키우는 융복합 놀이 10

풍선 하키

융복합 영역: 신체 · 대근육 조작

공 대신 풍선을 이용한 대근육 놀이로 실내에서도 쉽게 할 수 있다.

- **준비물** 풍선, 키친타월 심(또는 포장지 심, 긴 종이 튜브), 두꺼운 종이(약 20cm×15cm), 테이프, 큰 상자나 바구니

- **놀이 방법**

1. 키친타월 심의 끝을 가위로 8cm 정도 잘라서 하키 채를 만든다.
2. 키친타월 심의 반대쪽 끝을 다시 8cm 정도 자른다.
3. 자른 틈으로 두꺼운 종이를 끼워 넣고 빠지지 않게 테이프로 붙인다.
4. 3의 하키 채를 이용해 풍선을 종이 상자나 바구니에 넣는다.

● 놀이 효과

- 눈과 손의 협응 능력이 발달한다.
- 날씨가 너무 춥거나 더울 때, 비가 올 때 실내에서 쉽게 대근육 운동을 할 수 있다.

● 아이의 가능성을 키우는 Tip & 응용

하키 채를 종이로 만들어서 다칠 염려는 없지만, 풍선이 터지지 않도록 조심해야 한다. 하키 채 대신 종이 접시를 탁구 채처럼 사용해서 풍선 탁구를 할 수도 있다.

발달 이야기 주의집중이 안 될 때, 운동이 필요하다

미국 버몬트와 일리노이 주에서 대규모로 실시한 한 연구에서는 운동이 주의집중에 어떤 영향을 주는지를 알아보았다. 이를 위해서 유치원부터 초등학교 2학년까지의 아이들을 반으로 나누어 한 집단은 12주 동안 수업 시작 전에 아침마다 30분씩 유산소 운동을 시켰다. 다른 집단은 조용히 교실에 앉아서 하는 활동에 참여했다. 연구에 참여한 아이들의 반은 정상 아동이었고 나머지 반은 주의력 결핍장애의 위험이 있는 아이들이었다. 연구 결과 운동 집단이 비운동 집단에 비해 주의집중과 기분이 더 크게 향상되었다. 또한 운동의 효과는 정상 아동뿐 아니라 주의집중에 어려움이 있는 아이들에게도 동일하게 적용되었다. 이와 비슷한 또 다른 연구에서는 아이들이 하루에 20분 동안 읽기를 하거나 러닝머신에서 운동을 하게 했다. 그다음에 아이들의 주의력과 읽기, 수학 능력, 뇌파를 측정했더니 읽기를 했을 때보다 운동을 했을 때 검사 점수들이 더 향상되었다. 이러한 연구 결과를 반영하여 미국 학교에서는 수업 시간 사이에 아이들이 몸으로 알파벳을 만드는 활동을 하거나 줌바를 배우는 활동을 하기도 한다. 또는 10분씩 하루에 3회 제자리 뛰기나 스쿼트 동작을 하는 운동 프로그램도 실시하고 있다.

48~72month :: 오감 발달 신체 | 가능성을 키우는 융복합 놀이 11

통통, 공 튕겨 받기

융복합 영역: 신체 · 대근육, 탐구

공을 자유자재로 다루는 기술은 유치원이나 초등학교에서 매우 중요해진다. 가깝거나 먼 거리의 상대방에게 공을 잘 튕겨서 보내고 받는 놀이로 색이름, 숫자, 도형인지 활동과 더불어서 지루하지 않게 공놀이를 할 수 있다.

- **준비물** 가볍고 큰 공, 색 도화지, 테이프
- **놀이 방법**

1. 다양한 색깔의 두꺼운 색 도화지를 두 개씩 쌍(예: 노랑-노랑, 빨강-빨강, 파랑-파랑)으로 바닥에 붙인다. 이때 같은 색의 도화지는 적어도 1m 정도 떨어진 거리에 붙이되 거리를 더 멀거나 더 가깝게 다양하게 조절하여 붙인다.

2. 먼저 아빠가 색 도화지 중 하나에 올라가서 예를 들어 "노랑"하고 도화지의 색을 외친다.

3. 아이는 빨리 노란색 도화지를 찾아서 종이 위에 올라선다.

4. 아빠가 공을 바닥에 튕겨서 아이가 잡을 수 있도록 던진다.

5. 아이가 공을 잡아서 다른 색 이름 (예: 파랑)을 부르고 아빠와 아이가 모두 해당 색(즉, 파란색) 도화지 위로 달려간다.

6. 이번엔 아이가 공을 바닥에 튀겨서 아빠에게 보낸다.

● **놀이 효과**
- 손과 눈의 협응 능력, 조작 능력이 발달한다.
- 다양한 거리에 떨어져 있는 상대방에게 공을 튕겨 보내기 위해 힘을 조절하는 법을 배운다.
- 색 이름을 인지하는 능력이 발달한다.

● **아이의 가능성을 키우는 Tip & 응용**

유치원이나 초등학교에서는 공을 사용한 다양한 놀이를 한다. 공을 잘 다루는 것은 아이들의 신체 발달뿐 아니라 자신감의 발달에도 중요한 역할을 한다. 공을 튕기는 대신 굴리기, 던지기, 가볍게 쳐올리기를 할 수도 있다. 색 대신 도형이나 숫자를 적어서 사용해도 좋다.

> **발달 이야기** 훈련보다 의도적인 놀이가 필요하다
>
> 뛰어난 운동선수가 되려면 적어도 10,000시간의 의도적 연습이 필요하다고 한다. 그러나 최근에는 의도적인 연습과 대비되는 개념으로 '의도적인 놀이'가 연습보다 더 효과적이라는 주장이 있다. 의도적인 놀이는 특히 어린아이에게 더 적용되는데, 즉각적인 만족을 주고 그 자체로 재미있기 때문에 운동을 오래 할 수 있게 하는 데 결정적인 역할을 한다. 의도적인 놀이는 주로 아이들이 공원에서 즐기는 축구나 농구 게임처럼 작은 팀으로 나누어서 유연한 규칙에 따라 놀이한다. 규칙이 있는 놀이를 한다는 점에서 자유놀이와는 또 다르다. 의도적인 놀이의 기회가 있었던 아이들은 코치가 조직한 훈련을 했던 선수들에 비해 더 긴 시간을 운동에 참여하는 경향이 있다. 또한, 의도적인 놀이는 운동 기술, 정서 능력, 창의성을 향상시킨다. 연구자들은 일반적으로 12세 이전에는 전공 종목 이외 다른 종목의 운동과 의도적인 놀이에 80%의 시간을 사용하도록 권장한다.

48~72month :: 오감 발달 신체 | 가능성을 키우는 융복합 놀이 12

슛! 발로 하는 볼링

융복합 영역: 신체 · 대근육

실내에서 간단히 할 수 있는 슈팅 연습으로 공을 차는 동작을 익힐 수 있는 놀이다.

- **준비물** 물병 10개, 가볍고 큰 공
- **놀이 방법**

1. 빈 물병 10개를 제일 앞에 1개, 그다음에 2개, 그다음에 3개, 맨 뒤에 4개의 순으로 세운다.
2. 적어도 1m 정도 뒤에 서서 공을 발로 차서 물병을 맞춘다.
3. 물병을 잘 맞추게 되면 점점 더 먼 거리에서 공을 찬다.

- **놀이 효과**
- 발로 정확하게 공을 차는 동작을 익힌다.
- 세게, 약하게 다양한 속도와 힘으로 공을 차면서 감각을 익힌다.

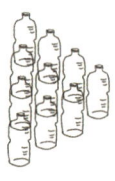 

● **아이의 가능성을 키우는 Tip & 응용**

처음에는 손으로 굴려 물병을 맞춰보고 발로 차는 동작을 해도 좋다. 또한, 다양한 크기와 재질의 공을 사용해본다.

발달 이야기 그네 타기나 미끄럼틀을 무서워하는 아이

미끄럼틀이나 정글짐에 올라가는 것을 유난히 무서워하거나 그네를 탈 때 누가 밀어주기만 해도 자지러지게 놀라는 아이들이 있다. 그뿐 아니라 치과 의자에 누워야 할 때, 미장원에서 머리를 감거나 자르기 위해 머리를 숙여야 할 때, 심지어 엘리베이터나 계단을 심하게 무서워하기도 한다. 이렇게 높은 곳이나 흔들림, 머리를 아래로 숙이는 자세 등을 두려워하는 것을 '중력 불안'이라고 한다. 중력 불안은 내이의 이석 기관이 탐지하는 전정감각에 과하게 반응하는 증상이다. 즉, 몸의 균형이 깨졌을 때 몸의 움직임에 맞춰 자세를 유지하거나 운동 실행이 어려운 아이들에게서 나타난다. 이럴 때는 아이를 억지로 높은 곳에 올려놓거나 그네에 태워 흔들기보다는 아이가 스스로 움직이려는 마음이 들게 하는 것이 중요하다. 이럴 때는 아이가 무서워하지 않는 수준에서 조금씩 자극을 제공해야 한다. 예를 들어, 어른의 무릎에 있어서 미끄럼틀을 타고 내려오는 경험을 하는 것도 좋고, 어른이 먼저 시범을 보여서 어떻게 움직이는지를 예측하고 준비할 수 있게 해주는 것도 좋다. 조금씩 자극의 수준을 높여 가면서 아이 스스로 움직일 수 있는 자신감을 느끼게 하는 것이 좋다.

48~72month :: 오감 발달 신체 | 가능성을 키우는 융복합 놀이 13

우유통 야구 놀이

융복합 영역: 신체 · 대근육

다 마신 우유통을 이용해서 공을 던지고 받는 야구 놀이를 해보자.

- **준비물** 1.8L 손잡이가 있는 우유통(또는 이와 유사한 크기의 손잡이가 달린 세제통), 가위, 칼, 테이프, 신문지(또는 테니스공)

- **놀이 방법**

1. 빈 우유통을 잘 씻어서 말린 다음 밑 부분을 칼로 오려낸다. 칼을 사용할 때 위험할 수 있으니 이 부분은 엄마나 아빠가 대신 준비한다.
2. 우유통의 잘린 단면을 매끄럽게 잘 다듬은 다음에 테이프를 붙여서 마무리한다.
3. 신문지를 잘 뭉쳐서 공을 만들고 테이프로 감는다(혹은 테니스공을 사용한다).
4. 아빠가 공을 던지고 아이는 우유통으로 던진 공을 받는다.
5. 역할을 바꿔서 아이가 던지고 아빠가 공을 잡는다.

- **놀이 효과**
- 손과 눈의 협응 능력이 발달한다.
- 세게, 약하게 다양한 속도와 힘으로

공을 던지면서 감각을 익힌다.

● **아이의 가능성을 키우는 Tip & 응용**

혼자서 한 손으로 공을 던지고 다른 손으로 우유통을 들고 공을 받는 연습을 한다. 익숙해지면 공을 던지는 손과 우유통을 든 손을 서로 바꾸어 던지고 받는다. 다양한 방법으로 공을 던진다. 처음 시작하는 경우에는 팔을 어깨 아래에서 위로 올리면서 공을 던지는 방법(언더핸드 드로우)을 사용한다. 익숙해지면 팔을 어깨 위로 들었다가 아래쪽으로 내리면서 공을 던지는 방법(오버핸드 드로우)도 시도해본다.

발달 이야기 공놀이의 발달

공 던지기: 6개월경에 아이가 혼자 앉고 손을 사용하면서부터 공을 던지기 시작한다. 3세 이전에는 주로 팔의 힘만을 이용해서 던지고 다리와 몸통을 사용하지 못한다. 그러다 6세 이후부터는 팔과 반대쪽 다리를 앞으로 내밀고 허리까지 이용해서 던질 수 있다.

공 받기: 처음에는 두 손으로 공을 받다가 점차 한 손으로 받게 된다. 4~5세경에는 공의 위치에 따라 몸과 팔을 움직여 받을 수 있고, 5~6세부터는 손바닥으로 공을 받을 수 있다.

공 튀기기: 적절한 시간과 높이에서 공을 튀겨야 하므로 비교적 어려운 동작이다. 처음에는 두 손을 사용해서 공을 튀기다가 점점 숙련되면서 엉덩이 높이에서 한 손으로 공을 튀긴다.

공 차기: 던지기, 잡기, 치기보다 더 어려워 많은 연습이 필요하고 나이 든 아이에게도 공 차기는 쉽지 않다. 3세경에는 다리를 구부려서 뒤로 보냈다가 차는 형태를 보이다가, 나이가 들면 팔로 균형을 잡으면서 다리를 뒤에서부터 앞으로 더 큰 폭으로 움직여 공을 찬다.

공 치기: 라켓, 방망이와 같은 도구를 사용하여 공을 치는 것으로 3세 전에는 수직면으로 치려 한다. 그러다 나이가 들면서 수평으로 치는 동작이 나타난다. 3세경에는 공을 치기 위한 준비 동작 없이 바로 치지만, 5세경이 되면 방망이를 뒤로 약간 움직이며 스윙을 하기도 한다.

48~72month :: 오감 발달 신체 | 가능성을 키우는 융복합 놀이 14

주고받는 실뜨기

융복합 영역: 신체 · 소근육

끈만 있으면 어디서든 할 수 있는 훌륭한 소근육 놀이로 전 세계적으로 2,000여 가지의 실뜨기 방법이 있다고 한다.

- **준비물** 70~90cm 정도 길이의 두꺼운 실이나 끈
- **놀이 방법**

  끈의 양끝을 모아 묶은 뒤 다양한 실뜨기를 해본다.

  1. 기본 모양 날틀 만들기: 아이가 양손에 각각 실을 걸고, 다시 한 번씩 실을 감는다. 그다음 오른손 가운뎃손가락으로 왼쪽 손바닥에 있는 실을 걸고, 왼손도 똑같이 한다.
  2. 바둑판: 아이가 날틀을 만들고 있으면 엄마는 엄지와 검지로 실이 X자 모양으로 만나는 곳을 잡아 안에서 밖으로 당기며 아래에서 위로 올려 뜬다. 이때 아이가 실을 잡고 있던 손을 뺀다.
  3. 젓가락: 바둑판에서 실이 X자 모양으로 교차한 곳을 아이가 엄지와 검지를 세워 잡은 뒤에 위로 올렸다가 밖으로 잡아당겨 제일 바깥쪽에 있는 실의 아래로 빙 돌린 뒤 가운데 비어 있는 공간으로 나온다. 이때 엄마는 실을 잡고 있던 손을 빼고 아이는 양손 엄지손가락과 집게손가락을 쫙 벌려 잡아당긴다.
  4. 베틀: 젓가락에서 오른손 새끼손가락으로 왼쪽 가운데 실을 걸어 당기고, 왼손은 오른쪽 실을 걸어 서로 엇갈리게 당긴다. 그다음 엄지와 집게손가락을 펴 위로 뜨면서 벌린다. 이때 아이가 잡고 있는 실을 놓는다.

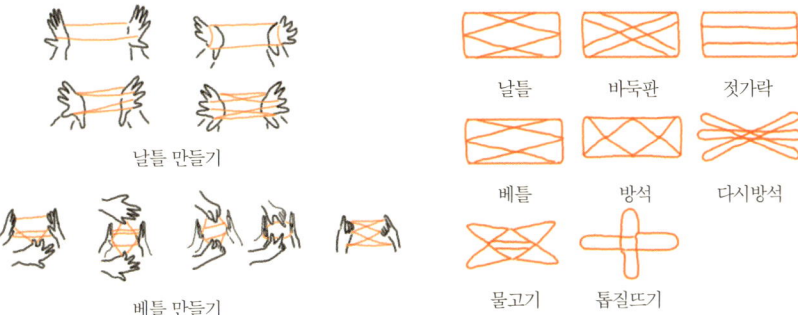

날틀 만들기

베틀 만들기

날틀   바둑판   젓가락

베틀   방석   다시방석

물고기   톱질뜨기

● 놀이 효과
- 손과 눈의 협응 능력이 발달한다.
- 손끝을 자극하고 운동시켜 뇌 발달을 촉진하고 집중력 향상에 좋다.
- 여러 가지 다른 모양을 하나씩 만들어 가면서 성취감을 느낀다.

● 아이의 가능성을 키우는 Tip & 응용

실뜨기는 둘이서 주고받거나 혼자서도 다양한 모양을 만들 수 있다.

발달 이야기 연필 잡기의 단계

만 4세경의 아이들은 다섯 손가락으로 연필을 잡는 경우가 많다. 다섯 손가락을 모두 이용해서 연필이나 크레용을 잡는데, 이 모습을 보면 주로 손목이 책상에서 떨어져 있고 손목을 이용해서 연필이나 크레용을 움직인다. 점차 손가락의 근육이 발달하기 시작하는 만 5~6세 이후에는 세 손가락(엄지, 집게, 중지)으로 연필을 잡는 것이 자연스러워진다. 처음에는 손목 움직임을 계속 사용할 수도 있지만, 점점 손가락을 사용할 수 있게 된다. 때로는 다섯 손가락 잡기와 세 손가락 잡기를 번갈아 하기도 하는데 어깨와 팔 근육이 발달하면서 점차 세 손가락 잡기로 이동한다.

48~72month :: 오감 발달 신체 | 가능성을 키우는 융복합 놀이 15

딱지치기

융복합 영역: 신체 · 소근육, 탐구, 사회성

요즘은 파는 딱지를 많이 가지고 놀지만, 옛날처럼 엄마 아빠에게 딱지 접기도 배우고 함께 딱지치기를 해볼 수 있다.

- **준비물** 두꺼운 종이
- **놀이 방법**

1. 그림처럼 딱지를 접는다.

2. 가위바위보를 해서 진 사람이 자신의 딱지를 바닥에 내려놓는다. 이때 바닥에서 딱지가 뜨지 않도록 바닥이 매끈한 곳을 찾아야 한다.

3. 이긴 사람은 자신의 딱지를 들고 2의 바닥에 있는 딱지가 뒤집히도록 힘껏 내려친다. 혹은 발을 상대방의 딱지 옆에 가까이 대고 딱지를 비스듬히 쳐서 딱지를 넘긴다.

4. 바닥의 딱지가 뒤집히면 뒤집힌 딱지를 먹고 상대는 새 딱지를 내놓는다. 만약 뒤집히지 않으면 차례가 넘어가서 처음에 딱지를 내려놓았던 사람이 딱지를 내려친다.

- **놀이 효과**
- 딱지의 크기, 무게, 재질에 따라 어떤 것이 더 잘 뒤집히는지 관찰하고 생

각하는 기회를 준다.
- 딱지를 내려치는 다양한 방법을 익힌다.
- 놀이의 규칙을 정하고 이에 따르는 도덕심을 기른다.
- 이기고 지는 경험을 수용하게 된다.

● **아이의 가능성을 키우는 Tip & 응용**
- 밀어내기: 원 안에서 딱지를 쳐서 원 밖으로 밀어내면 이긴다.
- 날려 먹기: 딱지를 날려서 가장 멀리 날아가는 사람이 이긴다.
- 딱지 삼각형 치기: 삼각형 안에 상대방의 딱지를 모아두고 멀리서 삼각형 쪽으로 딱지를 쳐서 상대방의 딱지를 밖으로 날려야 이긴다.

발달 이야기 손힘이 없는 아이에게 정글짐 놀이가 좋다

크레용이나 연필을 조금만 잡고 있어도 힘들고 손에 힘이 없는 아이들이 있다. 이런 아이들은 대근육을 강화시켜줄 필요가 있다. 운동 발달의 원리 중에 하나가 중심에서 바깥쪽으로, 위에서 아래로 발달하는 것이다. 이 원리에 따라서 손으로 연필을 잘 잡을 수 있도록 하기 위해서는 먼저 손과 연결된 대근육이 발달되어야 한다. 이 경우에 손으로 꽉 잡는 것이 필요한 대근육 운동은 모두 손근육 강화에 도움이 된다. 예를 들어, 정글짐 같은 놀이기구에 기어오르기나 철봉에 매달리거나 줄 당기기처럼 잡기와 놓는 동작이 들어간 대근육 운동이 좋다. 어깨와 몸통의 대근육을 자주 사용하면 손힘도 세어진다.

48~72month :: 오감 발달 신체 | 가능성을 키우는 융복합 놀이 16

단추 열고 잠그기 놀이

융복합 영역: 신체 · 소근육

단추가 달린 옷을 혼자 입고 벗을 수 있다는 것은 아이에게 상당한 성취감과 의미를 가져다준다. 이런 성취감을 줄 수 있는 놀이이다.

- **준비물** 다양한 크기의 단추, 펠트 천, 종이상자, 가위, 풀, 실, 바늘

- **놀이 방법**

1. 펠트 천에 다양한 크기의 단추를 실로 꿰맨다.
2. 단추를 꿰맨 펠트 천을 종이상자의 뚜껑에 풀로 붙인다.
3. 남은 펠트 천을 단추의 수만큼 조각으로 자르고 가운데에 단추가 들어갈 구멍을 만든다.
4. 펠트 천 조각을 단추에 끼운다. 놀이 후에 펠트 천 조각들은 상자 속에 보관하면 깨끗하게 정리된다.

- **놀이 효과**

- 단추를 열고 잠그는 데 필요한 소근육 훈련에 도움이 된다.
- 손과 눈의 협응 능력이 발달한다.

- 양손을 조화롭게 통합해 사용하는 법(양측통합)을 배우는 데 도움이 된다.

● **아이의 가능성을 키우는 Tip & 응용**

종이 접시에 작은 구멍을 내고 단추나 동전을 구멍에 넣는 활동부터 시작하면 도움이 된다. 아빠의 낡은 와이셔츠나 단추가 달린 헌 옷들을 이용해서 단추를 열고 닫는 연습을 할 수 있다. 옷을 입은 채로 단추를 열거나 닫을 때는 아래부터 위로 단추를 열거나 채우는 것이 더 쉽다. 거울 앞에서 단추를 열고 닫는 것을 연습하면 제일 위의 단추를 열거나 닫을 때 도움이 된다.

발달 이야기 신발끈 묶기보다 스마트폰 사용법을 먼저 배운다

요즘 아이들은 발달적으로 중요한 기술(예: 자전거 타기, 신발끈 묶기, 이름 쓰기)보다 디지털기기의 사용법을 더 일찍 배우고 있다. AVG라는 인터넷 보안 회사는 미국, 영국, 캐나다 등 10개국에서 2~5세 아이들의 부모 2,000명을 대상으로 '디지털 일기'라는 일련의 연구를 실시했다. 이 연구에서는 중요한 발달적 기술을 습득하는 연령과 디지털기기의 사용 시기를 질문했다. 결과를 보면, 2~3세 아이 중에 자전거를 탈 수 있는 아이(43%)의 비율과 거의 비슷한 비율의 아이들이 간단한 컴퓨터 게임을 할 수 있었다(44%). 또 2~5세의 19%가 스마트폰의 앱을 사용할 줄 알았지만, 9%만이 신발끈을 묶을 수 있었다. 웹브라우저를 열 수 있는 아이들(25%)이 혼자서 수영을 할 수 있는 아이들(20%)보다 더 많았다. 이러한 결과는 디지털 기술의 발달과 바쁜 부모들 탓에 아이들은 TV보다 컴퓨터와 스마트폰과 더 친하고 신발끈 묶기처럼 살아나가는 데 중요한 기술을 배우기보다는 디지털 기술을 먼저 배우고 있다는 것을 보여준다.

48~72month :: 오감 발달 신체 | 가능성을 키우는 융복합 놀이 17

선 이어 삼각형 만들기

융복합 영역: 신체 · 소근육, 탐구

종이와 연필만 있으면 쉽게 할 수 있는 놀이로 종이에 점을 찍고 번갈아가며 선을 이어 삼각형을 만든다.

- **준비물** A4 용지, 연필, 사인펜, 크레용

- **놀이 방법**

1. A4 용지에 마음대로 점을 많이 그린다.

2. 두 사람이 가위바위보를 해서 이긴 사람이 먼저 점과 점을 잇는다.

3. 차례가 되면 선들을 이어, 되도록 많은 삼각형을 만드는 게임이다. 이때 선은 꼭 직선이어야 하고 이미 그어진 다른 선을 지나서 선을 그을 수 없다. 그리고 삼각형 안에 점이 들어가 있으면 안 된다.

4. 점들을 이어서 삼각형을 만들면 삼각형에 자기만의 표시를 한다.

5. 더 이상 선을 그을 수 없을 때까지 하며 삼각형을 많이 만든 사람이 이긴다.

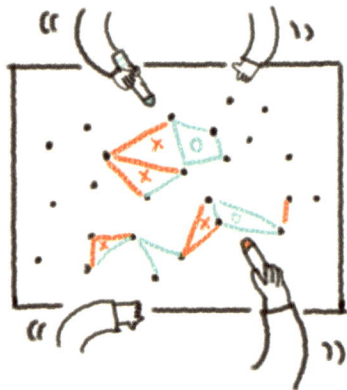

● **놀이 효과**
- 선 긋기, 삼각형 만들기를 재미있는 놀이로 연습할 수 있다.

● **아이의 가능성을 키우는 Tip & 응용**

다양한 필기도구를 이용해서 선을 그어본다. 아직 직선을 바르게 그을 수 없으면 삼각형을 만드는 대신 선 잇기 놀이를 먼저 한다.

발달 이야기 신발끈 묶기

5, 6세가 되어도 신발끈을 잘 묶지 못하는 아이들이 많다. 신발끈을 잘 묶으려면 여러 능력(즉, 손과 눈의 협응, 시각 지각, 촉각 지각, 양측 협응, 소근육의 발달)이 필요하다. 거꾸로 말하면 신발끈 묶기를 연습하면 이런 다양하고 복잡한 능력들이 발달하게 된다.

두 가지 색 끈으로 신발끈 묶기 연습하기
① 두꺼운 도화지에 신발끈이 들어갈 수 있는 구멍을 2개 뚫어둔다
② 신발끈의 반을 접어서 마커펜으로 한쪽은 검은색을 다른 한쪽은 빨간색을 칠한다.
③ 검은색 끈을 빨간색 끈의 중간에서 서로 교차한다.
④ 검은색 끈의 끝을 잡고 빨간색 끈 위로 감아서 아래 구멍으로 넣는다.
⑤ 검은색 끈과 빨간색 끈의 끝을 잡고 쭉 당긴다.
⑥ 검은색 끈과 빨간색 끈을 잡고 각각 고리 또는 토끼 귀를 만든다.
⑦ 검은색 고리의 중간을 흰색 고리의 중간에 X자 모양으로 교차한다.
⑧ 흰색 고리의 끝으로 검은색 고리를 감아서 X자 모양으로 잡아당긴다.
⑨ 손가락을 고리에 넣고 단단하게 잡아당긴다.

48~72month :: 오감 발달 신체 | 가능성을 키우는 융복합 놀이 18

한 땀 한 땀, 바느질 놀이

융복합 영역: 신체 · 소근육, 표현

청소, 바느질, 요리 등 엄마 아빠에게는 일상적인 가사활동이 아이에게는 즐거운 놀이이자 좋은 소근육 활동이 된다. 발도로프, 몬테소리 등의 유명한 유아교육 프로그램에서는 모두 바느질이 포함된다. 요즘은 여자아이는 물론이고 남자아이도 요리, 뜨개질에 관심을 가진다. 가장 초보적인 바느질부터 배워보자.

● **준비물** 재활용 스티로폼 용기, 털실, 털실을 끼울 수 있는 큰 바늘

● **놀이 방법**

1. 생선이나 고기를 담았던 얇은 스티로폼 용기를 세제로 깨끗하게 씻어서 잘 말린다.
2. 스티로폼 용기의 뒷면에 만들고자 하는 디자인을 연필로 그린다.
3. 디자인대로 바늘로 구멍을 뚫는다.
4. 바늘에 털실을 꿰고 실의 끝 부분에 매듭을 짓는다. 바늘귀에 실을 꿴 후, 실의 끝 부분을 잡고 매듭을 짓는다.
5. 바늘을 스티로폼 구멍에 넣었다가 빼면서 홈질로 바느질한다.

6. 손잡이는 털실을 꼬아서 만들어도 되고 펠트 천을 가늘고 길게 자른 후 손잡이로 만들어도 된다.

● **놀이 효과**
- 눈과 손의 협응 능력이 발달한다.
- 마음이 차분해지고 인내심과 주의집중력이 생긴다.

● **아이의 가능성을 키우는 Tip & 응용**

바늘은 바느질할 때에는 좋은 도구가 되지만, 다른 사람에게 피해가 되지 않도록 사용에 주의해야 한다. 그러기 위해서는 바늘을 사용하고 나면 꼭 바늘꽂이에 꽂아둔다. 바느질 연습이 되면 일상생활에서 쓸 수 있는 손수건 만들기에 도전해보자.

발달 이야기 **소근육 발달이 느린 아이들의 특징**

소근육 발달이 느린 아이들은 다음과 같은 특징을 보인다.
- 나이에 비해 연필 잡기가 어색하고 서투르다
- 가위질을 잘 못 하고 그리기, 칠하기 또는 쓰기가 느리거나 지저분하고 힘들어한다
- 단추 잠그거나 풀기, 지퍼 올리고 내리기, 바느질, 신발끈 묶기를 어려워한다.
- 블록 쌓기, 퍼즐 맞추기, 모양 따라 그리기처럼 눈과 손의 협응을 필요로 하는 작업을 싫어한다.
- 새로운 소근육 과제를 배우는 데 힘들어하고 쉽게 지친다

이렇게 소근육 발달이 느린 아이들은 엄마에게 그림을 그려달라고 하거나 아빠에게 쌓기나 조립을 시키면서 자신은 안 하려고 하면서 되도록 소근육 과제들을 피한다.

48~72month :: 오감 발달 신체 | 가능성을 키우는 융복합 놀이 19

단추로 하는 골프 놀이

융복합 영역: 신체 · 소근육, 사회, 탐구

단추로 하는 일종의 딱지놀이로 손가락 힘을 기르는 데 최고다.

- **준비물** 키친타월 혹은 두루마리 화장지의 심 여러 개, 이쑤시개 9개, 하얀 도화지, 마커펜, 가위, 테이프, 단추(가장자리가 도톰하게 올라온 단추와 편평한 단추)

- **놀이 방법**

1. 다 쓴 두루마리 화장지의 심을 약 4cm 크기로 잘라서 모두 9개의 골프 홀을 만든다.
2. 하얀 도화지로 밑변이 4cm, 높이는 5cm 크기의 이등변 삼각형을 9개 만든다.
3. 삼각형의 밑변에 구멍을 2개 내어 이쑤시개를 꽂아 깃발을 9개 만든다.
4. 깃발에 1부터 9까지 숫자를 적고 만들어진 골프 홀에 하나씩 테이프로 붙인다.
5. 9개의 골프 홀을 바닥에 마음대로 흩뜨려 놓는다.
6. 1번 홀부터 시작해서 바닥에 가장자리가 두툼한 단추를 놓고 그 위에 편평한 단추를 눌러서 단추가 날아가며 홀에 들어가게 한다.
7. 같은 방법으로 1번부터 9번까지 진행한다.

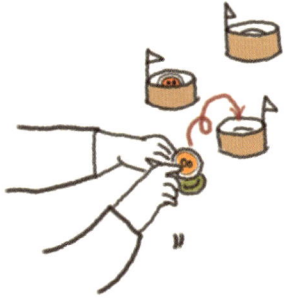

● 놀이 효과
- 단추를 눌러 날아가게 하기 위해서 손가락 힘이 필요한 것을 안다.
- 단추를 날리는 데 필요한 힘과 방향 등에 대해 생각하게 한다.

● 아이의 가능성을 키우는 Tip & 응용

둘이서 놀 때는 단추가 안 들어가면 기회가 상대방에게 넘어가고 단추가 들어가면 다음 홀로 진행하는 등의 규칙을 정한다.

발달 이야기 소근육 기술을 향상시키는 방법

소근육 기술은 만 5~7세 사이에 현저히 발달하며 8~10세에는 발달적 차이를 크게 보이지 않는다. 따라서 만 5~7세의 시기는 소근육 발달의 최적기라고 할 수 있다. 이때는 우세 손을 정하여 정교한 과제에서는 우세 손을 자주 사용하도록 하고 우세 손으로 블록을 놓고 다른 손으로 블록을 잡는 것처럼 두 손을 함께 사용하는 연습(양측 협응)을 한다. 또 클립이나 나무못을 사용하여 손과 손가락의 힘을 강화하고 손가락을 분리하여 하나 또는 두 손가락만을 사용하는 과제를 연습하면 좋다. 이 외에도 이 책에 소개된 소근육 활동과 예술 활동도 소근육 발달에 좋은데, 구체적으로 다음과 같은 활동들이 도움이 된다.

- 카드를 섞고 한 장씩 나누거나 카드로 집을 짓거나 동전을 쌓는다.
- 신발끈 묶기
- 동전, 단추, 구슬과 같은 작은 사물을 손가락이나 집게로 집고 내려놓는다.
- 손안에 공기, 바둑알 등을 쥐고 이리저리 여러 방향으로 돌려본다.
- 점토로 공이나 소시지를 만든다.
- 신문지를 구겨서 공을 만든다.
- 단추나 안전핀을 열거나 닫는다.
- 양손에 드라이버를 들고 다양한 크기의 나사를 조이거나 풀어본다.
- 접시나 그릇을 놓는다.
- 열쇠를 구멍에 넣고 돌려보거나 병의 뚜껑을 열거나 닫아본다.
- 글씨를 쓰거나 컴퓨터 자판을 쳐본다.

48~72month :: 오감 발달 신체 | 가능성을 키우는 융복합 놀이 20

구슬치기

융복합 영역: 신체 · 소근육, 사회성

우리나라뿐 아니라 전 세계적으로 아이들이 즐기는 놀이로 손의 힘을 조절할 수 있게 된다.

- 준비물 구슬(또는 바둑알)

- 놀이 방법

1. 가위, 바위, 보로 순서를 정해서 일등부터 구슬을 내려놓는다.
2. 일등이 제일 먼저 자기 구슬로 가까이 있는 구슬을 쳐서 맞힌다. 만약 맞히면 그 구슬을 따고, 그 자리에서 다시 구슬치기를 한 번 더 한다. 맞히지 못하면 구슬이 멈춘 자리에 그대로 놓아두고 다음 사람이 구슬을 맞힌다.
3. 모든 구슬이 없어질 때까지 계속한다.

- 놀이 효과
- 구슬을 정확하게 맞히기 위해 손가락의 힘을 적당히 조절할 수 있어야 한다.
- 놀이의 규칙을 따르고 갈등이 생겼을 때 해결하는 능력이 향상된다.

● **아이의 가능성을 키우는 Tip & 응용**

놀이에서 딴 구슬은 놀이가 끝난 뒤에 돌려주기로 하고 시작한다. 세모를 그려 놓고 모든 구슬을 그 안에 넣어둔 뒤에 일정 거리 뒤의 선에 서서 세모 안의 구슬을 쳐서 밖으로 나가게 하는 방법으로 놀 수도 있다(세모치기). 벽에 구슬을 대고 차례로 벽을 타고 떨어뜨려 다른 사람의 구슬을 맞히면 그 구슬을 가진다. 또는 구슬이 가장 멀리까지 가는 사람이 이기는 방법(벽치기)도 있다.

발달 이야기 뚱뚱한 고등학생이 되지 않으려면……

유아기의 대근육 운동, 특히 공놀이와 같은 물체 조작 운동이 청소년기의 비만을 예방한다는 연구 결과가 있다. 미국 오클라호마 주립대학과 템파 대학의 연구진들에 의하면 유아기의 운동 발달 능력이 고등학교 시기의 체력을 예측했다. 이 연구에서는 먼저 약 300명의 남녀 유아(평균 4.8세)의 대근육 운동 검사를 했다. 이 검사는 이동운동 기술(달리기, 점프, 스키핑, 말 뛰기, 힌 발 뛰기 등)과 물체 조작(두 손으로 공치기, 공 튀기기, 공 잡기, 공 차기, 머리 위로 던지기)기술을 측정했다. 여기서 달리기, 점프하기 등의 이동운동은 기본적인 운동 기술이고 물체 조작 기술은 스포츠 관련 기술이다. 그리고 11년 후에 고등학생이 된 연구 참여자들을 다시 추적하여 체력검사를 했다(장거리 달리기, 윗몸 일으키기, 앉아서 팔 뻗기, 체지방율 등 측정). 검사 결과 유아기에 대근육 운동 발달의 점수가 높았던 아이들은 청소년기에도 체력 발달의 모든 지표의 점수가 높았다. 흥미로운 것은 특히 공 튀기기 등의 물체 조작 기술이 달리기, 점프하기 등의 이동운동 기술보다 전반적인 체력을 더 잘 예언했다. 이 연구 결과에 따르면 청소년기까지 장기적인 체력 향상과 비만을 방지하기 위해서는 일반적인 신체 활동과 움직임 기술보다는 던지기, 잡기, 차기, 치기 등의 스포츠 기술들을 가르치는 것이 좋다는 것이다. 이는 공을 치고, 던지고, 잡고 하는 스포츠 기술들을 배우다 보면 일반적인 달리기, 뛰기 능력도 함께 발달하기 때문이다.

▶ 장 박사의 Q&A 고민상담소 ◀

도와줘요, 장 박사님!

Q 6살 남자아이인데 또래보다 걷는 것도 말도 느린 것 같아요. 그런데 손동작이 또래 아이보다 많이 느려서 걱정이에요. 그래서 색칠하기며 그림 그리기 같은 것도 하는데 좋아지지 않는 것 같아요. 소근육 발달이 늦어지면 학교에 가서 적응하기 힘든가요? 어떻게 하면 집에서 소근육을 발달시킬 수 있을까요?

A 소근육 발달 기술은 만 5~6세 사이에 현저히 발달하기 때문에 이 시기가 소근육 발달의 최적기라고 볼 수 있습니다. 만약 이때 소근육이 충분히 발달되지 않으면 초등학교에 입학해서 적응하기에 힘들 수가 있어요.

　소근육은 대부분의 쓰기, 그리기와 같은 학습기술과 가위 사용하기, 만들기, 종이접기 등의 도구조작에 관여합니다. 또한, 생활에 필요한 자조기술, 예를 들어 옷의 단추 채우기, 지퍼 올리기, 수저 사용하기에도 중요하고 이를 닦고 비누를 사용해서 세수를 하는 것과 같은 위생기술에도 소근육이 관여합니다. 이 밖에도 퍼즐 맞추기, 블록 쌓기 등의 놀이에도 소근육이 필요합니다. 따라서 초등학교에 입학한 이후에도 소근육 발달이 늦어져서 이상의 활동에 지장이 있다면 학교생활에 어느 정도는 불편을 느낄 것입니다.

다행히 초등학교에 입학할 때까지는 아직 시간이 좀 남아 있으니 지금이라도 최대한 소근육 발달을 돕는 놀이와 활동을 하는 것이 좋겠습니다.

우선 아이의 우세 손을 정하여 자주 사용하도록 하고 필요할 때에는 다른 손으로 물건을 잡아서 우세 손을 돕는 방법으로 사용하는 연습을 많이 하는 것이 좋습니다. 또 클립, 나무못, 폼폼, 콩 등 작은 물체를 손가락으로 잡거나 집게나 젓가락을 이용해서 집어 올리는 연습도 손과 손가락의 힘을 강화하는 데 도움이 됩니다.

이 외에 손과 눈의 협응 능력, 소근육을 사용하는 놀이로는 이 책에 소개된 '주고받는 실뜨기(54쪽)', '공기놀이(43쪽)', '딱지치기(56쪽)', '단추 열고 잠그기 놀이(58쪽)', '선 이어 삼각형 만들기(60쪽)', '한 땀 한 땀, 바느질 놀이(62쪽)', '구슬치기(66쪽)'를 참조하여 아이와 소근육을 발달시키는 놀이를 함께해보세요. 스트레스를 줄이면서 소근육 발달을 도울 수 있을 것입니다. 또한, '발달이야기: 올바른 연필 잡기를 위한 팁(45쪽)'을 참조하세요. 그리고 소근육 발달을 위해서는 손뿐 아니라 팔뚝, 어깨 등의 대근육을 먼저 잘 사용할 수 있어야 합니다. 이를 위해서는 '발달이야기: 손힘이 없는 아이에게 정글짐 놀이가 좋다(57쪽)'를 참고하세요.

Q 5세 여아인데, 아이가 좀 활동적이고 에너지가 넘치는 거 같아 태권도를 배우게 하려고 해요. 그래서 이틀 정도 배웠는데, 하기 싫다고 해요. 5세 여아에게 어떤 운동이 좋을까요?

A 아이가 태권도를 시작한 지 이틀 만에 싫다고 하여 고민이시군요. 이 시기에는 운동뿐 아니라 음악, 미술 등 교육을 활발히 받기 시작하는 시기이지만 아이가 싫어하는 활동이 있고, 또 좋다고 시작했다가도

싫어지기도 하므로 신중하게 시작하는 것이 좋아요. 우선 시작하기 전에 아이의 의사를 적극적으로 반영하고 참관 수업을 해보거나 수업 장소를 미리 방문해서 미리 사전 지식을 좀 갖추고 판단을 하는 것이 좋습니다. 그리고 시작한 다음에는 적어도 3개월 정도는 해보고 다시 판단을 하자는 약속도 하고 시작하면 좋을 것 같습니다.

태권도는 유연성, 민첩성, 평형성, 순발력, 근지구력 등의 기본 체력 발달에 도움이 되는데 아이가 태권도를 왜 싫어하는지 우선 이유를 들어보세요. 싫어하는 이유가 태권도 수업에 적응하면서 해결이 될 문제라면 아이를 달래서라도 시키는 편이 좋을 것 같습니다. 혹은 다른 도장으로 옮겨서 해결될 문제일 수도 있습니다. 그러나 만약 꼭 다른 종목으로 바꾸고자 한다면, 이 또래의 여자아이들이 좋아하는 발레나 체조, 스케이팅 같은 운동을 해보세요. '발달 이야기: 만 5~6세에 시작하기 좋은 유아 스포츠(26쪽)'를 참고하세요.

Q 5세 남아인데, 요새 갑자기 몸에 관심이 많아졌어요. 이 호기심을 책으로 알려줘야 할지 어떻게 해야 할지 고민입니다.

A 아이들은 아주 일찍부터 자신의 몸에 대해 관심이 많습니다. 1~2세에는 성기를 만지작거리기도 하고 2~3세에는 성에 대해 흥미를 가지고 3~4세에는 아기의 출생에 대해서도 궁금해합니다. 4~5세경에는 친구들과 성적 놀이를 하기도 합니다. 그래서 아이가 자신의 신체나 성에 대한 질문을 시작하면 성교육을 해야 할 때가 온 것입니다.

이때의 성교육은 구체적으로는 아기가 어떻게 생기는지, 남녀의 신체는 어떻게 다른지, 내 몸과 타인의 몸을 어떻게 소중하게 다루어야 하는지, 다른 사람이 내 몸을 만지는 것과 같은 위험하거나 불쾌한 상황에서 자기 몸을 어떻게 보호해야 하는지 그리고 양성평등에 대한 내용을 다루면 좋습니다. 성교육을 할 때 부모가 너무 당황해하거나 혹은 아이의 질문을 무시하며 부정적으로 대하면 성에 대한 아이의 관심이 자위행위 등으로 오히려 더 왜곡되게 표현될 수 있습니다. 그러므로 자연스럽고 객관적인 태도로 지도를 해주어야 합니다. 예를 들어, 생식기의 이름과 기능도 정확하게 알려주고 아이들의 성적 놀이, 행동에 대해서도 구체적으로 지도를 해주는 것이 좋습니다.

성교육의 방법으로는 명화를 이용해서 남녀의 신체 차이를 이야기해볼 수 있고 아이의 목욕시간에 자연스럽게 이야기를 나눌 수도 있습니다. 가장 손쉬운 방법은 성교육을 주제별로 담은 다양한 그림책을 사용하는 것입니다. 다음의 주제별 그림책들을 참고하세요.

신체 발달: 내 동생이 태어났어(비룡소) / 벌거숭이 벌거숭이(한림출판사) / 엄마가 알을 낳았대(보림) / 나는 사랑의 씨앗이에요(다섯수레) / 아이가 어떻게 생기는 지 너 아니?(창조아이)

성 심리 발달: 소중한 나의 몸(비룡소) / 내몸, 네몸(아이코리아) / 엄마 배가 커졌어요(책고르기)

자기 결정과 선택: 나 남자 맞어?(아이코리아) / 난 싫다고 말해요(북뱅크)

사회적 환경: 이상한 느낌이에요(아이코리아) / 내 몸은 내가 지켜요(보물창고)

결혼과 가정: 엄마가 사랑해, 아빠가 사랑해(삼성출판사) / 아빠가 되고 싶어요(사계절) / 우리 아빠 정말 멋져요!(베틀북) / 내가 만일 엄마라면(베틀북)

양성평등: 엄마는 비행사(아이코리아)

Q 5세 여아인데, 또래보다 키나 몸무게가 많이 나가는 편입니다. 그런데 아기 때부터 신체 발달이 평균보다 많이 느렸어요. 그래도 잘 걷고 해서 걱정을 안 했는데, 요즘 보면 운동신경이 부족한지 또래보다 신체 활동을 잘 못 해요. 혹시 운동 능력을 키울 수 있는 방법이 있을까요?

A 유아기는 신체 활동의 발달에 매우 중요한 시기입니다. 대근육을 이용한 신체 활동의 90%와 소근육을 이용한 신체 활동의 80%가 유아기부터 초등학교 후반까지 발달합니다. 따라서 이 시기에 충분한 신체 활동을 경험한 아이들은 대·소근육의 발달에 도움을 받을 뿐 아니라 이후 성인이 되어서도 신체 활동을 즐기게 될 가능성이 큽니다. 반대로 어릴 때부터 신체 활동이 부족하면 운동 발달도 느리고 비만이 될 가능성도 커서 충분한 신체 활동 시간을 갖는 것이 필요합니다.

지금이라도 늦지 않았습니다. 아이의 운동 능력을 키우기 위해서는 가장 좋은 것이 아이와 함께하는 신체 놀이입니다. 또래 친구들이나 가족들과 함께 이 책에서 소개하는 '여우야 여우야 뭐하니?(28쪽)', '점점 더 낮게, 림보 놀이(25쪽)', '돌리고 깡충 뛰기(30쪽)', '사방치기(32쪽)', '선 따라 술래잡기(34쪽)', '깡충깡충 줄넘기(36쪽)', '찡꽁 빵꽁, 토끼 씨름(38쪽)' 등의 놀이를 해보세요. 이런 놀이들은 우선 즐겁고 운동 능력의 발달에도 도움이 됩니다.

이 외에도 아이의 기초 체력을 기르기 위해서는 닭싸움, 시소놀이, 훌라후프 뛰어넘기, 공 던지고 받기, 장애물 통과하기, 평균대 걷기 등의 활동 역시 큰 도움이 됩니다. 가장 간단하게는 하루에 약 6,000보 정도라도 함께 걷기를 하는 것이 좋습니다. 혹은 자전거 타기도 좋은 운동입니다. 외국에서는 하루에 적어도 60분 정도는 숨이 조금 찰 정도의 고강도 신체 활동을 하라고 권장하고 있습니다. 아이와 함께 즐거운 신체 활동의 경험을 자주 갖게 되면 아이도 모르는 사이에 체력도 향상되고 기본 운동 능력도 향상될 것입니다.

▶ 발달 키워드 ◀

기본 운동 능력

　기본 운동 능력이란 신체를 효율적으로 움직이는 데 필요한 운동 능력이다. 48~72개월의 시기는 기본 운동 능력이 발달하는 시기이다. 만약 이때 기본 운동 능력이 잘 발달되지 않으면 더 복잡한 신체 활동을 성공적으로 수행할 수 없을 뿐 아니라, 인지, 정서, 사회성 등 발달의 모든 영역에 부정적인 영향을 미칠 수 있다. 아래 체크 리스트는 연구에서 사용한 기본 운동 능력의 리스트를 집에서 쉽게 사용할 수 있도록 일부 수정한 것이다. 이동, 비이동, 조작 운동의 영역에서 아이들의 기본 운동 능력이 제대로 발달하고 있는지를 살펴보자.

| 기본 운동 능력이 골고루 발달하였는가? |

다음은 아이의 기본 운동 능력을 판단하기 위한 문항들이다. 실시 전에 공과 스톱워치를 준비하고 다음의 각 문항을 실시한다.

영역			측정 내용	평가	
				예 (1점)	아니오 (0점)
비이동 운동	한 발 들고 서기 (정적 평형성)	오른발	1. 왼발 무릎 굽혀서 앞으로 높이 든다 (20cm이상)		
			2. 지탱하고 서 있는 오른발은 무릎을 편다		
		왼발	1. 오른발 무릎 굽혀서 앞으로 높이 든다 (20cm 이상)		
			2. 지탱하고 서 있는 왼발은 무릎을 편다		

영역		측정 내용	평가	
			예 (1점)	아니오 (0점)
비이동 운동	윗몸 앞으로 굽히기 (유연성)	1. 양쪽 무릎을 굽히지 않고 쭉 편다.		
		2. 가슴이 넓적다리에 닿는다		
이동 운동	달리기 (민첩성)	1. 팔꿈치를 굽혀 팔을 어깨높이로 흔들면서 달린다		
		2. 뒷발은 엉덩이를 차면서 달린다		
	제자리 멀리뛰기 (순발력)	1. 준비 자세에서 팔을 앞뒤로 흔든다		
		2. 착지 시 무릎 굽혀 체중을 앞에 둔다		
	앞구르기 (평형성)	1. 준비 자세에서 허리 굽혀 머리를 양발 가까이에 댄다		
		2. 한쪽으로 기울어지지 않고 똑바로 구른다		
		3. 연속 2회 구른다		
		4. 연속 구르고 나서 양팔 벌려 3초간 균형 잡고 선다		
조작 운동	공 던지기 (눈-손 협응성)	1. 준비 자세에서 몸통을 회전시킨다		
		2. 던지는 팔의 어깨를 휘돌린다		
		3. 던지고 나서 몸을 앞으로 숙인다		
	공 받기 (눈-손 협응성)	1. 공이 날아오는 시간에 맞춰 양손을 열고 닫는다.		
		2. 팔을 공이 날아오는 방향으로 내민다		
		3. 공을 받을 때 손가락으로 움켜잡는다		
	공 차기 (눈-손 협응성)	1. 공 차는 발을 무릎 굽혔다가 앞으로 쭉 뻗으면서 찬다		
		2. 오른발을 공에 접촉하여 찬다		
		3. 왼발을 공에 접촉하여 찬다		
		4. 공이 굴러가는 방향으로 몸을 이동하여 찬다		

모든 문항에 체크를 했으면 다음의 하위 영역별로 점수를 모두 더한 총점을 구한다. 총점이 비이동운동 5점, 이동운동 3점, 조작운동의 경우 8점보다 낮으면 해당 영역의 기본 운동 능력이 상대적으로 낮은 것으로 본다. 영역과 문항별로 기본 운동 능력에서 보완이 필요한 부분을 확인하고 그 부분을 집중적으로 키워주면 좋다.

하위 영역	문항	총점
비이동운동	한 발 들고 서기(정적평형성) 윗몸 앞으로 굽히기(유연성)	(0~6점)
이동운동	달리기(민첩성) 제자리 멀리뛰기(순발력) 앞구르기(평형성)	(0~8점)
조작운동	공 던지기 공 받기(눈-손 협응성) 공 차기(눈-발 협응성)	(0~10점)

Chapter 2

소통 발달 언어

아이의 가능성을 키우는 48~72개월 융복합 놀이

문법에 맞게 문장을 정확하게 사용해요

짧은 노래나 동요, 동시를 기억해 외울 수 있는 시기

...

언어 영역 발달의 특징

48~72개월의 아이들은 이제 기본적인 문법에 맞게 문장을 정확하게 사용할 수 있다. 짧은 노래나 동요, 동시를 기억해서 외울 수도 있고 책에서 읽은 이야기를 간단하게 되풀이해 말할 수도 있다. 또 말놀이를 즐기고 제법 유머도 구사한다. 한마디로 의사소통에는 별문제가 없고 언어로 남을 즐겁게 하거나 반대로 화가 나게 하기도 한다. 이 시기 유치원의 누리과정 중 의사소통 영역의 목표를 살펴보자.

누리과정 의사소통 영역 내용

- **듣기**: 낱말의 발음에 관심을 가지고 비슷한 발음을 듣고 구별하기, 다른 사람의 이야기 듣고 이해하고 궁금한 것은 질문하기, 동요, 동시나 동화를 듣고 이해하기 등을 목표로 한다.
- **말하기**: 낱말과 문장으로 자기의 느낌·생각·경험을 말하기, 이야기 지어 말하기, 듣는 사람의 생각과 느낌을 고려하여 말하기 등을 목표로 한

다. (스티커로 그림 이야기 만들기 92쪽)
- **읽기**: 읽기에 흥미를 가지고 책의 그림을 단서로 내용을 이해하기 등을 목표로 한다.
- **쓰기**: 말이나 생각을 글로 나타낼 수 있다는 것을 알고 자신의 이름이나 주변의 친숙한 글자를 써보기, 연필 등의 쓰기 도구를 바르게 사용하기 등을 목표로 한다.

이 시기에 해당하는 유치원의 교육 목표지만, 실제로는 유치원의 같은 교실에서도 아이마다 언어 발달의 차이는 크다. 만 5세의 2학기 즈음에는 아직 한글에 관심이 없는 아이부터 이미 짧은 동화책을 줄줄 읽고 받아쓰기를 할 줄 아는 아이까지 수준이 다양하기 때문이다.

한편 2013년에 개정된 초등 교과과정에서는 국어 과목이 '듣기 · 말하기', '읽기', '쓰기'에서 1학기에는 '국어-가', '국어-나', '국어활동-가 · 나', 2학기에는 '국어-다', '국어 라', '국어활동-다 · 라'로 바뀌었다. 1학기에 배우는 '국어-가'와 '국어-나'에서는 다음과 같은 내용으로 구성되어 있다.

'국어-가'에는 바르게 앉아서 쓰기, 연필 바르게 잡기, 낱말 읽고 따라 써보기, 자음과 모음 바르게 따라 써보기, 자음과 모음을 결합해 글자 만들어 보기, 바른 자세로 듣기, 자신의 기분 말해보기, 친구들의 생각 유추해보기.
'국어-나'에는 간단한 시, 동화 등 문학작품을 소개하고 주인공의 속마음을 알아보기, 글 읽고 느낀 점 쓰기, 문장에 어울리는 낱말 찾아보기, 그림 보고 어울리는 문장쓰기.

1학년에서 배우는 내용을 자세히 살펴보면 예상보다 그렇게 어려운 것은 아니다. 이미 유치원에서 하던 활동들과 이 책에서 소개하는 언어 놀이 활동을 꾸준히 하고 있다면 충분히 할 수 있는 수준이다. 미리 겁을 먹고 아이의 놀이 시간을 줄여 초등 대비 학원을 보내거나 어려운 학습지를 시키며 아이들을 지치게 할 필요가 전혀 없다는 얘기다. 초등학교에 대비해서도 이 책에서 소개되는 놀이로 꾸준히 놀아 준다면 적어도 초등 1학년에서 배우는 내용은 거뜬하게 따라갈 수 있다. 영역별로 다음의 놀이가 도움이 된다.

초등 대비 언어 놀이

- **듣고 말하기 놀이**: 다른 사람의 말을 경청해서 요약해 보기와 다양한 방법으로 이야기하기 놀이가 도움이 된다. '스티커로 그림 이야기 만들기(92쪽)', '그림 속 이야기 만들기(94쪽)', '이야기 끈(85쪽)' 놀이로 재미있게 놀면서 자연스럽게 말하기 연습을 할 수 있다. '동화 읽고 극 놀이(96쪽)'는 이야기를 직접 극으로 만들어보면서 내용을 이해하고 말하기 능력을 키울 수 있다.

- **읽고 쓰기 놀이**: 읽기를 시작하는 단계라면 말소리에 대한 민감성을 길러 주는 음운인식 놀이부터 시작하는 것이 좋다. '말소리 파노라마(100쪽)', '머리, 어깨, 무릎, 발(102쪽)', '말소리 더하기, 빼기(104쪽)', '다른 말소리 찾기(106쪽)'는 말소리에 대해 집중하게 하는 즐거운 놀이다. 단어나 글자 읽기를 연습하는 단계라면 '단어 카드 젓가락 집기(110쪽)', '단어 카드 찾아서 동작하기(112쪽)', '글자 낚시(116쪽)', '글자 카드 뒤집기(118쪽)' 등 다양한 카드놀이와 신체를 움직이며 즐겁게 활동할 수 있는 놀이가 있다. 유창하게 읽기를 연습하는 수준이라면 소리 내어 동화책 읽기, 책 읽고 생각나는 장면 그리기, 감상 쓰기가 도움이 된다. 특히 쓰기를 위해서는 자신이 말한 내용을 글로 써 보기, 재미있었던 일 쓰기 등 쓰기와 관련

된 놀이를 추가하면 더욱 좋다. 마지막으로 초등학교부터는 어휘의 수준이 상당히 높아지므로 '나만의 단어장 만들기(00쪽)'를 통해 동화책을 읽으면서 모르는 단어를 그냥 넘기지 말고 사전으로 정리하는 습관을 들이도록 한다. 매일 5분씩 틈틈이 아이와 함께하는 즐거운 의사소통 놀이로 아이의 언어 능력을 쑥쑥 키워 줄 수 있다.

● 48~72개월 의사소통 영역 학습 목표 체크 리스트

다음은 누리과정 중 이 시기 아이들이 습득해야 할 의사소통 영역의 학습 목표이다. 아이가 해당 시기의 의사소통 학습 목표를 잘 이행하고 있는지 관찰하여 기록해보자. 만약 아이가 학습 목표에 도달하지 못했다면 이 책의 소통 발달 언어 놀이를 통해 잘 이끌어주면 된다.

연(월)령		학습 목표	관찰 내용
만 4세 (48~59개월)	듣기	낱말의 발음에 관심을 가지고 듣는다	
		일상생활과 관련된 낱말과 문장을 듣고 뜻을 이해한다	
		다른 사람의 이야기를 듣고 이해한다	
		이야기를 듣고 궁금한 것에 대해 질문한다	
		동요, 동시, 동화를 다양한 방법으로 듣고 즐긴다	
		전래 동요, 동시, 동화를 듣고 우리말의 재미를 느낀다	
		다른 사람의 이야기를 주의 깊게 듣는다	
	말하기	친숙한 낱말을 정확하게 발음해본다	
		다양한 낱말을 사용하여 말한다	
		일상생활에서 일어나는 일들을 간단한 문장으로 말한다	
		자신의 느낌, 생각, 경험을 말한다	
		주제를 정하여 함께 이야기를 나눈다	
		이야기를 지어 말한다	

연(월)령		학습 목표	관찰 내용
만 4세 (48~59개월)	말하기	듣는 사람의 생각과 느낌을 고려하여 말한다	
		차례를 지켜 말한다	
		바르고 고운 말을 사용한다	
	읽기	주변에서 친숙한 글자를 찾아본다	
		읽어주는 글의 내용에 관심을 가진다	
		책 보는 것을 즐기고 소중하게 다룬다	
		책의 그림을 단서로 내용을 이해한다	
		궁금한 것을 책에서 찾아본다	
	쓰기	말이나 생각을 글로 나타낼 수 있음을 안다	
		자기 이름을 써본다	
		자신의 느낌, 생각, 경험을 글자와 비슷한 형태로 표현한다	
		쓰기 도구에 관심을 가지고 사용해본다	
만 5세 (60개월~)	듣기	낱말의 발음에 관심을 가지고 비슷한 발음을 듣고 구별한다	
		다양한 낱말과 문장을 듣고 뜻을 이해한다	
		다른 사람의 이야기를 듣고 이해한다	
		이야기를 듣고 궁금한 것에 대해 질문한다	
		동요, 동시, 동화를 다양한 방법으로 듣고 이해한다	
		전래 동요, 동시, 동화를 듣고 우리말의 재미를 느낀다	
		다른 사람의 이야기를 끝까지 주의 깊게 듣는다	
	말하기	정확한 발음으로 말한다.	
		다양한 낱말을 사용하여 상황에 맞게 말한다	
		일상생활에서 일어나는 일들을 다양한 문장으로 말한다	
		자신의 느낌, 생각, 경험을 적절한 낱말과 문장으로 말한다	
		주제를 정하여 함께 이야기를 나눈다	
		이야기 지어 말하기를 즐긴다	

연(월)령		학습 목표	관찰 내용
만 5세 (60개월~)	말하기	듣는 사람의 생각과 느낌을 고려하여 말한다	
		때와 장소, 대상에 알맞게 말한다	
		바르고 고운 말을 사용한다	
	읽기	주변에서 친숙한 글자를 찾아 읽어본다	
		읽어주는 글의 내용에 관심을 가지고 읽어본다	
		책 보는 것을 즐기고 소중하게 다룬다	
		책의 그림을 단서로 내용을 이해한다	
		궁금한 것을 책에서 찾아본다	
	쓰기	말이나 생각을 글로 나타낼 수 있음을 안다	
		자신의 이름과 주변의 친숙한 글자를 써본다	
		자신의 느낌, 생각, 경험을 글자와 비슷한 형태나 글자로 표현한다	
		쓰기 도구의 바른 사용법을 알고 사용한다	

48~72month :: 소통 발달 언어 | 가능성을 키우는 융복합 놀이 1

이야기 끈

융복합 영역: 언어, 탐구

줄거리가 있는 그림책을 읽고 다시 말할 때 도움이 되는 놀이다. 그림책의 내용을 이해하는 데 좋다.

- **준비물** 종이, 색연필이나 사인펜, 가위
- **놀이 방법**

1. **그림책을 읽으면서 이야기의 구성 요소를 배운다.**

   배경: 어디서 일어난 일이지? 그때가 언제였지? (예: 옛날 한 숲 속 동굴에)

   주인공: 이야기에 누가 나왔었니? (예: 큰 회색여우가 살았어요)

   문제: (주인공)○○에게 어떤 일이 일어났었니? 그런 문제(속상한 일)가 생겨서 주인공은 기분이 어땠을까? (예: 어느 날 그 여우가 병이 들었어요. 그래서 사냥을 할 수 없었어요. 며칠 동안 굶어서 배가 고팠어요. 누가 와 주기를 바랐지만, 아무도 오지 않았어요)

   문제의 해결 과정: 그래서 어떻게 했니? (예: 그래서 여우는 힘들게 밖으로 나가 표지판을 세웠어요. 안에 들어오세요. 맛있는 음식을 공짜로 드려요.)

   결말: 그래서 결국 모두 어떻게 되었어? (예: 그러자 지나가던 동물들이 하나씩 들어왔어요. 그런데 아무도 밖으로 나오지 않았어요. 왜냐하면 여우가 모두 잡아먹었기 때문이에요. 그 여우는 아주 영리한 여우였어요. 끝)

2. 종이에 이야기의 각 부분을 나타내는 그림을 그리며 설명해준다.
   예: 배경-집과 시계(또는 해와 달, 별의 그림), 주인공-사람(또는 동물)
   문제-헝클어진 줄, 문제의 해결 과정-느낌표, 결말-리본

3. 각 그림을 예쁘게 칠하고 가위로 오린 다음 코팅한다.

4. 코팅한 그림을 순서대로 줄을 이용해 묶는다.

5. 그림책을 읽으면서 적용한다.

● 놀이 효과

- 그림책의 내용에 대한 인식과 이해력을 높여준다.
- 이야기가 주인공, 배경, 주인공의 문제와 해결 과정, 결말로 구성된다는 이야기 도식을 배우게 된다.
- 읽기, 쓰기의 습득을 돕는다.

● 아이의 가능성을 키우는 Tip & 응용

여러 이야기에 적용하면서 구성 요소를 익힌다. 이야기하는 중간에 아이가 말을 잇지 못하면 "그래서?", "다음에 어떤 일이 일어났니?" 하고 질문해서 아이의 기억을 돕는다.

발달 이야기 몸짓으로 생각한다

말할 때 몸짓을 사용하는 것이 생각에 도움이 된다. 한 연구에서 아이들에게 수학과 과학 문제를 풀게 했다. 아이들이 문제를 못 풀면 풀이를 가르쳐주었다. 연구 결과 아이들이 풀이 과정을 말할 때 말하는 내용과 몸짓이 서로 일치하지 않는 아이들이 있었다. 이러한 아이들은 풀이를 가르쳐주면 쉽게 이해할 수 있었다. 이 경우에 몸짓은 아이의 인지적 수준이 새로운 개념을 배울 준비가 되어 있는 전환기에 있다는 신호가 된다. 몸짓은 기억을 돕기도 한다. 한

연구에서 6, 7세 아이들이 재미있는 경험을 한 뒤 2주 후에 기억 검사를 했는데 기억을 해낼 때 몸짓을 사용하게 한 아이들이 몸짓을 못 하게 한 아이들에 비해 더 많은 것을 기억해낼 수 있었다. 수학과 과학 수업시간에 교사가 말과 함께 몸짓을 사용할 때 아이들이 더 잘 이해했다는 연구 결과도 있다. 아이들이 자연적으로 몸짓을 사용할 때 이를 억제하지 않는 것이 좋다. 몸짓은 아이들이 아직 말로 표현하지 못하는 암묵적인 지식을 표현하고 기억을 돕기 때문이다. 아이들에게 어려운 개념을 가르칠 때도 몸짓을 적절히 사용하는 것이 이해에 도움이 된다.

48~72month :: 소통 발달 언어 | 가능성을 키우는 융복합 놀이 2

끝말잇기

융복합 영역: 언어, 탐구, 사회 · 정서

재미있게 놀면서 새로운 어휘를 익힐 수 있는 놀이로 장소에 상관없이 어디서나 즐길 수 있어서 좋다.

- **준비물** 없음

- **놀이 방법**

1. 두 명 이상이 모여 먼저 순서를 정한다.

2. 첫 번째 사람이 단어를 말한다.
   예: 사자

3. 다음 사람은 앞사람이 말한 단어의 마지막 글자/음절로 시작하는 단어를 말해야 한다.
   예: 사자-자두-두부

4. 같은 방법으로 반복하다가 자기 차례에 단어를 대지 못하면, 지게 된다.

- **놀이 효과**

• 끝말을 이어야 하므로 음을 정확하게 발음하고 음절을 정확하게 구분할 수 있게 된다.

• 끝말을 기억해 새로운 단어를 생각하면서 작업 기억 능력이 발달한다.

- 말소리의 재미와 즐거움을 느낄 수 있다.
- 이미 학습한 내용을 재확인시키면서 상위 인지 능력을 극대화한다.

● **아이의 가능성을 키우는 Tip & 응용**

미리 사용할 수 있는 단어를 명사로만 제한하거나 두음법칙을 인정하는 규칙을 정한다(예: 시력-역사). 놀이에 익숙해져서 잘하게 되면 금지 단어도 미리 정한다. 예를 들어, 낱말의 마지막 음절로 시작하는 단어가 없거나 희귀해서 다음 사람이 낱말을 제시할 수 없게 만들어버리는 낱말(예: '기쁨')은 사용하지 못하게 한다.

발달 이야기 **재미있는 말놀이**

말놀이는 둘 이상의 사람이 서로 말을 주고받으면서 이루어지는 놀이다. 말놀이에는 첫소리, 중간소리, 끝소리기 같은 낱말을 이어기거나 의성어·외태어 말놀이, 반대어 말놀이, 동음이의어 말놀이, 음절수 세기 말놀이, 삼행시(사행시) 짓기, 스무고개 놀이, 심부름 놀이, 말 짓기 놀이 등이 있다.

터프츠 대학의 엘리 교수팀이 유치원 교실에서 아이들의 말을 녹음했더니 유치원 아이들의 말 중에 23%가 말놀이였다. 아이들은 말놀이를 통해서 말의 재미와 즐거움을 느낄 뿐 아니라 어휘들을 정확하게 발음하고 의미를 분명하게 익힐 수 있다. 따라서 말놀이를 통해서 어휘력, 언어표현력, 음운인식 능력, 읽기 능력이 발달한다는 연구 결과가 많다. 또한, 말놀이를 통해 다양한 묘사를 하면서 우리말의 어순과 구조를 배울 수 있어서 언어 발달과 사고 발달이 촉진될 수 있다.

48~72month :: 소통 발달 언어 | 가능성을 키우는 융복합 놀이 3

누굴까? 스무고개

융복합 영역: 언어, 탐구, 사회·정서

전통적인 스무고개 놀이에서 질문자와 대답하는 사람의 역할을 반전시킨 놀이다. 놀이에 참여하는 사람들의 사진이나 잘 아는 친구나 가족사진을 넣으면 더 재미있다.

- **준비물** 연예인이나 친구 사진, 가족사진, 카드, 풀, 가위
- **놀이 방법**

1. 연예인이나 가족, 친구의 사진을 오려서 카드에 붙인다.
2. 문제를 내는 사람이 카드 더미에서 한 장을 뽑아서 자신은 보지 못하지만 다른 사람은 볼 수 있게 카드를 이마에 대고 보여준다.
3. 카드를 뽑은 사람이 다른 사람들에게 순서대로 질문을 하나씩 하면서 자신이 뽑은 카드의 인물이 누군지 알아맞힌다.
4. 질문은 원칙적으로는 '예 아니오'로 대답할 수 있어야 하고 한 번 질문하고 답하는 것이 한 고개를 넘는 것이다. 스무고개 안에 답을 맞혀야 한다.

- **놀이 효과**
- 전략적으로 질문하는 법을 배운다.

- 다른 사람들이 이미 했던 질문과 대답을 잘 듣고 기억하는 집중력을 길러 준다.

● 아이의 가능성을 키우는 Tip & 응용

바둑알이나 클립을 사용하거나 연필로 기록해서 질문의 수를 기억한다. 질문의 범주를 사람 대신 동물, 식물, 물건으로 바꿔도 된다. 이 놀이에서는 문제를 낸 사람이 질문자가 되어 혼자서 여러 번 집중적으로 질문하여 답을 맞히게 된다. 놀이 방식을 바꾸어 전통적인 스무고개를 해도 좋다. 전통적인 방법에서는 문제를 내는 사람이 마음속에 생각한 사람, 사물, 동식물 등을 종이에 적어 두고 다른 사람이 돌아가면서 문제를 낸 사람에게 질문하여 답을 맞힌다.

발달 이야기 스무고개 놀이를 할 때 전두엽이 활성화된다

스무고개를 할 때의 질문은 대개 다음처럼 세 가지 유형으로 나눌 수 있다.

1. 제한적 질문: 가장 효과적인 질문이다. 예를 들어, 만약 동물을 알아맞히는 스무고개라면 "그것은 다리가 네 개입니까?" 혹은 "그것은 물에서 삽니까?"와 같은 질문이다. 이러한 질문은 답이 될 수 있는 대상을 반 이상 줄여나갈 수도 있다.

2. 가짜 제한적 질문: 이러한 질문은 답이 될 수 있는 대상을 줄일 수는 있지만, 제한적 질문보다는 덜 효과적인 질문이다. 예를 들어, "그것은 긴 코를 가지고 있습니까?" 혹은 "그것은 멍멍 짖나요?"와 같이 특정한 대상을 염두에 두고 하는 질문이기 때문이다.

3. 추측 확인 질문: 이는 가장 덜 효과적인 질문으로 아무런 근거도 없이 추측한 것을 질문하는 것이다. 예를 들어, "그것은 개인가요?" 혹은 "그것은 고양이인가요?" 같은 질문이다.

성공적인 전략은 제한적 질문처럼 질문으로 가능한 답들의 수를 효과적으로 줄여나가는 것이다. 따라서 논리적인 순서로 질문을 조직화하는 것이 필요하다. 스무고개와 같은 전략적 놀이를 할 때 뇌에서는 주의집중, 계획·전략 짜기, 행동 지시, 규칙 따르기, 결과 평가와 같은 고도의 인지 기능을 담당하는 전두엽이 관여한다.

48~72month :: 소통 발달 언어 | 가능성을 키우는 융복합 놀이 4

스티커로 그림 이야기 만들기

융복합 영역: 언어, 예술

그림 그리기나 이야기하기를 싫어하는 아이도 쉽게 시작할 수 있는 놀이로 아이의 놀라운 상상력까지 기대할 수 있다.

- **준비물** 스티커, 종이, 펜
- **놀이 방법**

1. 아이가 그린 그림에 아이가 좋아하는 스티커를 붙인다.
2. 말풍선에 그림 속에 등장하는 인물의 대사를 간단하게 적는다.
3. 아이가 그린 그림을 이야기로 만든다.

- **놀이 효과**
- 이야기 만들기가 더 쉽고 흥미로워진다.
- 상상력과 창의력의 발달에 도움이 된다.

- **아이의 가능성을 키우는 Tip & 응용**

아이가 좋아하는 스티커를 사용하면 이야기가 더 풍부해진다.

발달 이야기 아이들은 무엇을 이야기할까?

국내의 한 연구에서 만 3세부터 5세의 아이들이 어린이집에서 일상적으로 하는 이야기를 60개월간 관찰했다. 그 결과 아이들이 교실에서 일상적으로 하는 이야기의 내용은 관계, 인지, 성장, 시간의 네 가지 범주로 나누어볼 수 있었다.

첫째, 아이들은 가족, 또래 등 자신과 관계를 맺는 다른 사람의 개인적 특성이나 그들에게 느끼는 감정에 관해 이야기했다. 둘째, 자신이 느끼는 것을 표현하거나, 궁금한 것에 대해 질문하거나, 이해한 사실에 관해 설명하는 인지적 주제에 관해 이야기했다. 셋째, 성장에 관해 이야기했다. 즉, 아이들은 키, 병·아픔, 이(齒) 빠짐과 같은 신체적인 성장, 글자를 쓰고 수를 세는 것과 같은 인지 발달 그리고 어른과 아기에 관해 이야기했다. 특히 초등학교 입학을 앞둔 만 5세 반의 아이에게서 이런 성장에 관한 이야기가 많았다. 넷째, 아이들은 과거, 현재, 미래 등 시간에 관해서 이야기했다.

48~72month :: 소통 발달 언어 | 가능성을 키우는 융복합 놀이 5

그림 속 이야기 만들기

융복합 영역: 언어, 예술, 사회 · 정서

그림 그리기와 이야기 만들기를 동시에 할 수 있는 놀이로 아이의 표현력을 살펴보는 데 좋다.

- 준비물 종이, 펜, 사인펜, 크레용
- 놀이 방법

1. 각자 짧은 이야기를 그림으로 그린다.
2. 그림을 그린 뒤에 서로 그림을 바꾼다.
3. 각자 자기가 받은 그림이 어떤 이야기를 담은 것인지 이야기를 만든다.
4. 원래 그림을 그렸던 사람이 무엇을 그린 것인지 이야기한다.

- 놀이 효과
  - 그림 그리기 연습이 된다.
  - 그림을 보고 이야기를 만드는 상상력이 발달한다.
  - 똑같은 그림을 보고 다른 사람들이 어떤 이야기를 만들어내는지 보면서

사람마다 입장과 해석이 다른 것을 경험한다.

● **아이의 가능성을 키우는 Tip & 응용**

놀이를 더 쉽게 하기 위해서는 서로 알고 있는 이야기 중에서 한 장면을 그려도 좋다. 그림을 잘 그리는 것이 중요한 것이 아니고 그림을 보고 그럴듯한 이야기를 만들어내는 것이 목표이다.

> **발달 이야기 이야기 만들기의 발달**
>
> 아이들이 이야기를 만들 때 들었던 이야기를 기억했다가 그대로 반복하는 것이 아니다. 자신이 이미 가지고 있는 이야기의 틀에 맞게 듣거나 읽는 이야기를 맞추어서 이해하고 기억한다. 이때 아이들이 이미 가지고 있는 이야기 틀을 '이야기 도식'이라고 하는데 나이가 들면서 이 이야기 도식도 발달한다.
>
> 이영자와 박미라의 연구에 의하면 만 5세의 60%는 이야기를 만들 때 단순 나열식으로 한다. 예를 들어, 이 단계에서는 "코끼리가 있었는데요, 동물원에요, 사람이 와가지고요. 봤거든요. 그런데요. 차가 지나가가지구요, 엄마가 와가지고 데리고 갔거든요. 그러니까 다른 곳에 와가지고요……." 하는 식으로 이야기한다. 즉, 이야기가 발생하는 배경은 있지만, 특정 주인공이 없고 등장인물 간에 상호작용이 조금씩 일어나고 이야기의 논리적 순서가 없으며 단순 나열식이다. 그리고 이야기할 때 대화체로 말하기도 한다. 다음 단계는 연결적 이야기 설정기로 드디어 이야기에 주인공이 나타나고, 나오는 사람(또는 동물) 간에 상호작용도 있다. 이야기는 배경→비계획적 행동→시도→결과의 순서를 갖게 되는데, 이때도 주인공이 왜 그런 행동을 하게 되는지 목표에 대한 언급이 없다. 만 5세의 30%, 만 6세의 60%가 여기에 해당한다. 마지막 단계는 논리적 이야기 형성기로 주인공이 갈등 상황(또는 문제)에 부닥치고 이를 해결하기 위한 목표가 생긴다. 인물 간 상호작용이 많고 복잡한 이야기 구조를 가지게 된다. 만 6세의 20% 정도가 이 단계에 해당한다.

48~72month :: 소통 발달 언어 | 가능성을 키우는 융복합 놀이 6

동화 읽고 극 놀이

융복합 영역: 언어, 사회 · 정서

동화를 읽고 아이와 함께 동화의 내용을 연극으로 꾸며보자. 아이들은 각자의 역할을 맡아 동화 속 등장인물이 되는 경험도 하게 된다.

- **준비물** 동화, 극 놀이에 필요한 소품
- **놀이 방법**

1. 등장인물이 너무 많지 않고 내용이 간단하며 줄거리가 반복되는 동화로 정한다.

2. 아이와 함께 동화를 읽고, 다 읽은 뒤에는 아이가 내용을 잘 이해하고 있는지 내용 이해 질문과 추론을 돕는 질문을 하면서 확인한다.
   내용 이해 질문: 등장인물, 장소, 사건의 원인과 결과, 줄거리를 잘 이해했는지 질문
   추론 질문: 동화 속에 암시된 사건의 인과관계를 파악했는지 확인하고, 아이의 경험과 연결시키고, 사건의 문제 해결을 돕고, 주인공의 감정 이해를 돕는 질문

3. 동화 속 등장인물의 역할을 정한다.

4. 아이와 극 놀이를 하고 끝난 뒤 극 놀이하면서 느낀 점, 재미있었던 점, 어려웠던 점을 이야기한다.

- **놀이 효과**
- 다른 사람과 극 놀이를 하면서 사회적 조절

능력, 협력기술 등 사회적 기술이 발달한다.
- 동화의 내용을 대사로 표현하면서 언어 능력이 발달한다.
- 동화 내용에 직접 나와 있지 않은 내용(등장인물의 마음, 생각)을 추론하면서 마음이론, 상상력, 창의성이 발달한다.

● 아이의 가능성을 키우는 Tip & 응용

역할 배정이나 소품 결정 시에 되도록 아이의 의견을 따른다. 동화의 내용과 아이의 과거 경험을 연결하는 질문으로 사건과 주인공의 감정 상태를 이해하게 돕는다. 그러나 지나치게 가르치거나 명령하기, 놀이 대신하기, 부적절한 질문하기 등의 놀이를 방해하는 개입은 되도록 하지 않는다.

발달 이야기 소꿉놀이가 언어 발달에 좋은 이유

소꿉놀이에서는 아이가 어떤 역할(예: 엄마, 아빠, 영웅 등)을 맡아서 마치 그 인물(혹은 동물)이 된 것처럼 가장하며 노는 것으로 극 놀이, 가상놀이, 상징놀이, 역할놀이, 상상놀이, 환상놀이 등 다양하게 불린다. 이때 아이가 혼자 놀 수도 있지만, 나이가 들수록 여럿이 함께 소꿉놀이를 하는 경우가 많아진다. 소꿉놀이는 취학 전까지 가장 활발하다.

소꿉놀이는 특히 언어 발달에 큰 도움이 되는데, 이는 소꿉놀이를 하면서 말을 많이 하고 많이 들어야 하기 때문이다. 아이는 자신이 맡은 역할, 상대방의 역할 그리고 맥락을 표현하기 위해 놀이 파트너와 지속해서 이야기해야 하고 들어야 하므로 언어 발달에 도움이 된다. 특히 동화의 내용으로 만든 극 놀이는 아이의 말하기, 듣기, 읽기와 쓰기 능력을 향상시켜, 언어 발달 중재 프로그램에서 소꿉놀이를 사용한다. 한편 소꿉놀이는 자기 조절력의 발달을 돕기도 한다. 소꿉놀이에서 바나나로 전화기를 대신하거나 베개를 아기라고 할 때 아이들은 현실과 상상을 분리해서 유지하고 있어야 한다. 최근의 연구들은 10분 정도의 짧은 시간의 상상놀이도 아이들의 자기조절 능력 발달에 도움이 된다고 한다.

48~72month :: 소통 발달 언어 | 가능성을 키우는 융복합 놀이 7

이야기 릴레이

융복합 영역: 언어, 탐구, 사회 · 정서

여러 사람이 함께 이야기를 만들어 가는 놀이로 이야기 만들기와 듣기를 한꺼번에 할 수 있다.

- **준비물** 없음

- **놀이 방법**

1. 처음 이야기를 시작하는 사람이 한 문장을 말하면 다음 사람이 이어서 이야기를 만든다.
2. 다섯 가지 이야기의 구성요소에 따라 이야기를 만든다. 예를 들어, 첫 번째 사람은 이야기의 배경을 말하고 다음 사람은 이야기의 주인공을 이야기하는 방법이다.

- **놀이 효과**

- 이야기 말하기와 듣기, 기억력이 길러진다.
- 다른 사람의 이야기에 맞춰 다음 이야기를 만들어야 하므로 융통성과 유연성이 길러진다.
- 이야기의 구성 요소에 따라 이야기

만들기 연습을 할 수 있다.

● **아이의 가능성을 키우는 Tip & 응용**

이야기의 구성 요소를 기억할 수 있도록 이야기 팔찌나 이야기 끈을 사용한다. 각 사람이 이야기할 때마다 이야기를 적어서 기록해도 좋다. 차례가 되었을 때 점점 더 길게 자세히 말하는 연습을 한다.

발달 이야기 언어 발달에 문제가 생겼을 때

말이 늦거나 발음을 정확하게 하지 못하는 등 언어 발달에 문제가 생기는 언어장애는 취학 전 아동의 5~8%에서 나타난다. 언어장애는 발달을 하면서 증상이 개선되기도 하지만, 학교에 들어간 후 여러 형태로 언어 문제가 지속되거나 읽기나 쓰기 등의 학습에 어려움이 나타날 위험이 크기 때문에 조기에 진단하고 치료받는 것이 중요하다. 언어장애에는 조음장애, 음성장애, 유창성장애, 단순 언어장애가 있다.

조음장애: 발음에 문제가 있어서 자모음을 부정확하게 발음할 때 나타난다.

음성장애: 너무 크거나 너무 작거나 콧소리가 심한 경우로 비정상적이고 불쾌한 음성을 가진 것을 말한다.

유창성장애: 더듬거리며 말하거나 말이 막히거나 말을 너무 빨리하는 것처럼 말하는 속도와 시간에 장애가 있는 것이다.

단순 언어장애: 지능은 정상 수준 이내에 있으며, 상호작용에도 큰 문제가 없고, 운동장애도 없으며, 시각과 청각도 정상인데 언어평가에서 또래 수준에 못 미치는 경우다. 특히, 사용 어휘의 수가 현저히 적거나, 문법적 오류, 표현 언어 전반에 걸쳐 음성언어에 문제가 있다. 단순 언어장애의 경우 언어 지연을 일으키는 원인이 다를 수 있고, 언어 지연의 정도도 아이마다 다를 수 있다. 그러나 치료에 대한 효과가 상당히 좋으므로 진단을 통해 일찍 구분할 필요가 있다.

48~72month :: 소통 발달 언어 | 가능성을 키우는 융복합 놀이 8

말소리 파노라마

융복합 영역: 언어, 신체

단어 속 말소리 하나하나에 주의를 집중하게 하는 놀이로 아이들의 어휘력은 물론 주의집중력까지 키울 수 있다.

- 준비물 없음
- 놀이 방법

1. 세 글자 이상으로 된 낱말을 선택한다.
2. 한 사람씩 그 낱말의 억양, 강세를 다양하게 조절하며 말한다.
   예: '동서남북'의 경우 /**동**서남북, 동**서**남북, 동서**남**북, 동서남**북**/이라고 말한다. 이때 강조하는 소리는 억양도 높이고 강세를 준다.
   - //는 글자가 아니라 말소리를 나타낼 때 사용. 글자는 따옴표로 표시한다.

- 놀이 효과

- 낱말/단어의 소리에 집중하게 한다.
- 낱말/단어를 음절 단위로 나누어 생각하는 데 도움이 된다.
  음절: 말소리의 단위. 몇 개의 음소로 이루어짐. (예를 들어, /엄마/는 2음절의 단어)

음소: 말소리의 가장 작은 단위. (예를 들어, /강/은 /ㄱ, ㅏ, ㅇ/의 3개의 음소로 이루어진 하나의 음절)

- 읽기 준비를 위한 음운인식 놀이다.

  음운인식: 말하는 단어 속에 들어 있는 여러 가지 소리의 단위와 유형들을 지각하고 아는 것. 단어나 음절, 음소와 같은 단위를 의식적으로 생각하고 이들을 조합하거나 분리하거나 하면서 조작하는 것. 아이들의 음운인식 능력은 단어 → 음절 → 음소 순으로 발달한다.

● **아이의 가능성을 키우는 Tip & 응용**

여러 사람이 함께 놀 때는 팀으로 나누어서 놀이를 할 수도 있다. 이때 첫 번째 사람이 동서남북의 음의 높낮이를 조절하여 네 번(/동서남북, 동서남북, 동서남북, 동서남북/)말하고 나면 두 번째 사람이 이어서 말하는데 만약 틀리면 앞사람부터 다시 말해야 한다.

발달이야기 **읽기는 듣기에서 시작된다**

읽기는 글자와 소리를 연결시키는 과정이다. 따라서 읽기를 잘하려면 내 눈앞에 보이는 글자를 방금 들은 소리와 연결시켜서 기억해야 한다. 그래서 읽기를 위해서는 잘 듣는 것이 매우 중요하다. 말소리에 대한 민감성을 음운인식이라고 하는데, 만 3세경에 서서히 나타나기 시작해서 5세경에는 충분히 발달한다. 음운인식 중에 '음절인식'이란 말소리를 음절단위로 나누어서 생각하는 것이다. 즉, /동서남북/이라는 말소리를 /동/ /서/ /남/ /북/이라는 4개의 음절로 나눌 수 있다. '말소리 파노라마'와 같은 다양한 음절인식 활동을 많이 하면 음절인식에 도움이 된다. 이 외에도 음절수 세기, 음절의 더하기·빼기(예: 더하기-/가/와 /지/ 소리를 더하면? /가지/, 빼기-/사랑/에서 /사/를 빼면 남는 것은? /랑/), 첫음절이 다른 것 찾기(예: /바다, 하늘, 바늘/ 중에서 첫소리가 다른 것은? /하늘/) 등을 할 수 있다. 뒤에 소개되는 '말소리 더하기, 빼기(104쪽)', '다른 말소리 찾기(106쪽)' 놀이 역시 도움이 된다. 만 5세 이후에는 음절 속의 음소들도 분리해서 들을 수 있다.

48~72month :: 소통 발달 언어 | 가능성을 키우는 융복합 놀이 9

머리, 어깨, 무릎, 발

융복합 영역: 언어, 신체

아이들이 좋아하는 신체활동을 하면서 단어 속 말소리에 주의를 기울이게 하는 놀이다.

- **준비물** 없음
- **놀이 방법**

1. 네 글자 이하로 만들어진 낱말을 정한다.
2. 낱말을 불러주면 아이는 낱말 속의 말소리(즉, 음절)를 하나씩 말하면서 첫소리에는 머리, 둘째 소리에는 어깨, 세 번째 소리에는 무릎, 네 번째 소리에는 발을 손으로 가볍게 친다.
   예: 코스모스: /코/-머리, /스/-어깨, /모/-무릎, /스/-발

- **놀이 효과**

- 한 낱말이 여러 개의 말소리로 이루어진 것을 배운다.
- 읽기 준비를 위한 음운인식 능력을 키워준다.
- 남자아이들이나 신체를 움직이는 것을 좋아하는 아이들에게 적절한 놀이 방법이다.

● **아이의 가능성을 키우는 Tip & 응용**

낱말 속의 말소리를 말하면서 깡충깡충 제자리 뛰기를 해도 좋다. 즉, /코/를 하면서 한 번 제자리 뛰고, 같은 방법으로 /스/ /모/ /스/를 말하면서 각각 한 번씩, 모두 4번 제자리 뛰기를 한다.

발달이야기 조기 영어교육, 효과가 있을까?

우리나라에서 공식적으로 영어교육이 시작되는 것은 초등 3학년부터지만, 아이들이 영어를 처음으로 접하는 연령은 만 3.7세라고 한다. 대부분의 유치원이나 어린이집에서는 방과 후 영어 프로그램을 제공하지만, 영어로만 수업을 진행하는 고가의 영어유치원도 많다. 유아기의 영어교육이 과연 어떤 효과가 있을까? 육아정책연구소에서 유아기의 영어교육 효과에 대해 찬성과 반대 입장의 국내 논문들 20여 편을 비교 분석한 결과는 다음과 같다. 영어교육의 시기에 대해서는 찬성과 반대 입장의 결론이 달랐다. 찬성 입장의 연구들은 우리나라와 같이 영어를 외국어로 배우는 EFL 환경에서는 제한된 영어교육이 한국어 습득을 방해하는 것이 아니며 오히려 영어에 일찍(만 3~4세), 오래 노출될수록 영어 수준과 모국어 수준이 모두 높다는 결론을 보고하고 있다. 교육의 방법에서는 과도한 주입식 교육보다는 주 1, 2회 정도의 놀이식 교육이나 가정에서 부모가 참여하는 방법이 바람직하다. 이에 반대 연구들은 일찍 시작하는 것이 오히려 효율적이지 못하므로 굳이 빨리 시작할 필요가 없고 만 6~7세 이후에 모국어가 어느 정도 형성된 뒤에 자연스럽게 영어를 접하게 할 것을 권한다. 반대 입장에서는 유아기 영어교육이 아이들에게 심리적, 정서적 발달이나 뇌 발달에 부정적인 영향을 미친다는 주장도 있지만, 이를 뒷받침하는 실증적인 증거는 없었다. 한편 조기 영어교육 찬반 연구들의 공통적인 결론도 있었다. 찬반 연구 모두에서 소득과 교육수준이 높은 가정에서 영어교육을 더 일찍 시작했다. 또한, 아이들이 나이가 들수록(만 6세경) 아이들 간의 영어 격차와 한국어 격차가 줄어들었다. 즉, 유아기에 영어를 배우지 않는다고 해서 이후에도 계속 영어 격차가 생기는 것은 아니며, 반대로 어릴 때 영어 사용으로 한국어가 서투를 수 있었으나 그 격차도 자라면서 줄어들었다.

48~72month :: 소통 발달 언어 | 가능성을 키우는 융복합 놀이 10

말소리 더하기, 빼기

융복합 영역: 언어, 탐구

읽기를 위한 기초 작업으로 말소리를 더하고 빼는 놀이다.

- **준비물** 같은 색의 구슬 4~5개, 구슬을 꿸 수 있는 줄
- **놀이 방법**

1. 구슬 4~5개를 줄에 꿰어둔다.

2. 말소리 더하기: 음절을 말할 때마다 구슬을 한 개씩 왼쪽으로 움직여 서로 더한다. 예를 들어, /하/와 /늘/을 더하면, /하/를 말하면서 첫 번째 구슬을 왼쪽으로 밀고 /늘/을 말하면서 두 번째 구슬을 왼쪽으로 민다. 구슬은 2개가 되고 /하늘/이 된다.

3. 말소리 빼기: 말소리 더하기와 반대로 한 음절을 말할 때마다 구슬을 한 개씩 왼쪽 또는 오른쪽으로 움직여 구슬을 뺀다. 예를 들어, /하늘/에서 /하/를 뺄 경우에는 /하/를 말하면서 구슬을 하나 왼쪽으로 밀어서 뺀다. /늘/이 남는다. 같은 방법으로 /하늘/에서 /늘/을 빼면 /늘/을 말하면서 구슬을 오른쪽으로 밀어서 뺀다. /하/가 남는다.

● **놀이 효과**
- 읽기를 위해 가장 중요한 음운인식 활동의 하나로 말소리가 모여서 한 단어를 만든다는 것을 알게 된다.

● **아이의 가능성을 키우는 Tip & 응용**

아이가 단어의 의미가 아니라 말소리에 집중할 수 있도록 소리를 잘 들어야 한다고 알려준다. 그림 카드를 사용하면 오히려 의미에 집중할 수 없으므로 구슬이나 바둑알을 사용한다. 의미와는 관계가 없는 활동이기 때문에 의미 없는 단어들을 만들어서 말소리 더하기, 빼기를 해도 재미있다.

예: /쿠리낭/에서 /쿠/를 빼면? /리낭/

/쿠리낭/에서 /리/를 빼면? /쿠낭/ (구슬이 꿰어 있을 때는 중간 구슬을 빼기 어려우므로 바둑알을 사용하거나 구슬을 꿰지 않은 채 한다)

/쿠리낭/에서 /낭/을 빼면? /쿠리/

발달 이야기 **두 가지 언어를 배우면 좋은 점**

이중 언어는 두 가지의 언어를 말하는 것을 의미한다. 두 언어 모두 비슷한 수준으로 잘 말하는 경우도 포함되지만, 모국어 이외에 다른 언어를 일주일에 몇 시간씩 배우는 경우까지 이중 언어로 보기도 한다. 여러 언어를 배우는 아이들에 대해 연구한 비알리스톡 교수에 따르면 두 가지 이상의 언어를 말하는 것은 언어 이외에 인지적인 이득도 있다. 즉, 아이들이 언어에 대해 더 생각한다는 것이다. 예를 들어, 사물의 이름이라는 것이 결국 그 언어를 말하는 사람 간의 약속이기 때문에 한국어에서는 '사과'라고 부르지만 영어로는 'apple'이라고 한다는 '명칭의 임의성'을 알게 된다. 또 서로 다른 언어 간의 문법이나 구조의 차이점에 민감해지고 의미를 인식하게 된다. 이렇게 언어에 대해 생각하는 능력을 '상위 언어 능력'이라고 한다. 상위 언어 능력이 발달하게 되면 문법의 오류를 잘 알아내고 말소리 중에서 단어를 잘 알아듣게 된다. 또 말하기뿐만 아니라 읽기에도 도움이 된다.

48~72month :: 소통 발달 언어 | 가능성을 키우는 융복합 놀이 11

다른 말소리 찾기

융복합 영역: 언어, 탐구

단어 속의 말소리(음절)에 주의를 집중하게 만드는 놀이로 소리의 같고 다름을 구별하게 한다.

- **준비물** 없음

- **놀이 방법**

1. 두 음절로 만들어진 단어 중에서 첫음절이 같은 단어를 생각한다.

2. 첫음절이 같은 두 단어(예: /거미/, /거지/)와 이들과 첫음절이 다른 단어(예: /두부/)를 들려주고 첫소리가 다른 것이 무엇인지 묻는다.
   /거미, 두부, 거지/ 중에서 첫 번째 소리(혹은 앞소리)가 다른 것은? 답: /두부/
   /바다, 인사, 바늘/ 중에서 첫 번째 소리가 다른 것은? 답: /인사/
   /나무, 골무, 채소/ 중에서 두 번째 소리(혹은 뒷소리)가 다른 것은? 답: /채소/

- **놀이 효과**

- 음운인식 훈련이 된다.
- 세 개의 서로 다른 단어의 소리를 마음속으로 비교하면서 작업기억 능력이 발달한다.

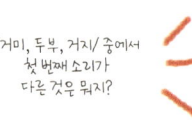

작업기억: 수초 정도의 짧은 시간 동안 정보를 기억할 수 있는 능력으로 단기기억이라고도 한다. 단기기억은 정보를 수동적으로 저장하는 의미라면 작업기억은 저장만 하는 것이 아니라 정보를 저장하면서 사용하는 측면을 강조하는 의미로 사용된다. 예를 들어, '다른 말소리 찾기'에서는 세 개의 단어를 외우면서 그 소리를 비교해야 한다.

● **아이의 가능성을 키우는 Tip & 응용**

이 놀이에 익숙해지면 아이가 문제를 내도록 역할을 바꾸어 본다. 아이가 음소(즉 ㄱ, ㄴ, ㄷ)를 알면 음소 수준에서도 문제를 낼 수 있다. (예: /가방, 구두, 나무/ 중에서 첫소리가 다른 것은? 답: /나무/ /ㄴ/으로 시작한다)

> **발달이야기** 지능보다 더 중요한 작업기억을 향상시키는 방법
>
> 작업기억은 정보를 짧은 기간 동안 저장하면서 동시에 처리하는 능력이다. 예를 들어, 암산을 할 때 더해야 할 숫자를 기억하면서 동시에 셈을 하는 과정이나 읽기를 할 때도 내용을 읽으면서 동시에 저장해두는 과정에 모두 작업기억이 관여한다. 놀이 중에 '시장에 가면, 두부도 있고~ 신발도 있고~' 하면서 앞사람이 말한 내용을 다 기억해서 말하고 자기도 '~떡볶이도 있고' 하며 새로운 항목을 생각해서 말해야 하는 놀이도 작업기억을 사용한다. 아이들에게 조금 긴 지시를 하면 중간에 지시를 잊어버리거나 혹은 몇 단계를 걸쳐야 하는 복잡한 과제를 해결하다가 다음에 무엇을 해야 하는지 중간에 잊어버리는 것도 모두 작업기억의 용량이 부족하기 때문이다. 최근 연구에 의하면 IQ보다도 작업기억이 초등학생들의 학습 능력과 읽기와 수학에서의 학업성취를 더 잘 예언한다고 한다. 작업기억을 측정하는 한 방법으로는 '손가락에 끼는 반지', '주사를 놓는 간호사'와 같이 두 개의 문장을 읽은 다음에 읽었던 두 문장의 마지막 단어, 즉 '반지', '간호사'를 기억해내게 하는 방법이 있다(읽기 폭 검사). 다른 방법으로는 숫자를 들려주고 바로 따라서 말하게 하거나(숫자 따라 하기) 혹은 순서를 거꾸로 말하게 하기도 한다(숫자 거꾸로 따라 하기). 평소 아이와 숫자 따라 하기, 혹은 '시장에 가면'과 같은 언어를 사용한 놀이를 자주 하면 작업기억의 용량을 증가시키는 데 도움이 된다.

48~72month :: 소통 발달 언어 | 가능성을 키우는 융복합 놀이 12

나만의 단어장 만들기

융복합 영역: 언어, 신체, 예술

처음 접하는 새로운 단어를 나만의 방법으로 잘 기억하고 사용할 수 있게 돕는 놀이다.

- **준비물** A4 용지, 펜, 색연필, 크레용, 그림(또는 사진), 가위, 풀

- **놀이 방법**

1. 그림책을 읽고 난 다음에 책에서 새로 알게 된 단어(혹은 좋아하는 단어, 어려운 단어, 기억하고 싶은 단어)를 정한다.

2. A4 용지를 가로로 한 번, 세로로 한 번 접어서 4등분 한다.

3. 4등분 한 종이의 윗줄 왼쪽 칸에 단어를 적는다.

4. 윗줄 오른쪽 칸에는 그 단어를 생각하면 떠오르는 그림을 그리거나 사진을 붙인다.

5. 아랫줄 왼쪽 칸에는 그 단어의 뜻을 적는다.

6. 아랫줄 오른쪽 칸에는 그 단어가 들어간 문장을 하나 적는다.

7. 종이에 다 적은 뒤에는 가나다순으로 잘 정리하여 묶는다.

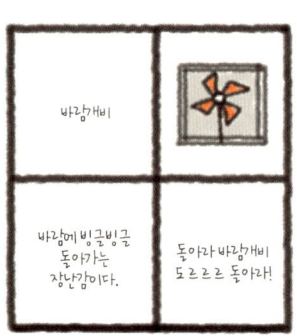

● **놀이 효과**
- 새로운 단어의 의미와 사용법을 잘 기억할 수 있다.
- 단어를 배울 때 자신에게 의미 있는 경험이나 생각을 그림이나 글로 표현함으로써 단어의 뜻을 정의하기 때문에 어휘력 향상과 이야기 구성력에 도움을 받을 수 있다.

● **아이의 가능성을 키우는 Tip & 응용**

그림책을 읽을 때마다 새로운 단어를 정해서 단어장에 추가한다. 엄마나 아빠가 컴퓨터나 사전을 이용해서 단어의 뜻을 찾아 불러준 뒤에 단어장에 적어준다. 그러면 나중에 단어장의 그림이나 뜻을 듣고 단어를 알아맞히는 놀이를 할 수 있다.

발달이야기 책만 읽으면 어휘습득이 저절로 될까?

책을 많이 읽으면 많은 어휘를 쉽게 습득할 수 있다는 이야기를 종종 듣는다. 그래서 특별히 단어를 가르치기보다 책을 많이 읽도록 했다. 그런데 문제는 어휘가 부족한 아이일수록 책 읽기가 힘들어서 책 읽기를 싫어하게 되고 결국은 어휘를 배우지 못한다는 것이다. 우선 아이들이 혼자서 책을 읽을 때는 특히 모르는 단어들이 나오면 건너뛰고 읽거나 혹은 의미를 추측하고 지나가는데, 이 경우 단어의 의미를 잘못 이해하는 경우가 자주 있다. 아이들은 책을 읽을 때 모르는 단어를 거의 찾아보지 않는다. 게다가 단어의 의미를 추측하는 경우에 단어를 충분하게 이해하지 못 하게 된다. 때로는 단어의 한 가지 의미를 알 수는 있지만, 다른 뜻을 알기는 힘들다. 게다가 단어가 반복되어야 단어의 의미를 정확하게 알 수 있는데, 책 속에서 한 번 정도 나오는 단어를 새로 배우기는 어렵다. 아이와 함께 책을 읽으며 아이가 처음 만나는 단어들의 의미를 찾아보고 '나만의 단어장 만들기'처럼 정리하는 습관을 들이면 어휘력 향상에 도움이 된다.

48~72month :: 소통 발달 언어 | 가능성을 키우는 융복합 놀이 13

단어 카드 젓가락 집기

융복합 영역: 언어, 신체

소근육 운동과 낱말 기억하기를 함께할 수 있는 재미있는 활동이다.

- **준비물** 젓가락, 도화지, 색연필, 사인펜, 크레용, 가위, 종이 접시

- **놀이 방법**

1. 도화지를 12cm × 8cm 크기로 잘라서 12장의 카드를 만든다.

2. 아이에게 익숙한 4개의 단어를 골라서 3번씩 적어서 12장의 단어 카드를 만든다(4단어×3번＝12장). 이때 필기도구와 글씨체를 달리해서 적는다.

3. 엄마가 한 벌의 카드를 가지고 있고 나머지 2벌의 카드(즉, 4장×2벌＝8장)는 조금 떨어진 상 위에 늘어놓는다.

4. 엄마가 가지고 있는 단어 카드 중 하나를 보여주면 아이는 단어를 잘 본 뒤에 상 위에 늘어놓은 카드 중에서 같은 단어가 적힌 카드를 골라 젓가락으로 집어서 종이 접시에 올려 들고 온다.

5. 엄마가 보여준 카드와 아이가 들고 온 두 장의 카드에 적힌 글자가 같은 글자인지 비교한다.

- **놀이 효과**

- 글자를 자세히 관찰하는 습관을 갖는

데 도움이 된다.
- 글자의 색이나 크기가 달라도 같은 글자라는 '글자 항상성'을 배운다.
- 젓가락으로 카드를 집을 때 소근육 운동에 도움이 된다.

● **아이의 가능성을 키우는 Tip & 응용**

젓가락 대신 집게를 이용하거나 카드를 바닥에 늘어놓고 손과 발로 카드를 집을 수도 있다. 아직 글자를 읽지 못하고 그림으로 글자를 외우고 있는 아이에게는 카드의 수를 줄이고 생김새가 쉽게 구별되는 단어를 정하여 카드에 적는 것이 좋다('나비, 나무, 바나나, 나라' 대신 '나비, 꽃, 다람쥐, 토끼').

발달이야기 단어를 가르치는 방법

최근 많은 연구는 아이들에게 어휘를 직접 가르치는 다양한 방법들을 추천하고 있다.

- 이야기책을 여러 번 뒤풀이해서 반복적으로 읽게 하는 것이 도움이 된다. 한 연구에 의하면 한 번을 더 반복해서 읽을 때마다 단어의 이해가 12%씩 증가한다고 한다.
- 오디오북을 듣거나 동화책을 읽어준다. 아직 읽기가 서툰 아이일수록 혼자서 책을 읽을 때는 글자를 읽는 데 바빠서 의미를 깊게 생각하지 못한다. 그러나 책을 읽어주는 것을 듣고 있으면 의미를 생각하고 줄거리를 생각할 수 있는 여유가 생긴다. 게다가 단어의 정확한 발음도 배울 수 있다.
- 단어의 의미를 직접 가르친다. 이야기책을 읽을 때 단어의 의미를 가르쳐주면 단어 이해가 10%씩 더 증가한다. 또한, 단어를 가르칠 때 단어의 정의만 강조하기보다는 단어가 사용되는 문장의 예를 드는 방법이 더 효과적이다.
- 단어장을 만든다. 아이들이 책이나 신문 등에서 새로운 단어를 만날 때마다 매일 새로운 단어를 정의와 함께 단어장에 적는다. 새로 배운 단어를 적어도 3명에게 설명하고 하루 동안 사용한다.

48~72month :: 소통 발달 언어 | 가능성을 키우는 융복합 놀이 14

단어 카드 찾아서 동작하기

융복합 영역: 언어, 신체

단어장에 모인 단어들로 단어 카드를 만들어서 단어와 맞는 동작을 하는 놀이다.

- **준비물** 도화지, 마커펜, 가위

- **놀이 방법**

1. 도화지를 오려서 12cm×8cm 크기의 카드를 여러 장 만든다.
2. 단어장에 모인 단어를 하나씩 카드에 적는다.
3. 8장 정도의 단어 카드를 바닥에 뿌려둔다.
4. 아이가 찾아야 할 단어와 따라야 할 동작을 지시한다.
    예: '나무' 카드를 찾아서 들고 나무처럼 서 있기.
    '공룡' 카드를 찾아서 한 발로 뛰기
    '바람개비' 카드를 들고 거실을 한 바퀴 돌기

- **놀이 효과**

- 단어장에 모아 놓은 단어 읽기 연습이 된다.
- 단어의 세부 모양을 더 자세히 보는 습관이 길러진다.
- 대근육 운동을 함께할 수 있다.

● **아이의 가능성을 키우는 Tip & 응용**

단어와 관계되는 동작을 지시하면 단어를 기억하는 데 더 도움이 된다. 같은 글자로 시작되는 단어나 모양이 비슷한 단어를 함께 사용하면 더 어려운 놀이가 된다.

발달이야기 초등 저학년이 좋아하는 동화책

국내 한 연구에서 네 개의 초등학교 도서관 대출 자료를 이용해서 초등학교 저학년 1,200명이 좋아하는 책을 조사했다. 1, 2학년들은 옛이야기를 좋아했고 환상적 기법으로 전달하는 비허구 이야기(지식을 전달하는 내용 중심의 이야기)를 좋아했으며 그림동화를 좋아했다. 내용으로는 학교생활 관련, 동물이 중심이 되는 동화, 선악이 대립되는 동화를 좋아했다. 저학년 아이들이 좋아하는 책 중 일부를 순위별로 소개하면 다음과 같다.

순위	책 제목	책 정보
1	재주 많은 다섯 친구	양재홍 글 / 보림
2	노란 양동이	모리야마 미야코 글 / 현암사
3	난 형이니까	후쿠다 이와오 지음 / 아이세움
4	땅속 나라 도둑 괴물	조대인 글 / 보림
5	숲을 그냥 내버려 둬	다비드 모리송 지음 / 크레용하우스
6	피튜니아, 공부를 시작하다	로저 뒤봐젱 지음 / 시공주니어
7	눈사람 아저씨	레이먼드 브릭스 지음 / 마루벌
8	엄마 없는 날	이원수 지음 / 웅진주니어
9	개미가 날아올랐어	이성실 글 / 다섯수레
10	우리 선생님이 최고야	케빈 헹크스 지음 / 비룡소
11	내게는 소리를 듣지 못하는 여동생이 있습니다	J.W. 피터슨 글 / 웅진주니어
12	손 큰 할머니의 만두 만들기	채인선 글 / 재미마주
13	엄마 아빠는 나만 미워해!	이노우에 요코 글 / 베틀북
14	칠판 앞에 나가기 싫어	다니엘 포세트 글 / 비룡소
15	짜장 짬뽕 탕수육	김영주 글, 고경숙 그림 / 재미마주

48~72month :: 소통 발달 언어 | 가능성을 키우는 융복합 놀이 15

장애물 넘어 이름 완성하기

융복합 영역: 언어, 신체

장애물을 넘어 내 이름과 엄마, 아빠, 친구 이름을 만드는 글자와 자소를 찾는 놀이다.

- **준비물** 도화지, 마커펜, 가위, 포스트잇, 장애물(쿠션, 훌라후프 등)
- **놀이 방법**

1. 도화지를 잘라서 이름 카드를 만든다.

2. 아이의 이름과 엄마, 아빠, 친구 이름을 카드에 하나씩 또박또박 적으면서 읽어준다. 각 이름의 첫 번째 글자, 두 번째 글자, 마지막 글자가 각각 무엇인지 읽어본다.

3. 이름 카드를 2벌씩 만들어서 한 벌은 그대로 두고 나머지 한 벌은 이름을 한 글자씩 가위로 잘라서 글자 카드를 만든다.

4. 글자 카드는 좀 떨어진 바닥에 뿌려둔다.

5. 글자 카드가 뿌려져 있는 곳까지 쿠션이나 훌라후프 등으로 장애물 코스를 만든다.

6. 온전한 이름 카드에서 한 글자를 포스트잇으로 덮어서 숨기고 아이에게 장애물 코스를 지나서 숨겨진 부분에 해당하는 글자 카드를 찾아오라고 한다.

7. 아이가 글자를 찾아오면 포스트잇을 떼고 해당하는 이름 글자가 맞는지 확인한다.

● 놀이 효과

- 자신의 이름, 가족과 친구의 이름으로 쓰인 글자에 관심을 가진다.
- 장애물 넘기를 하며 대근육이 강화된다.

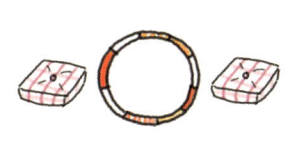

- 장애물 넘기를 하는 동안 찾을 글자를 기억해야 해서 기억력이 향상된다.

● 아이의 가능성을 키우는 Tip & 응용

이름 속 글자 찾기에 익숙해지면 자소 카드(ㄱ, ㄴ, ㄷ, …ㅏ, ㅑ, ㅓ, ㅕ…)를 만들어서 글자 속의 자소를 찾아오게 할 수도 있다. 처음에는 이름 속 한 글자만 찾아오게 하다가 점차 두 글자, 이름 속 세 글자를 모두 찾아오게 한다.

발달 이야기 빠른 이름 대기, 읽기를 돕는다

빠른 이름 대기는 이미 알고 있는 사물의 이름을 되도록 빨리 말하는 것이다. 예를 들어, 친숙한 다섯 가지 숫자(예: 2, 6, 9, 4, 7)를 그림과 같이 가로 10항목 세로 5줄씩 50번을 배열한 다음에 되도록 빨리 이름을 말하게 하고 시간을 잰다. 숫자 외에 색깔(예: 빨강, 초록, 검정, 파랑, 노랑), 또는 사물(예: 시계, 우산, 가위, 빗, 열쇠), 글자(예: ㄴ, ㄱ, ㄹ, ㅁ, ㅈ)로도 할 수 있다. 이렇게 아는 것을 빨리 생각해서 이름을 말하는 능력 역시 읽기와 관계가 된다. 한 국내 연구에서 만 5, 6, 7세 아이들에게 빠른 이름 대기를 시키고 시간을 측정한 다음에 이들의 읽기 점수를 측정했더니 이름 대기를 빨리할 수 있었던 아이들이 읽기 점수도 더 높았다. 그 이유는 읽기와 빠른 이름 대기에서 모두 알고 있는 단어를 기억 속에서 빨리 끄집어내는 과정이 필요하기 때문이다.

```
2 6 9 4 7 9 4 6 7 2
7 2 4 6 2 4 9 7 6 9
6 9 2 4 7 6 2 9 4 7
9 6 7 2 4 2 7 6 9 4
2 4 6 7 9 4 9 7 6 2
```

48~72month :: 소통 발달 언어 | 가능성을 키우는 융복합 놀이 16

글자 낚시

융복합 영역: 언어, 신체

단어를 만들고 있는 글자를 낚싯대를 이용해 낚는 놀이다. 아이들이 무척 즐거워하고 글자를 모아 단어 만들기에도 흥미를 느끼게 된다.

- **준비물** 나무 막대(또는 나무젓가락), 끈, 막대자석, 클립, 도화지, 마커펜

- **놀이 방법**

1. 도화지를 잘라서 카드를 만든다.

2. 카드에 단어를 띄어서 또박또박 적는다.

3. 아이에게 만든 단어 카드를 보여주며 한 번 읽어준다. 이때 단어 카드에는 아이가 아는 단어를 적는 것이 좋고 읽을 수 있는 단어라면 더 좋다.

4. 단어 카드를 보며 한 단어가 여러 개의 글자로 만들어진다고 설명하고 가위로 한 글자씩 자른다. 즉, '자동차'라고 적힌 카드 한 장을 잘라서 '자', '동', '차'의 3장의 글자 카드를 만든다.

5. 글자 카드마다 클립을 끼운다.

6. 나무 막대나 나무젓가락 끝에 줄을 달고 막대자석을 묶는다.

7. 엄마가 한 글자를 써서 보여주고 읽어주면서 아이에게 그 글자를 낚싯대로 건져오게 한다.
   예: "튼실아 이 글자는 '자동차'의 '차'인데 가서 '차'를 건져와 보렴."

8. 아이가 글자를 낚아오면 엄마가 써놓은 글자와 같은 글자인지 비교한다.

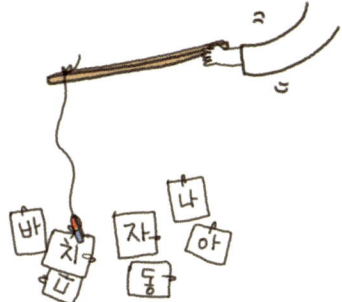

● 놀이 효과

- 글자가 모여서 단어를 만드는 것을 배운다.
- 단어 속의 글자를 자세히 보고 글자를 읽을 수 있게 된다.
- 낚시를 하면서 소근육 운동이 되고 집중력이 강화된다.

● 아이의 가능성을 키우는 Tip & 응용

글자 카드로 받침이 있는(혹은 없는) 글자 낚시하기, 특정 자소 낚시하기(예를 들어, 'ㄱ'이 들어간 글자)를 할 수 있다. 글자 카드 대신 단어 카드를 사용해서도 '차' 자가 들어간 단어 카드를 낚시하거나 '두 글자로 만들어진 단어' 낚시하기를 할 수 있다. 또는 'ㄱ~ㅎ', 'ㅏ~ㅣ'까지의 자음과 모음 카드를 만들어서 자소 낚시를 할 수도 있다.

> **발달 이야기** 글자를 빠르고 정확하게 읽기가 중요한 이유
>
> 한글을 읽기 시작한 아이 중에는 글자를 더듬더듬 읽거나, 문장을 읽고도 무슨 뜻인지 이해하지 못하는 경우가 간혹 있다. 이 경우 문제가 되는 것이 '읽기 유창성'이다. 읽기 유창성은 글을 '빠르고 정확하게' 읽는 능력이다. 읽기 유창성이 중요한 이유는 유창하지 못한 아이는 글자를 해독하는 데 주의를 많이 소진하여 내용의 이해에는 신경을 쓸 수가 없기 때문이다. 그러나 유창하게 읽을 수 있는 아이는 단어를 빠르고 정확하게 해독할 수 있으므로 이해에 더 신경을 쓸 수 있다. 읽기 유창성은 1분 동안 정확하게 읽은 글자 수로 측정하는데 한 연구에서 만 5세 아이들이 분당 115개의 글자를 읽었다. 또 다른 연구에서는 초등학교 1, 2, 3학년 학생들이 평균적으로 1분 동안 각각 114, 185, 227개의 글자를 읽는 것으로 나타났다.

48~72month :: 소통 발달 언어 | 가능성을 키우는 융복합 놀이 17

글자 카드 뒤집기

융복합 영역: 언어, 신체

글자의 생김새를 재빨리 구별해야 하는 놀이로 친구와 함께하면 경쟁심까지 생겨 단어를 더 빨리 익힐 수 있다.

- **준비물** 도화지, 마커, 가위
- **놀이 방법**

1. 도화지를 가위로 잘라서 단어 카드를 20장 만든다.
2. 각 카드의 앞면에는 글자 '가'가 들어가는 단어를 적고 뒷면에는 글자 '나'가 들어가는 단어를 적는다.
   예: 가지, 가방, 가루, 가오리, 가마, 가시, 가면, 가수, 가위, 가난, 아가, 국가, 작가, 휴가, 화가, 바닷가, 길가, 농가, 냇가, 외가
   나무, 나방, 나비, 나라, 나란히, 나주, 나귀, 나리, 나물, 나중, 나머지, 나이, 누나, 하나, 바나나, 가나, 칸나, 비엔나, 하이에나, 이구아나
3. 20장의 카드를 아무렇게나 바닥에 넓게 늘어놓는다.
4. 시작하기 전에 먼저 '가'나 '나' 중에서 뒤집고 싶은 글자를 정한다.
5. 시작하면 '그만'할 때까지 자신이 정한 글자가 앞으로 나오게 카드를 뒤집는다.
6. 정해진 시간이 끝나면 뒤집은 카드의 수를 세고 카드에 적힌 단어를 읽어본다.

- **놀이 효과**
  - 글자 '가'와 '나'의 모양을 구분할 수 있다.
  - 대근육과 소근육 운동을 동시에 할 수 있다.

- **아이의 가능성을 키우는 Tip & 응용**

두 사람 이상이 동시에 카드 뒤집기를 할 수도 있다. 한 사람은 '가'로 다른 사람은 '나'가 들어간 단어 쪽으로 카드를 뒤집고 서로 남이 뒤집어 놓은 카드를 다시 뒤집어 놓을 수도 있다. 글자의 세부적인 모양을 더 잘 보기 위해서 글자 대신 'ㄱ'이 들어가는 단어, 혹은 'ㅣ'가 들어가는 단어처럼 정해진 자소(자음과 모음)를 찾아서 카드 뒤집기를 할 수도 있다.

발달 이야기 읽기 유창성을 향상시키는 방법

읽기 유창성을 향상시키기에 가장 좋은 방법은 반복 읽기다. 반복 읽기를 위해서는 아이가 90% 이상 정확하게 읽을 수 있는 자료를 선택하는 것이 좋다. 먼저 아이가 읽기 전에 어른이 시범을 보여주고 아이가 잘못 읽을 때는 즉시 교정해준다. 반복 읽기의 횟수는 많을수록 좋지만, 적어도 3번 이상 반복해서 읽는 것이 좋고 횟수보다 정확하게 읽을 때까지 반복하는 것이 좋다. 너무 지루하지 않게 번갈아가며 읽기, 혹은 배역을 정해서 읽기, 한목소리로 같이 읽기 등으로 방법을 달리해서 반복적으로 읽는 것이 좋다.

48~72month :: 소통 발달 언어 | 가능성을 키우는 융복합 놀이 18

글자로 글자 만들기

융복합 영역: 언어

글자의 세부 모양을 자세히 관찰해야 하기 때문에 글자를 배울 때 좋은 놀이다.

- **준비물** 버리는 잡지, 전단, 풀, 도화지, 가위, 연필
- **놀이 방법**

1. 도화지에 연필로 크게 글자를 적는다.
   예: 가
2. 잡지나 전단에서 똑같은 글자를 찾아서 가위로 자른다.
3. 잡지나 전단에서 자른 글자를 도화지에 적은 연필 선을 따라 붙인다.

- **놀이 효과**

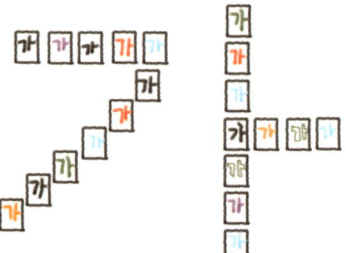

- 글자의 세부 모양을 자세히 들여다 보고 관찰할 수 있다.
- 글자의 크기, 색, 글자체가 달라도 같은 글자라는 글자 항상성을 배우는 데 도움이 된다.

● **아이의 가능성을 키우는 Tip & 응용**

'가'부터 '하'까지 이런 식으로 글자 만들기 놀이를 하면 글자를 쉽게 기억할 수 있어서 좋다. 혹은 아이가 특히 혼동하는 글자들이나 자소들(ㄱ, ㄴ, ㄷ, ㅏ, ㅑ, …)도 이렇게 글자(자소) 만들기를 해보면 확실히 기억하는 데 도움이 된다.

발달 이야기 **정보 그림책이 이야기책보다 쓰기에 도움을 준다**

정보 그림책은 정보를 전달할 목적으로 글을 구성하고 그림을 통해 더욱 명확하게 설명하여 보여주는 그림책이다. 이야기 그림책은 등장인물의 갈등과 성장에 초점을 두고 발단, 전개, 위기나 절정, 결말이라는 전형적인 이야기 구조를 사용한다. 정보 그림책이 유아의 호기심이나 탐구, 사고력의 발달과 관련이 있다면, 이야기 그림책은 상상력이나 정서·사회적 능력의 발달에 영향을 미친다. 한 연구에서 만 5세의 유치원 아이들에게 정보 그림책 또는 이야기 그림책을 이용해서 쓰기 지도를 실시하고 이들의 쓰기 발달을 비교했다. 예를 들어, 어떤 아이들은 날씨에 관한 정보 그림책(예: 오늘 날씨는?)을 읽고 '내가 가장 좋아하는 날씨는 무엇인가요?'에 대한 글을 썼다. 이야기 그림책을 읽은 아이들도 날씨에 관한 이야기 그림책(예: 야, 비 온다)을 읽고 '비 오는 날은 어떤 모습인가요?' 하는 주제에 대한 글을 썼다. 연구 결과 그림책의 종류에 따라서 표기 능력, 어휘구사력, 문장구사력, 글 구성력의 기초 쓰기 능력에서 그 효과가 달랐다. 정보 그림책을 사용한 아이들이 이야기 그림책을 사용해서 쓰기 지도를 받은 아이들보다 쓰기 능력이 더 효과적으로 향상되었다. 아이들은 정보 그림책에서 아이디어를 얻고, 그림책의 단어와 문장을 활용하여 자신의 생각을 유창하게 표현하는 데 도움을 받았다. 무엇을 어떻게 써야 할지 몰라서 쓰기에 어려움을 겪는다면 새로운 정보를 활용하여 유창하게 글을 쓰게 해주고, 단어와 어휘 선택을 도와주는 정보 그림책이 좋은 텍스트가 될 수 있다.

48~72month :: 소통 발달 언어 | 가능성을 키우는 융복합 놀이 19

낱자 밟아 이름 쓰기

융복합 영역: 언어, 신체

이름 속 자음과 모음을 찾아내 이름을 완성하는 놀이로 아이가 자음과 모음을 자세히 익힐 수 있다.

- **준비물** 도화지, 마커펜, 가위(또는 자음과 모음 짝짓기에서 사용했던 자소 카드)
- **놀이 방법**

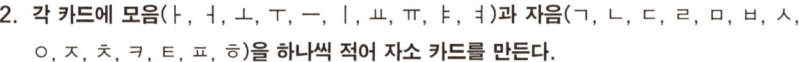

1. 도화지를 잘라서 카드를 만든다.

2. 각 카드에 모음(ㅏ, ㅓ, ㅗ, ㅜ, ㅡ, ㅣ, ㅛ, ㅠ, ㅑ, ㅕ)과 자음(ㄱ, ㄴ, ㄷ, ㄹ, ㅁ, ㅂ, ㅅ, ㅇ, ㅈ, ㅊ, ㅋ, ㅌ, ㅍ, ㅎ)을 하나씩 적어 자소 카드를 만든다.

3. 자소 카드를 바닥에 늘어놓는다.

4. 아이가 자기 이름에 들어가는 자소 카드를 순서대로 찾아서 밟는다.

- **놀이 효과**
- 이름에 들어간 자음과 모음을 자세히 익힌다.
- 대근육이 강화된다.

● **아이의 가능성을 키우는 Tip & 응용**

친구와 가족의 이름에 들어간 자소 카드를 찾아서 밟는다. 아이가 알고 있는 쉬운 단어에 들어가는 자소 카드를 찾아서 밟아보는 것도 좋다.

> **발달 이야기** 초등학교 1학년의 언어 능력
>
> 한 연구에서 초등학교 1학년 아이들의 언어 능력을 조사했다. 언어 이해력을 알아보기 위해서 '단어 유창성', '단어 의미 이해 능력', '듣고, 이해하기'를 측정했다. 표현력을 측정하기 위해서는 '친구'라는 주제를 주고 글의 형식과 상관없이 자신의 생각을 글로 쓰게 하여 글의 종류, 문장 수, 맞춤법을 조사하였다.
>
> **단어 유창성**: '고', '이', '도', '자', '나'로 시작하는 단어를 각 2분 동안 가능한 많이 쓰게 했다. 조사 결과, 초등학교 1학년 아이들은 글자마다 평균 4단어 정도를 쓸 수 있었고 여자아이들이 남자아이들보다 더 많은 단어를 썼다.
>
> **단어 의미 이해(어휘지식)**: 네 개의 낱말 가운데 세 낱말과는 반대이거나 다른 뜻을 가진 낱말을 하나 골라서 쓰게 했다. 조사 결과 20문항 중 남자아이들은 평균 12개, 여자아이들은 평균 14개의 정답을 말해서 여자이이들의 단어 의미 이해력이 더 높았다.
>
> **듣고 이해하기**: 교사가 글을 읽어주고 그 글에 관한 질문을 해 아이들이 얼마나 이해하고 있는지를 조사했다. 조사 결과 글에 나와 있는 사실에 관해 묻는 사실 질문은 72% 정답률을 보였다. 그러나 글에서 내용을 추론해야 하는 추론 질문에는 67%의 정답률을 보여서 사실 질문보다 추론 질문을 더 어려워했다.
>
> **글짓기**: 작문 능력을 측정하기 위해서는 '친구'라는 주제를 주고 자신의 생각을 적게 한 뒤에 글의 종류, 문장 수, 맞춤법을 조사했다. 조사 대상 1학년 중 15%의 아이들은 문장이라고 볼 수 없는 글을 쓰거나 한글을 깨우치지 못했다. 나머지 아이들은 50%가 편지글의 형식으로 글을 썼다. 아이들이 쓴 글은 평균 7개의 문장으로 구성되었는데, 남자아이들은 대부분 1~5개(57%), 여자아이들은 1~5개(38%)와 6~10개(36%)의 문장으로 이루어진 글을 썼다. 가장 많이 쓴 한 아이는 30개 이상의 문장으로 이루어진 글을 썼다. 다른 연구에서 보면 초등학교 2학년은 평균 12개의 문장으로 이루어진 글을 쓸 수 있어서 1년 사이에 아이들의 글짓기 능력이 급격하게 향상되는 것을 알 수 있다.
>
> **맞춤법**: 아이들이 쓴 문장에서 맞춤법에 어긋난 어절의 수는 평균 3개였다.

48~72month :: 소통 발달 언어 | 가능성을 키우는 융복합 놀이 20

자음과 모음 짝짓기

융복합 영역: 언어

자음과 모음이 만나서 글자가 만들어지는 원리를 놀이를 통해 재미있게 배울 수 있다.

- **준비물** A4 용지, 마커펜, 가위, 다 쓴 휴지 상자

- **놀이 방법**

1. 도화지를 잘라서 카드를 만든다.

2. 각 카드에 모음(ㅏ, ㅓ, ㅗ, ㅜ, ㅡ, ㅣ, ㅛ, ㅠ, ㅑ, ㅕ)과 자음(ㄱ, ㄴ, ㄷ, ㄹ, ㅁ, ㅂ, ㅅ, ㅇ, ㅈ, ㅊ, ㅋ, ㅌ, ㅍ, ㅎ)을 하나씩 적어 자소 카드를 만든다.
   자소: 음소를 나타내는 가장 작은 단위의 문자나 그 결합 (예: ㄱ, ㄸ, ㅏ, ㅐ)

3. 자소 카드를 섞은 다음 아이에게 비슷하게 생긴 자소끼리(즉, 자음은 자음끼리, 모음은 모음끼리) 분류하게 한다. 만약 아이가 잘 분류하지 못하면 자음과 모음의 생김새에 관해 설명하며 분류를 도와준다.

4. 자음과 모음으로 분류한 다음에 자음과 모음에 대해 간단히 설명한다.
   "튼실아, 여기에 나눈 종이들을 이쪽은 모음, 저쪽은 자음이라고 해. 자음은 아기이고 모음은 엄마라고 생각하면 돼. 엄마가 아기와 같이 있어야 하는 것처럼 자음과 모음은 혼자서는 글자가 될 수 없어. 꼭 자음과 모음이 합쳐져야 하나의 소리가 나는 글자가 만들어진단다. 자음과 모음이 만나는 방법에는 여러 가지가 있는데, (아이의 이름 글자나 아이가 아는 글자를 예로 들며)자음＋모음이 될 수도 있고,

자음+모음+자음이 될 수도 있어. 그런데 언제나 자음을 먼저 왼쪽(혹은 위쪽)에 놓고 그다음에 모음을 오른쪽(혹은 아래쪽)에 놓아야 글자가 만들어져."

5. 자소 카드를 잘 접어서 휴지 상자에 넣는다.
6. 엄마와 아이가 번갈아가며 휴지 상자에서 접힌 자소 카드를 두 장씩 뽑아 글자를 완성시킨다.
7. 완성된 글자(자음과 모음이 한 장씩 나왔을 때)는 읽어주고, 글자가 완성되지 못한 경우(자음만 두 장, 혹은 모음만 두 장 나왔을 때, 혹은 모음과 자음의 배치를 잘 못 했을 때)는 그 이유를 이야기한다.

● 놀이 효과
- 글자를 이루는 모음과 자음에 대해 배운다.
- 모음과 자음을 이용하여 글자를 구성할 수 있다.

● 아이의 가능성을 키우는 Tip & 응용

자음과 모음의 음가를 익혀서 자음과 모음을 다양하게 결합하여 생기는 글자를 읽어본다.

발달이야기 읽기, 쓰기 지도에 대한 선생님들의 생각

한 연구에서 국내 유치원과 초등학교 교사들에게 유치원에서의 읽기와 쓰기 지도에 대한 생각을 조사했다. 우선 유치원 교사들의 85%가 아이들의 절반 이상이 유치원에서 읽기, 쓰기를 배우기 원한다고 대답했다. 또 유치원과 초등학교 교사의 76%가 유치원에서 읽기, 쓰기 지도가 '필요하다'고 응답했는데, 그 비율은 초등학교 교사가 유치원 교사보다 더 높았다. 취학 전에 읽기, 쓰기 지도가 필요한 이유에 대해서는 유치원과 초등학교 교사의 68%가 '아이들이 이미 읽기, 쓰기를 위해 필요한 발달 수준에 도달했기 때문'이라고 생각했다. 유치원에서 필요한 읽기의 수준에 대해서는 유치원 교사와 초등학교 교사 모두에서 '간단한 문장을 읽는 수준'이라는 응답이 58%로 가장 높게 나왔고, 1학년 초 아이의 읽기 수준도 '간단한 문장을 읽는 수준'이 가장 많았다. 바람직한 쓰기의 수준은 유치원과 초등학교 교사 모두 '간단한 낱말을 쓸 수 있는 수준'이 50%로 가장 많았다. 그러나 이와 비슷한 다른 연구에서는 초등학교 교사는 '간단한 문장의 받아쓰기'가 적절하다고 더 높은 수준을 기대했다. 아이들의 실제 쓰기 수준은 유치원의 경우, '간단한 낱말 쓰기'가 31%로 가장 많았고, 초등 1학년의 입학 초기의 쓰기 수준은 '간단한 문장을 쓰는 정도'가 40%로 가장 많았다.

▶ 장 박사의 Q&A 고민상담소 ◀

도와줘요. 장 박사님!

Q 6살 아이인데, 한글에 관심을 가지더니 어느새 책을 혼자 읽고 있어요. 요즘도 아이가 원해서 자기 전에 책을 2권씩 읽어주고 있어요. 그런데 글씨를 손으로 집어가며 읽어달라고 해요. 그래서 글이 많은 책은 읽어주기가 힘들어요. 이렇게 아이가 글씨를 손으로 집어가며 읽어 달라고 하는 것에는 무슨 이유가 있는 걸까요?

A 초등학교 입학 즈음에 한글을 읽을 수 있는 아이들이라도 종종 엄마에게 책을 읽어 달라고 하는 경우가 있습니다. 엄마와 함께 책을 읽는 분위기를 좋아할 수도 있고, 또 자기가 읽을 때는 더듬더듬 읽어서 원하는 만큼 빨리 읽을 수가 없고 따라서 글이 제법 길다면 이야기를 따라가기가 쉽지 않기 때문입니다. 그런데 아이가 엄마에게 책을 읽으면서 손으로 글을 짚으며 읽어 달라고 주문을 하는 것은 아마도 글을 읽을 줄 알지만, 아직 완전하지가 않고 글과 소리의 관계에 대해 지속적으로 관심이 남아 있기 때문일 가능성이 있습니다. 이 아이는 혼자서도 읽을 수는 있지만, 엄마가 읽어줄 때 어떤 모양의 글자가 어떻게 발음되는지를 감상하고 즐기고 있는 것 같습니다. 만약 그런 이유라면 아이가 원하는 대로 글자를 짚어가며 읽

어줄 필요가 있습니다. 단지 글이 많아서 손가락으로 짚기가 힘들다면 손가락보다 더 뾰족한 연필이나 가는 막대를 이용하는 것도 좋을 것 같습니다.

그리고 아이의 읽기 유창성을 측정해보는 것도 아이의 현재 읽기 상태를 파악하는 데 도움이 됩니다. 그냥 아이가 좋아하는, 나오는 단어의 90%를 아이가 알고 있는 내용의 본문을 1분 동안 소리 내어 되도록 빨리, 그러나 정확하게 읽어보게 하고 아이가 읽은 곳까지를 체크합니다. 그리고 정확하게 읽은 글자의 수를 세어보세요. 만 5세 정도의 아이들은 평균 100~110글자 정도를 읽을 수 있습니다. 만약 이보다 정확하게 읽을 수 있는 글자의 수가 많이 부족하다면 아이가 혼자 책을 읽을 때 내용을 이해하지 못하고 읽는 경우도 있을 것입니다. 이럴 때는 소리 내어 읽기 연습이 필요한데, 엄마와 아이가 한 페이지씩 번갈아가며 소리 내어 읽거나 혹은 한 문단씩 소리 내어 읽기를 연습하면 도움이 됩니다. '발달 이야기: 글자를 빠르고 정확하게 읽기가 중요한 이유(117쪽)'를 참고하세요.

Q 5살 아이인데, 영어유치원에 보내고 싶었는데 못 보내고 일반유치원에 다니고 있어요. 그런데 영어 때문에 걱정입니다. 지금이 영어를 배우기에 적합한 시기일까요? 혹시 1:1로 영어 수업을 받게 하고 싶은데, 괜찮을까요?

A 현재 초등학교 3학년부터 공식적으로 영어를 배우고 있어서 그 이전에 조기 영어교육을 하는 문제에 대해서는 아직 학계에서도 찬반양론이 분분합니다. 반대하는 쪽의 주장은 나이가 들수록 교육의 효과가 더 높기 때문에 굳이 일찍 시작할 필요가 없다는 것입니다. 찬성하는 쪽에서는 우리나라와 같이 영어를 외국어로 배우는 환경에서는 영어를 배운다고 한국어 습득에 지연이 생기는 것도 아니고 오히려 아이들이 언어에 대한 민감성

이 높아져서 언어뿐 아니라 인지적으로도 도움이 된다는 결과를 들고 있습니다. 물론 아이마다 언어 발달에 개인차가 있지만, 양쪽의 연구를 보면 만 5세 정도에는 영어교육을 시작하는 것에 무리가 없어 보입니다. 더 자세한 내용은 '발달이야기: 조기 영어교육, 효과 있나?(103쪽)'를 참고하세요.

영어교육의 방법으로 영어유치원, 학원, 방과 후 프로그램, 가정방문 1:1 지도, 그룹지도, 인터넷 교육 등 여러 가지가 있습니다. 사실은 시기만큼이나 중요한 것이 영어교육의 방법입니다. 영어로만 말하는 영어유치원과 외국인 선생님에게도 잘 적응하는 아이가 있습니다. 반대로 하고 싶은 말을 편하게 못 하는 영어 환경에서 스트레스를 많이 받는 아이들도 있어요. 그래서 교육 방법을 선택하는 데에는 아이의 언어 발달 수준과 기질, 선생님의 영어 실력뿐 아니라 유아를 가르쳐 본 경험 등을 함께 고려해야 할 것입니다. 만약 영어를 처음 접하고 새로운 환경에서 쉽게 스트레스를 받는 아이라면 1:1 지도를 받는 것도 좋을 것입니다. 1:1 지도는 아이의 특성과 수준에 맞추어줄 수 있는 장점이 있습니다. 반대로 단점이라면 그룹지도에서 또래 친구들을 만나는 즐거움이 없고 너무 학습을 강조하다가 보면 곧 싫증이 날 수도 있습니다. 여러 요소를 잘 고려하시고 아이와도 상의하셔서 결정하시면 좋겠습니다.

Q 5세 남아인데 아이가 책을 아주 좋아해요. 혼자서도 책을 잘 읽고요. 근데 한 가지 드는 의문은 혼자 책만 읽어도 되나 싶어서요. 혹시 독서토론논술 같은 것을 해야 하는 건 아닌지 고민되는데, 지금 이 시기에 이런 게 필요할까요?

A 한글을 뗀 아이 중에 혼자서 책을 읽는 아이들이 많이 있어요. 책을 좋아하는 아이는 읽고 싶은 책이 많은데, 이 책을 엄마가 다 읽

어줄 때까지 기다리지도 못 하고 혼자서 읽곤 합니다. 그런데 제가 예전에 만 5세 아이들의 읽기 연구를 하면서 아이들에게 읽은 내용을 물어봤더니 의외로 아이들이 읽기는 해도 내용은 이해를 못 하고 넘어가는 경우가 많았어요. 이럴 때 엄마나 선생님이 아이의 이해도를 점검해주면 좋겠지요. 독서토론 같은 프로그램의 장점은 1:1 혹은 주로 소그룹으로 같은 책을 읽고 읽은 내용에 관해 이야기를 하는 기회를 갖는 것입니다. 읽은 내용을 또래 친구들과 함께 나누고 거기에 선생님의 지도가 있다면 내용에 대한 이해가 한층 깊어지고 다른 사람의 관점도 나눌 수 있는 좋은 기회가 됩니다. 또한, 말하기뿐 아니라 이를 글이나 그림으로 표현하는 활동까지 연결되기 때문에 읽은 내용을 여러 방법으로 다시 생각하고 표현할 수 있는 기회가 됩니다. 즉, 발표력 뿐 아니라 사고력과 표현력의 발달에도 도움이 됩니다. 게다가 자기가 좋아하는 책뿐 아니라 다양한 장르의 책들을 고루 접할 수 있는 것도 장점입니다. 반면에 단점이라면 당연히 비용 문제도 있고, 수업을 하면서 읽어야 하는 책들을 따라 읽지 못하면 오히려 책 읽기가 숙제가 되고 스트레스가 되기 쉽습니다. 또 소그룹 수업을 할 경우에 다른 친구들과 수준이 비슷하게 맞지 않으면 수업에 흥미를 잃기 쉽습니다.

　결론적으로는 책을 읽고 이야기를 나누고 내용에 대해 독후활동을 다양하게 하는 것은 정말 좋습니다. 그러나 지금 아이가 다행히 책 읽기를 좋아하고 스스로 책을 읽고 있는 수준이라면, 굳이 외부의 프로그램을 시키기보다 엄마와 함께 책을 읽고 내용을 이야기해보고 한두 줄이라도 글로 적거나 그림으로 그리거나 혹은 이 책의 '동화 읽고 극 놀이(96쪽)'처럼 역할극 같은 것을 재미있게 한다면 더없이 좋은 독서토론 활동이 될 것입니다.

Q 주변에서 아이에게 전자책이나 가져다 대면 소리가 나오는 전자펜 등을 많이 사주고 있습니다. 가격이 싸지는 않은데, 아이들이 좋아한다고 합니다. 아이에게 책보다 이런 전자책이나 전자펜들을 사주는 것이 도움이 될까요?

A 요즘은 스마트기기의 사용이 늘면서 종이책 외에도 스마트폰, 태블릿 PC를 활용한 전자책, 또 가져다 대면 글을 읽어주거나 흥미로운 소리가 나는 펜 등 다양한 매체가 등장하고 있습니다. 이러한 새로운 매체들의 효과에 대한 연구는 아직 그리 많지는 않습니다. 전자책에 대해서도 찬성론자들은 아이들이 새로운 매체를 접했을 때 신기함으로 인해 단기적으로 내용에 대한 몰입도가 높아지거나 시청각 기능이 성인이 책을 읽어줄 때의 상호작용을 대신할 수 있다고 합니다. 반대 입장에서는 아이들이 종이책을 읽을 때의 읽기 속도가 전자책 화면의 글씨를 읽을 때보다 50% 정도 더 빠르고 읽기에 집중할 수 있는 시간도 더 길다고 주장합니다. 또한, 아이들이 전자기기의 신기함에 매료되어 내용보다 기기를 테스트하는 데 시간을 더 쓴다는 결과도 있습니다. 결국, 어떤 스마트기기도 아이의 발달 수준과 동기에 따라 그 효과가 달라진다는 것입니다. 아이가 아직 읽기에 흥미가 없고 책을 다 읽어줘야 하는 수준이라면 스마트기기를 이용해서 책에 흥미를 갖게 할 수는 있을 것입니다. 그러나 아이가 혼자서도 책을 읽으려는 수준에 있다면 이제부터는 스스로 읽는 연습을 자꾸 해야 하기 때문에 굳이 전자책이나 기타 전자기기들을 제공할 필요는 없다는 생각입니다.

▶ 발달 키워드 ◀

또래와의 언어 사용

　아이의 언어 발달에 부모가 영향을 미친다는 것은 잘 알려져 있다. 그러나 점차 또래와 함께 보내는 시간이 늘어나면서 또래 역시 아이의 언어 발달과 사용에 상당한 영향을 미치게 된다. 물론 이 영향은 서로 주고받는 것이어서 아이 역시 또래의 언어 사용에 영향을 주기도 한다. 아이의 언어 능력은 언어 사용뿐만 아니라 또래와의 관계를 잘 형성하게 하는 사회성에도 영향을 미친다. 또래가 하는 말을 잘 듣고 자신의 의사를 말로 잘 전달하는 아이는 친구들과의 관계 또한 원만하다. 또래 간의 갈등이 생겼을 때도 언어적으로 잘 해결할 수 있다면 인기 있는 아이가 될 수 있다. 사회성에 영향을 주는 이와 또래의 대화를 관찰하여 아이의 언어 환경에 또래가 어떤 영향을 주고 있는지를 살펴보자.

| 체크리스트: 또래들이 제공하는 언어적 환경은 아이의 언어발달에 도움이 될까? |

다음은 아이와 또래의 언어 사용을 분석하기 위한 문항들이다. 각 문항을 읽고 아이의 상황에 가장 가깝다고 생각하는 곳에 체크한다.

영역	매우 아니다 1	아니다 2	보통이다 3	그렇다 4	매우 그렇다 5
1. 아이는 친구들과 대화를 잘하는 편이다					
2. 아이는 친구들 앞에서 이야기를 잘한다					

영역	매우 아니다 1	아니다 2	보통이다 3	그렇다 4	매우 그렇다 5
3. 아이는 친구들에게 자신의 의견을 잘 설명한다					
4. 아이는 또래와의 다툼을 대화로 풀려고 한다					
5. 아이는 다른 아이의 이야기를 끝까지 듣고 난 다음에 자신의 이야기를 한다					
6. 아이는 친구들과 많은 이야기를 한다					
7. 아이는 친구가 잘못된 어휘를 사용하면 고치려고 한다					
8. 아이와 친구들은 책 읽는 것을 좋아한다					
9. 아이와 친구들은 새로운 단어를 잘 사용한다					
10. 아이와 친구들은 욕을 하지 않는다					
11. 아이와 친구들은 대화에서 친근한 언어를 사용한다					

모든 문항에 체크를 했으면 아래의 하위 요인별로 해당 질문에 대한 점수를 모두 더한 뒤에 평균 점수를 구한다. 평균 점수가 각각 3.7, 3.6보다 높으면 또래와의 언어 환경이 좋은 것으로 볼 수 있다. 만약 평균 점수가 3점보다 많이 낮다면 아이의 언어 발달에 또래가 좋은 영향을 주지 못하고 있는 것으로 볼 수 있어서 또래와의 언어 환경을 재점검해볼 필요가 있다.

하위 요인	문항 내용	문항 번호	총점/문항수
대화하기	또래와의 관계가 원만함, 또래와 대화를 통해 문제 해결, 다른 친구의 이야기를 잘 들어줌	1, 2, 3, 4, 5, 6	/ 6
언어에 대한 태도	친구가 잘못된 어휘를 사용할 때 고쳐주거나 친구들과 새로운 단어를 사용하는 등 상대의 필요나 수준에 맞게 조절	7, 8, 9, 10, 11	/ 5

Chapter 3

호기심 발달 탐구

아이의 가능성을 키우는 48~72개월 융복합 놀이

수학과 과학에 흥미를 가지게 해요

수 세기와 간단한 덧셈,
뺄셈이 가능한 시기

• • •

탐구 영역 발달의 특징

이 시기의 아이들은 숫자를 읽을 때는 '일, 이, 삼······'으로 한자식 수 세기를 하고, 물건을 셀 때는 '하나, 둘, 셋······' 하며 한글식 수 세기를 사용해서 수를 셀 수 있다. 또 손가락을 이용해서 간단한 덧셈과 뺄셈도 즐겨 하고, 두 자릿수 덧셈과 뺄셈을 하는 아이들도 종종 있다. 일반적으로 가정에서의 수학 교육이 주로 수 세기와 연산에 집중되고 있는 데 반해 유치원의 누리과정에서는 과학과 함께 수학을 자연탐구 영역으로 분류하여 수 놀이 이외에 다양한 수학 영역을 포함하고 있다.

누리과정 자연탐구 영역의 목표는 '호기심을 가지고 주변 세계를 탐구하며, 일상생활에서 수학적·과학적으로 생각하는 능력과 태도를 기른다'이다. 수를 외우고 덧셈, 뺄셈을 암기하는 것을 넘어서 일상생활 속에서 수학과 과학의 원리가 적용되는 활동을 찾아서 즐겁게 놀이하고 수학과 자연에 대한 호기심을 갖는 것이 목표이다. 누리과정 탐구 영역의 내용을 자세히 살펴보면 다음과 같다.

누리과정 탐구 영역 내용

- **탐구하는 태도 기르기**: 호기심을 유지하고 확장하기, 탐구과정 즐기기, 탐구기술 활용하기로 구성된다.
- **수학적 탐구하기**: 수와 연산의 기초 개념 알아보기, 공간과 도형의 기초 개념 알아보기, 기초적인 측정하기, 규칙성 이해하기, 기초적인 자료 수집과 결과 나타내기로 구성된다.
- **과학적 탐구하기**: 물체와 물질 알아보기, 생명체와 자연환경 알아보기, 자연환경 알아보기, 간단한 도구와 기계 활용하기를 포함한다.

한편 2013년부터 개정된 초등학교 교육과정에서는 수학은 '스토리텔링 수학'으로 바뀐다. 주로 공식과 문제 풀이로 구성되었던 수학 수업이 이제는 동화나 이야기를 통해서 수학적 의미와 역사적 맥락, 실생활의 적용 사례를 이야기 방식으로 설명하게 되어 있다. 이 역시 생활 속에서 예시를 찾아보고 놀이와 이야기를 통해서 수학적으로 생각하는 습관을 길러 두는 것이 도움이 된다. 수학의 내용을 구체적으로 살펴보면 1부터 10까지 수의 순서 알아보기, 하나 더 많은 것 알아보기, 하나 더 적은 것 알아보기, 두 수의 크기 비교하기, 다양한 모양 알아보기, 규칙 찾아보기, 가르기와 모으기, 한 자릿수 덧셈과 뺄셈하기, 덧셈식을 보고 뺄셈식 만들기, 뺄셈식 보고 덧셈식 만들기, 넓이와 길이 비교하기 등으로 유치원 과정과 자연스럽게 연장된 내용임을 알 수 있다. 과학은 기존의 바른 생활, 즐거운 생활(예체능), 슬기로운 생활(사회, 과학)이 합쳐진 통합교과로 수업이 진행되는 것이 특징이다.

수학과 과학의 경우, 기초 단계의 이해가 부족할 경우 그 이후 단계의 학습이 쉽지 않다는 특징이 있다. 따라서 이 시기에 수학과 과학을 즐거운 놀이 속에서 자연스럽게 습득하고 즐거운 경험으로 간직하는 것이 이후 학습에도 큰 도움이 될 수 있다. 수학의 경우에는 지루하고 반복적인 학습지로 아이가 흥미를 잃게 하기보다 다음의 놀이로 즐겁게 수학을 접할 수 있게 도울 수 있다.

아이의 흥미를 살려주는 수학 놀이

- **수와 연산 놀이**: 수의 크기에 대한 이해를 확실하게 도와줄 수 있는 놀이로 '수 직선 놀이(148쪽)', '더 큰 수와 더 작은 수(150쪽)', '수 가르기 놀이(152쪽)', '10 만들기 놀이(154쪽)', '10 만들기 '고 피쉬 게임'(157쪽)' 등은 수의 이해를 돕는 놀이다. '낙하산과 사다리 보드게임(160쪽)'은 보드게임을 하면서 큰 수의 더하기와 빼기의 개념을 즐겁게 연습할 수 있다.

- **공간과 도형에 관한 놀이**: 생활 속에서 입체 도형을 찾아보는 '입체 도형 포토북 만들기(162쪽)', '냠냠, 맛있는 입체도형(164쪽)', 위치에 대한 이해를 위해서는 '인형은 어디에?(166쪽)' 등의 놀이가 도움이 된다.

- **기초적인 측정 놀이**: '길이 순서대로 놓기(170쪽)', '누가 더 멀리 던졌을까?(143쪽)', '30분은 얼마나 길까?(143쪽)' 등의 놀이를 통해 실제 생활 속에서 길이 비교와 시간 측정의 방법을 경험할 수 있다.

- **규칙성 이해하기 놀이**: '비밀 패턴 풀기(172쪽)' 놀이와 방안의 벽지의 무늬 관찰하거나, 옷의 패턴 관찰 같은 놀이는 규칙성을 경험할 좋은 기회가 된다.

- **기초적인 자료 수집과 결과 나타내기 놀이**: '냉장고 정리(174쪽)' 놀이를 통해 초보적인 그래프를 그려보고 수집된 자료를 글이나 그림으로 나타내는 방법을 배우는 기회가 된다.

이 외에도 틈틈이 재미있는 수학 동화나 이야기책을 읽으며 수학 개념을 더 확실히 이해하고 또 이해한 내용을 말로 표현하는 놀이를 즐긴다면 엄마표 수학놀이로 수학을 좋아하는 아이로 키울 수 있을 것이다.

●48~72개월 탐구 영역 학습 목표 체크 리스트

다음은 누리과정 중 이 시기 아이들이 습득해야 할 탐구 영역의 학습 목표이다. 아이가 해당 시기의 탐구 학습 목표를 잘 이행하고 있는지 잘 관찰하여 기록해보자. 만약 아이가 학습 목표에 도달하지 못했다면 호기심 발달 탐구 놀이를 통해 잘 이끌어주면 된다.

연(월)령		학습 목표	관찰 내용
만 4세 (48~59개월)	탐구하는 태도 기르기	주변 사물과 자연세계에 대해 지속적으로 호기심을 갖는다	
		궁금한 점을 알아보는 탐구과정에 관심을 가지고 참여한다	
		일상생활의 문제를 해결하는 과정에서 탐색, 관찰 등의 방법을 활용해본다	
	수학적 탐구하기	생활 속에서 사용되는 수의 여러 가지 의미를 안다	
		구체물 수량에서 '같다', '더 많다', '더 적다'의 관계를 안다	
		열 개 가량의 구체물을 세어보고 수량을 알아본다	
		위치와 방향을 여러 가지 방법으로 나타내본다	
		기본 도형의 특성을 인식한다	
		기본 도형을 사용하여 여러 가지 모양을 구성해본다	
		일상생활에서 길이, 크기, 무게 등을 비교해본다	
		생활주변에서 반복되는 규칙성을 알아본다	
		반복되는 규칙성을 인식하고 모방한다	
		필요한 정보나 자료를 수집한다	
		한 가지 기준으로 자료를 분류해본다	
	과학적 탐구하기	친숙한 물체와 물질의 특성을 알아본다	
		물체와 물질을 여러 가지 방법으로 변화시켜본다	

연(월)령		학습 목표	관찰 내용
만 4세 (48~59개월)	과학적 탐구하기	나의 출생과 성장에 대해 관심을 갖는다	
		관심 있는 동식물의 특성을 알아본다	
		생명체를 소중히 여기는 마음을 갖는다	
		생명체가 살기 좋은 환경에 대해 관심을 갖는다	
		돌, 물, 흙 등 자연물의 특성과 변화를 알아본다	
		날씨와 기후변화에 관심을 갖는다	
		생활 속에서 간단한 도구와 기계를 활용한다	
		도구와 기계의 편리함에 관심을 갖는다	
만 5세 (60개월~)	탐구하는 태도 기르기	주변 사물과 자연세계에 대해 지속적으로 호기심을 갖고 알고자 한다	
		궁금한 점을 알아보는 탐구과정에 참여하고 즐긴다	
		탐구과정에서 서로 다른 생각에 관심을 갖는다	
		일상생활의 문제를 해결하는 과정에서 탐색, 관찰, 비교, 예측 등의 탐구기술을 활용해본다	
	수학적 탐구하기	생활 속에서 사용되는 수의 여러 가지 의미를 안다	
		구체물 수량의 부분과 전체 관계를 알아본다	
		스무 개 가량의 구체물을 세어보고 수량을 알아본다	
		구체물을 가지고 더하고 빼는 경험을 해본다	
		위치와 방향을 여러 가지 방법으로 나타내본다	
		여러 방향에서 물체를 보고 그 차이점을 비교해본다	
		기본 도형의 공통점과 차이점을 알아본다	
		기본 도형을 사용하여 여러 가지 모양을 구성해본다	
		일상생활에서 길이, 크기, 무게, 들이 등의 속성을 비교하고 순서를 지어본다	
		임의 측정 단위를 사용하여 길이, 면적, 들이, 무게 등을 재본다	
		생활주변에서 반복되는 규칙성을 알고 다음에 올 것을 예측해본다	

48~72month | 호기심 발달 탐구 · 가능성을 키우는 종합탐구놀이

연(월)령		학습 목표	관찰 내용
만 5세 (60개월~)	수학적 탐구하기	스스로 규칙성을 만들어본다	
		필요한 정보나 자료를 수집한다	
		한 가지 기준으로 분류한 자료를 다른 기준으로 재분류해본다	
		그림, 사진, 기호나 숫자를 사용해 그래프로 나타내본다	
	과학적 탐구하기	주변의 여러 가지 물체와 물질의 기본 특성을 알아본다	
		물체와 물질을 여러 가지 방법으로 변화시켜본다	
		나와 다른 사람의 출생과 성장에 대해 알아본다	
		관심 있는 동식물의 특성과 성장 과정을 알아본다	
		생명체를 소중히 여기는 마음을 갖는다	
		생명체가 살기 좋은 환경과 녹색환경에 대해 알아본다	
		돌, 물, 흙 등 자연물의 특성과 변화를 알아본다	
		날씨와 기후변화 등 자연현상에 대해 관심을 갖는다	
		생활 속에서 간단한 도구와 기계를 활용한다	
		변화하는 새로운 도구와 기계에 관심을 갖고 장단점을 안다	

48~72month :: 호기심 발달 탐구 | 가능성을 키우는 융복합 놀이 1

누가 더 멀리 던졌을까?

융복합 영역: 탐구, 언어, 신체

거리를 재는 다양한 측정 방법을 알아보는 놀이로 측정이라는 단어가 어려울 수 있지만, 놀이를 통해 쉽게 거리를 비교할 수 있다.

● **준비물** 콩 주머니 2개, 50cm 길이의 리본이나 털실, 블록, 그림책 등

● **놀이 방법**

1. 엄마와 아이가 각각 콩 주머니를 던진다.

2. 누가 콩 주머니를 더 멀리 던졌는지를 아이에게 물어본다. 아이가 눈으로 보고 대답을 하면, 그냥 보고 아는 방법 외에 길이를 알 수 있는 또 다른 방법이 있는지 물어본다.

3. 콩 주머니까지의 거리를 재는 다양한 방법을 아이와 함께 생각해본다.
   직접 비교: 두 콩 주머니의 위치를 직접 비교하는 방법.
   간접 비교: 발걸음으로 재기, 자로 재기, 책으로 재기, 리본이나 털실로 재기, 블록을 끼워서 만든 블록꽂이로 재기 등

4. 다양한 방법으로 직접 콩 주머니까지의 거리를 측정한다.

5. 측정한 결과를 표로 만든다.

측정 개념	엄마가 던진 거리	내가 던진 거리
털실	3번	2번
내 발자국으로	8 발자국	5 발자국
블록꽂이	15번	10번

● **놀이 효과**

- 길이나 거리를 비교하는 다양한 방법을 경험할 수 있다.
- 자와 같은 측정도구를 사용하는 법을 배우면 쉽지만, 측정의 원리를 이해하기 위해서는 자 이외의 다른 도구와 방법(블록, 끈, 발걸음 등)을 이용하는 것을 경험할 수 있다.
- 서로 다른 단위를 사용하면 측정 결과가 달라지는 것을 경험할 수 있다.

● **아이의 가능성을 키우는 Tip & 응용**

같은 길이를 엄마 발걸음으로 잴 때와 아이 발걸음으로 잴 때 각각 얼마나 되는지를 측정하고, 왜 엄마 발걸음으로 잴 때 발걸음의 횟수가 더 적은지 아이와 함께 이야기한다.

- 넓이 측정: 크기가 다른 두 권의 그림책을 골라서 어느 것이 얼마나 더

큰지 넓이를 비교한다. 이때 넓이를 측정하는 단위로 포스트잇을 사용하면 좋다.
- 부피 측정: 분유통과 딸기잼 병 중에 어느 것이 더 큰지 부피를 비교한다. 이때는 종이컵과 쌀(혹은 물)을 준비해서 종이컵을 측정 단위로 사용하면 좋다.
- 무게 측정: 골프공과 테니스공 중에 어느 것이 더 무거운지 비교한다. 이때는 양팔 저울(종이컵 두 개를 옷걸이 끝에 연결하여 양팔 저울을 만든다)을 이용해서 무게를 비교한다.

발달이야기 측정 도구의 사용이 늘면 수학 능력이 향상된다

국내의 한 연구에 의하면 아이들의 측정 능력을 향상시키기 위해서 다음과 같이 다양한 측정 도구를 제공하고 충분히 탐색할 환경을 마련해주는 것이 측정의 개념 이해뿐 아니라 전반적인 수학능력 향상에 도움이 된다고 한다.

측정 개념	비표준단위 도구	표준단위 도구
길이	연필, 색연필, 리본끈, 실, 긴 종이류, 길게 자른 골판지	5m 줄자, 30cm 자, 50cm 자
넓이	A4 사이즈 종이, 8절 마분지, 색종이, 작은 색종이	면적과 부피측정기
무게	곰돌이 모양 조각, 다양한 크기의 구슬(10mm, 20mm)	양팔 저울, 물통 양팔 저울, 앉은뱅이 저울
부피	다양한 크기의 구슬(10mm, 20mm), 스티로폼공(30mm, 50mm), 색 자갈	비커 세트, 스포이트, 계량컵 등
시간	조립형 모래시계, 하루 일과 순서도	모래시계(5분), 시계

48~72month :: 호기심 발달 탐구 | 가능성을 키우는 융복합 놀이 2

30분은 얼마나 길까?

융복합 영역: 탐구, 언어

30분은 얼마만큼의 시간일까? 시간의 흐름에 대해 생각하고 시간의 길이를 측정해보는 놀이다.

- **준비물** 휴대전화의 시계나 타이머

- **놀이 방법**

1. 30분이 얼마나 긴 시간인지 아이와 이야기한다.
   "튼튼아, 밥 먹고 30분 후에 약을 먹어 본 적이 있지? 이때 30분이 얼마나 긴 시간이었지?"
   "튼튼아, 놀이터에서 30분 동안 놀아 본 적이 있지? 이때는 30분이 얼마나 길었지? 그리고 1시간은 얼마나 긴 시간이지?"

2. 1분이 얼마나 긴 시간인지 휴대전화의 시계나 타이머를 이용해서 측정한다.

3. 30분이라고 생각되는 시간 동안 기다려 보고 시간이 맞는지 시계로 확인한다.

● **놀이 효과**

- 시간의 흐름에 대해 생각할 수 있다.
- 시계를 보지 않고 시간을 측정하는 방법(이나 행동)을 생각할 수 있다.
(예: 30분은 그림책 세 권을 읽는데 드는 시간, 좋아하는 TV 프로그램 하나를 보는 시간, 유치원에서 활동을 정리하고 화장실 다녀오는 휴식 시간 등)

● **아이의 가능성을 키우는 Tip & 응용**

시계 보는 방법을 배워서 직접 30분, 1시간을 측정하게 한다. 활동에 따라서 똑같이 30분이라도 길거나(예: 아이가 지루하게 생각하거나 싫어하는 활동) 짧게 느껴지는(예: 게임이나 좋아하는 TV 프로그램을 볼 때) 경험하게 한다.

발달이야기 크리스마스와 설날 중 더 빨리 돌아오는 것은?

시간은 일상생활 중에 자주 사용하지만, 아이들의 시간 이해 발달은 비교적 느리다. 대체로 아이들은 4세경에는 오전과 오후를 구별하고 5세에는 오늘이 며칠인지, 7세는 지금이 몇 시인지, 몇 월인지, 무슨 계절인지, 8세는 몇 년 몇 월 며칠인지, 시간이란 무엇을 의미하는가를 알 수 있다. 행동과 관련해서 5세는 언제 자는지, 언제 일어나는지, 언제 학교에 가는지, 오후는 언제 시작되는지를 알 수 있다. 국내의 한 연구에서 5세, 7세, 9세 아이들에게 오늘 저녁, 어린이날, 여름방학, 추석, 크리스마스, 설날을 지금(4월)부터 가까운 순서대로 놓으라고 했다. 그 결과 만 5세는 오늘 저녁-여름방학-어린이날-추석-크리스마스-설날의 순서로 잘못 놓았다. 7세(28.8%)부터는 오늘 저녁-어린이날-여름방학-추석-크리스마스-설날의 순서로 정확하게 배열했지만, 정확성은 9세(83%)가 훨씬 더 높았다. 아이들은 모두 오늘 저녁이 시간상으로 가장 가깝다는 것을 알고 있었지만, 두 번째 사건부터는 정확성이 급격하게 낮아졌다. 특히 5세와 7세는 1년의 마지막 시점인 크리스마스와 1년 후 설날의 순서에 대해 잘못 알고 있는 경우가 더 많았다. 이런 결과로 볼 때 아이들이 미래의 사건을 시간상으로 이해하는 것은 8세가 넘어서 급격히 발달하는 것으로 보인다.

48~72month :: 호기심 발달 탐구 | 가능성을 키우는 융복합 놀이 3

수 직선 놀이

융복합 영역: 탐구, 신체

수 세기를 잘하는 아이도 숫자의 관계를 잘 이해하지 못할 수 있다. 더 큰 수, 더 작은 수, 덧셈과 뺄셈, 배수 등 수의 원리를 구체적으로 움직이며 이해할 수 있게 하는 매우 효과적인 놀이다.

- **준비물** 강력 테이프, 가위, 흰 도화지(혹은 포스트잇), 마커펜

- **놀이 방법**

1. 바닥에 테이프를 길게 붙이고 일정한 간격으로 표시한다.

2. 흰 종이에 0부터 20까지 숫자를 적어서 한 장씩 테이프 위에 일정한 간격으로 붙인다.
   만 6세 정도라면 100까지, 만 5세는 50까지의 숫자

3. 덧셈·뺄셈 놀이를 할 때 한 사람이 문제를 내고 다른 사람은 수를 써넣은 직선 위에 선다.

4. 문제를 낸 사람이 처음 부른 숫자 위에 문제를 푸는 사람이 서 있다가 덧셈일 경우에는 더하는 숫자만큼 큰 수 쪽으로 움직인다.
   예: 6+3=? 이라면 수 직선 위에 서 있는 사람은 먼저 6에 가서 선다. 그다음 6에서부터 '하나, 둘, 셋' (혹은 1, 2, 3) 하면서 수 직선에서 큰 수 쪽으로 간다.

5. 마지막에 선 자리의 수를 큰소리로 읽는다.
   "9!"

6. 뺄셈도 같은 방법으로 진행하되 움직이는 방향이 수가 작아지는 쪽으로 움직인다.

● 놀이 효과

- 더 큰 수, 더 작은 수, 덧셈, 뺄셈 등의 원리를 수 직선을 통해 구체적으로 이해할 수 있다.
- 수 직선을 머릿속에 그릴 수 있으면 기본적인 수 감각을 갖게 된다.
- 실외에서 긴 수 직선을 그려놓고 이동하면 충분히 대근육 운동이 된다.

● 아이의 가능성을 키우는 Tip & 응용

두 수를 비교하기 위해서는 수 직선에서 각 숫자에 해당하는 위치에 서 보게 한 다음 어떤 수가 더 큰지·더 작은지 말해보게 한다. 10씩 세기, 혹은 5씩 세기를 위해서는 아이가 수 직선 상에서 10 또는 5만큼 세어 움직이면서 해당 숫자를 큰소리로 외치게 한다. 간단하게 포스트잇에 숫자를 적어서 바닥에 일정한 간격으로 배열하여 수 직선을 만들 수도 있다. 더 좁은 장소에서 수 직선을 만들 때는 1~2m 길이의 줄을 이용해서 약 5cm 간격으로 빨래집게나 핀으로 숫자를 매달아 사용해도 된다.

발달이야기 수 배열표보다 수 직선이 더 효과적이다

아이들이 있는 집마다 수 배열표가 벽에 붙어 있다. 수 배열표는 주로 1~10까지 한 줄에 쓰고 그다음 줄에 11~20까지 배열하여 수를 순서대로 늘어놓는 표이다. 그런데 수 배열표를 사용하다 보면 처음에는 아이들이 10과 다음 줄의 11과의 관계를 잘 모를 수 있다. 반면 수 직선은 직선으로 계속 연결되기 때문에 수들이 서로 연결된 관계라는 것을 자연스럽게 익힐 수 있는 장점이 있다. 물론 수가 길어지면 직선으로 늘어놓기가 힘들 수 있지만, 수를 가르칠 때 이왕이면 배열표보다는 수 직선을 이용해서 아이와 함께 수 직선 놀이를 하면 수 감각 발달에 도움이 된다.

48~72month :: 호기심 발달 탐구 | 가능성을 키우는 융복합 놀이 4

더 큰 수와 더 작은 수

융복합 영역: 탐구, 언어, 사회성

놀이를 통해 재미있게 더 큰 수와 더 작은 수의 의미를 알 수 있고, 자연스럽게 수의 크기를 비교할 수 있다.

- **준비물** 흰 도화지, 마커펜, 가위

- **놀이 방법**

1. 흰 도화지를 3cm × 5cm 크기로 잘라서 1~10까지의 숫자를 적는다.

2. 1~10까지의 숫자카드 4벌을 만든다.

3. 카드를 모두 뒤집어서 놀이에 참여하는 사람의 수대로 나누어 각자 한 더미씩 가진다.

4. 각각 자기 카드 더미에서 제일 위의 카드를 한 장씩 동시에 뒤집으며 자기 카드의 수를 말한다.

5. 뒤집힌 카드 중에서 가장 큰 수를 가진 사람이 이기고 이긴 사람이 다른 사람의 카드를 가져온다.

6. 카드 더미의 카드가 다 떨어질 때까지 카드를 뒤집어 크기를 비교한다.

● **놀이 효과**
- 수 카드를 사용하여 숫자와 더 친숙해질 수 있다.
- 재미있게 수의 크기를 비교할 수 있다.

● **아이의 가능성을 키우는 Tip & 응용**
- 트럼프를 이용할 경우 에이스가 1이라는 것을 알려준다. 한 사람이 카드를 한 장씩 뒤집는 대신에 두 장씩 뒤집은 뒤에 두 숫자로 더하기나 빼기를 해서 더 많이 나온 사람이나 더 적게 나온 사람이 이기는 놀이를 할 수도 있다.
- 더하기 놀이: 두 사람이 놀이할 때 각자 카드를 두 장씩 뒤집어서 두 카드의 숫자를 더해서 더 큰 수가 나온 사람이 이긴다.
- 빼기 놀이: 두 사람이 놀이할 때 각자 카드를 두 장씩 뒤집어서 큰 수에서 작은 수를 빼서 더 작은 수가 나온 사람이 이긴다

발달이야기 10과 20의 차이는 80과 90의 차이와 같을까?

당연히 둘 다 10만큼 차이가 나기 때문에 '같다'. 그러나 아이들은 그렇게 생각하지 않는다. 아이들은 아직 큰 수에 대해서는 구체적인 감이 없기 때문이다. 마치 어른들도 천억, 조, 경과 같은 큰 수에 감이 없는 것과 비슷하다. 그런데 이를 어떻게 알게 할 수 있을까? 수 직선을 이용하면 가능하다. 예를 들어, 수 직선을 만들어 놓고 왼쪽 끝은 0, 오른쪽 끝은 100이라고 표시를 해둔 다음 아이들에게 10과 20이 어디인지 각각 표시하게 한다. 또 80과 90을 표시하게 한다. 그러면 대부분의 유치원생은 10과 20 사이의 간격이 80과 90 사이의 간격보다 훨씬 더 크게 표시를 한다. 이는 아이들의 머릿속에서 수가 어떻게 그려지는지를 보여주는데, 초등학교 2학년 정도가 되어야 100까지의 모든 수 간격이 일정하게 배열된다. 연구에 의하면 아이들이 수 직선 이해가 정확할수록 수학 성적이 높다고 한다. 수 직선을 이용해서 아이들과 직선 상에서 수의 위치를 가늠하는 놀이를 많이 할수록 좋은 이유가 바로 이 때문이다.

48~72month :: 호기심 발달 탐구 | 가능성을 키우는 융복합 놀이 5

수 가르기 놀이

융복합 영역: 탐구, 신체

집에서 많이 쓰는 지퍼백을 이용해서 다양한 방법으로 수를 나누는 놀이다. 아이가 하기 어렵다고 생각할 수 있지만, 수 가르기가 쉬워지는 놀이다.

- **준비물** 작은 지퍼백, 사탕이나 바둑알 5개, 마커펜, 동물 스티커(선택사항)

- **놀이 방법**

1. 마커펜으로 지퍼백의 가운데 부분에 줄을 긋는다.

2. 줄의 왼쪽과 오른쪽에 각각 다른 동물의 이름을 써주거나 동물 스티커를 붙인다.
   예: 왼쪽은 강아지, 오른쪽은 고양이

3. 사탕 5개를 놓고 강아지와 고양이에게 갈라 준다.

4. 한 가지 방법으로 갈랐다면 가른 방법을 말로 표현해준다.
   예: 튼튼아, 이것 봐. 다섯 개는 세 개와 두 개로 가를 수 있어.

5. 또 다른 방법으로 갈라보게 하고 말로 표현해준다.

6. '5'를 가르는 다양한 방법을 종이에 적고 아이와 이야기한다.

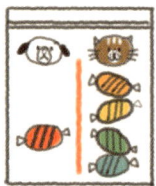 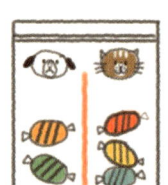 

● 놀이 효과
- 덧셈과 뺄셈의 기초인 수 가르기를 통해 하나의 수를 다양하게 가를 수 있다는 것을 배운다.
- 수를 간단하게 시각적으로 가르기 할 수 있다.

● 아이의 가능성을 키우는 Tip & 응용
지퍼백 대신 투명한 플라스틱 컵이나 종이 접시를 이용해도 된다. 접시 두 개를 이용한 가르기에 익숙해지면 세 개의 접시를 이용해서 셋으로 가르기에 도전해본다. 사탕이나 바둑알의 수를 더 늘려서 가르기를 해본다.

발달이야기 '수포자'가 되지 않으려면 유아 수학부터 시작해라

'수포자'라는 말이 있다. 즉, 수학을 포기한 사람이라는 말인데 수학 시험이 쉽거나 어렵거나 상관없이 꾸준히 성적이 낮은 학생들을 말한다. 수학은 특히 기초가 중요해서 아무리 열심히 하려고 해도 그 이전의 개념들을 이해하지 못하면 잘하기가 힘들다. 그런데 미국에서 대규모 종단연구 자료들을 분석한 결과를 보면, 학업 성취에 초등학교 입학 전 유아 수학이 가장 중요하다고 보고되고 있다.

캘리포니아 주립대 어바인 캠퍼스의 던칸 교수와 동료들이 미국, 영국, 캐나다에서 진행된 6개의 대규모 종단연구 자료를 분석한 연구에 의하면 유치원 입학 시 수학, 읽기, 주의력이 학업 성취에 중요하며 이 중에서도 초기 수학 능력이 추후 학습능력을 가장 잘 예측했다. 2010년 캐나다의 연구 결과도 비슷한 결론을 보여준다. 초등학교 입학 당시의 수학 성적이 입학 후의 수학뿐 아니라 2, 3학년 때의 읽기 능력까지 예측했다. 연구의 공통적 결론은 유아기 수학 개념의 이해가 학업 성취를 위해 매우 중요하다는 것이다. 이 연구에서 유아 수학은 단순히 수 이름을 외우고 쓰는 활동만을 말하는 것은 아니다. 이 책에 제시된 재미있는 놀이를 통해 수와 셈하기, 도형, 패턴 이해, 측정하기, 자료를 수집하고 표 등으로 나타내기 활동을 하면서 수학적으로 생각하고 대화하는 능력을 총칭하는 것이다.

48~72month :: 호기심 발달 탐구 | 가능성을 키우는 융복합 놀이 6

10 만들기 놀이

융복합 영역: 탐구, 언어, 사회성

숫자카드의 수를 더해서 10을 만드는 다양한 방법(즉, 10의 보수)을 알아보는 놀이다. 10이 되는 다양한 방법과 더하기를 익힐 수 있다.

- **준비물** 흰 도화지, 마커펜, 가위

- **놀이 방법**

1. 도화지를 3cm×5cm 크기로 잘라서 12장의 카드를 만든다.

2. 각 카드에 0부터 10까지 숫자를 적되 5는 2장 만든다.

3. 숫자 카드를 숫자가 보이게 배열한다.

4. 순서대로 합쳐서 10이 되는 두 숫자 카드를 선택하고 숫자를 크게 말한다.
   예: 0-10, 3-7, 5-5 등

5. 선택한 두 장의 카드가 합쳐서 10이 아니라면 제 자리에 다시 놓는다. 두 카드가 합쳐서 10이 되면 두 카드를 가져간다.

6. 바닥에 카드가 없으면 놀이가 끝난다.

7. 자신과 상대방이 가져간 카드를 보며 합쳐서 10이 되는 숫자 쌍들을 종이에 적는다.

● **놀이 효과**

- 구체물 대신 숫자로 10 모으기 연습을 할 수 있다.
- 합쳐서 10이 되는 수, 즉 10의 보수에 대한 이해가 구체화된다.
- 10의 보수를 알고 있으면 나중에 연산을 빨리하는 데 도움이 된다.

● **아이의 가능성을 키우는 Tip & 응용**

이 놀이에 익숙해지면 숫자가 보이지 않게 카드를 뒤집어 놓고(이 경우에는 점이 없는 숫자카드를 사용한다) 두 장씩 넘겨서 만약 10이 되면 두 장의 카드를 가져간다. 10이 안 되면 다시 카드가 있던 자리에 숫자가 보이지 않게 뒤집어 놓으면, 상대방에게 순서가 넘어간다. 이 놀이는 기억력 게임과 10 모으기를 함께하는 더 복잡한 도전 놀이가 된다. 혼자서 이 놀이를 하려면 숫자카드의 뒷면에 숫자만큼 점을 찍어두고 카드 두 장을 선택한 다음 숫자카드의 점들을 모두 세어서 10이 되는지 확인한다.

> **발달이야기** **더하기의 전략**
>
> 아이들이 더하기를 할 때 사용하는 전략들이 있는데, 다음과 같다.
> 1. 구체물을 이용하여 모두 세기: 두 물체를 합한 후 전부 세기. (예: 3+4를 풀 때, 7개의 구체물을 놓고 1부터 7까지 세기)
> 2. 손가락을 이용하여 세기: 구체물 대신 손가락을 이용해서 세기
> 3. 이어 세기: 구체물 없이 머릿속으로 계산하기. (예: 3+4를 풀 때, 3부터 시작해서 3, ……4, 5, 6, 7로 세는 방법)
> 4. 큰 수부터 세기: 구체물 없이 머릿속으로 계산하기. (예: 3+4를 풀 때, 둘 중 큰 수인 4부터 세기 시작하여 3을 더하는 방법. 즉, 4, ……5, 6, 7로 센다)

5. 사실 인출: 셈을 자주 해서 답을 기억하고 있는 경우. (예: 3+4=? 하면 '7'이라는 답이 바로 나온다)

이 중에서 가장 발달한 전략은 당연히 사실 인출인데 많은 연습이 필요하다. 연습이 부족하면 초등학교 저학년 중에도 손가락을 사용해서 셈을 하는 아이들이 더러 있다. 이런 경우는 당분간 손가락을 사용하더라도 정확한 셈을 충분히 연습해서 간단한 셈을 자동적으로 할 수 있을 때까지 반복해서 연습하는 것이 중요하다. 또한, 더 발달한 덧셈의 전략들(이어 세기와 큰 수부터 세기)을 가르쳐주고 스스로 연습해보게 한다.

48~72month :: 호기심 발달 탐구 | 가능성을 키우는 융복합 놀이 7

10 만들기 '고 피쉬 놀이'

융복합 영역: 탐구, 언어, 사회성

고 피쉬 놀이를 변형해서 10 만들기를 할 수 있다. 두 명 이상이 함께할 수 있는 놀이로 아이들이 좋아한다.

- **준비물** 흰 도화지, 마커펜, 가위(혹은 트럼프 카드 중 숫자카드만(1~10×4세트=40장)
- **놀이 방법**

1. 1~10까지 숫자를 적은 숫자카드를 4세트 만들거나 트럼프 카드를 이용한다.

2. 카드를 잘 섞어서 각자 5장씩 갖고 남은 카드 더미는 뒤집어서 가운데 둔다.

3. 자신이 가진 카드 중에서 합쳐서 10이 되는 카드들이 있으면 모두 내려놓고(예를 들어, 3과 7, 5와 5) 내려놓은 카드의 수만큼 카드 더미에서 카드를 가져간다.

4. 놀이는 첫 번째 사람부터 시계 반대방향으로 돌며 한다. 즉, 첫 번째 사람이 자신의 오른쪽에 앉은 사람에게 질문한다.

5. 자신이 가진 카드 중에서 한 장을 마음에 두고 그 카드의 숫자와 합쳐서 10이 되는 카드를 다음 사람이 가졌는지 숫자를 불러서 물어본다.
   예를 들어, 내가 1, 7, 2, 10, 5를 가졌는데 7을 내려놓고 싶다면 '3'이 있는지 물어본다.

6. 자신이 부른 숫자를 상대방이 가지고 있다면 상대방의 카드를 받아서 자기 카드(이 경우에 7)와 함께 내려놓으면 다음 사람으로 순서가 넘어간다.

7. 만약 상대방이 자기가 부른 숫자의 카드(이 경우 3)를 가지고 있지 않다면 상대방은 "고 피쉬"라고 대답한다. 이 경우에는 내가 카드 더미에서 카드를 한 장 가져와서 손에 들고 있는 카드 중에서 새로운 카드와 합쳐서 10이 되는 카드가 있는지 본다. 만약 새 카드와 합쳐서 10이 되는 카드가 있으면 두 장을 함께 내려놓는다. 합쳐서 10이 되는 카드가 없으면 그냥 다음 사람에게로 순서가 넘어간다.

8. 내 손에는 카드가 없는데 카드 더미에는 카드가 남아 있다면 카드 더미에서 두 장의 카드를 가져온다. 카드 더미에도 카드가 남아 있지 않으면 게임이 끝난다.

9. 마지막으로 내가 10을 만든 카드들의 짝을 적는다.
   예: 0-10, 3-7, 5-5 등

● **놀이 효과**

• 합쳐서 10이 되는 숫자를 재미있는 놀이로 즐겁게 연습할 수 있다.
• 수의 구조를 알고 덧셈, 뺄셈 연습을 할 수 있다.

● **아이의 가능성을 키우는 Tip & 응용**

2~4명이 함께 게임을 할 수 있고 10대신 다른 숫자를 만들어도 된다. 아이가 두 장의 카드를 내려놓을 때 두 숫자가 합쳐서 10이 되는지 함께 확인해 준다. 카드 더미를 남겨두지 말고 모든 사람이 카드를 똑같이 나눠 가진 뒤 놀이를 진행할 수도 있다.

발달이야기 빼기의 전략

빼기는 더하기의 역산으로 큰 수에서 작은 수를 제거하고 세어 내려가야 한다. 빼기는 수 단어를 거꾸로 되뇌면서 동시에 세는 수를 기억해야 하므로 더하기보다 더 어렵다. 빼기를 할 때 아이들이 사용하는 방법은 다음과 같다.

1. 구체물을 이용해 세는 방법으로 덜어내고 세기와 작은 수에서 더해가며 세는 방법이 있다.
   - 덜어내고 세기: 5-3의 경우, 큰 수 '5'에서 작은 수 '3'을 덜어내고 남은 2개를 센다.
   - 작은 수에서 더하기: 5-3의 경우 작은 수 '3'에서부터 큰 수 '5'가 될 때까지 더한다.
2. 손가락으로 세기
3. 세어 오르기: 구체물 없이 마음속으로 작은 수에서 큰 수까지 세어 오르는 방법으로 5-3의 경우 3, 4, 5로 센다.
4. 거꾸로 세기: 역시 마음속으로 큰 수에서 작은 수의 양만큼 거꾸로 세는 방법으로 5-3의 경우, 5, 4, 3으로 센다.

빼기 역시 구체물 세기, 손가락 사용부터 시작해서 연습이 충분히 되면 정신적 셈하기로 발달하기 때문에 생활 속에서 충분히 연습하는 것이 중요하다.

48~72month :: 호기심 발달 탐구 | 가능성을 키우는 융복합 놀이 8

낙하산과 사다리 보드게임

융복합 영역: 탐구, 언어, 사회성

주사위를 던져 나온 수만큼 말판에서 말을 이동하는 놀이로 윷놀이와 비슷하지만, 낙하산과 사다리라는 반전이 있는 보드게임이다.

- **준비물** 큰 종이, 마커펜, 주사위

- **놀이 방법**

1. 큰 종이에 가로 10개, 세로 5개, 모두 50개의 칸이 있는 말판을 그린다.

2. 1의 말판에 일반적인 숫자판과는 다른 방향으로 숫자를 적는다. 왼쪽 아래부터 시작해서 오른쪽으로 1부터 10까지 숫자를 쓰고 10바로 위의 칸부터 왼쪽으로 11에서 20까지 숫자를 쓴다. 즉, 숫자가 끝나는 곳의 윗칸에 바로 연결해서 50까지 적는다.

3. 말판의 곳곳에 위아래의 두 숫자를 연결하는 빨간 곡선(낙하산)과 노란색 직선(사다리)을 그려 넣는다. 낙하산 표시는 시작하는 숫자에 점을 그리고 아래 칸에 있는 작은 수로 곡선을 연결하여 그린다(그림 참조). 사다리는 반대로 작은 수에서 그 윗줄에 있는 수들로 직선으로 연결한다.

4. 말판이 준비되면 주사위를 던져서 주사위의 눈이 나온 만큼 말판에서 이동한다. 사다리나 낙하산이 그려진 칸에 말이 도착하게 되면 사다리는 더 큰 수로 올라가고, 낙하산이면 더 작은 수로 떨어진다.

5. 50까지 더 빨리 도달하는 사람이 이긴다. 마지막에는 주사위를 던져서 50에 정확히 도달해야 이긴다. 만약 많은 수가 나와 50이 넘어가게 되면 순서를 기다려 다시 주사위를 던진다.

● **놀이 효과**

- 1부터 50까지 수의 연결성을 자연스럽게 익힐 수 있다.
- 주사위를 던져 나온 수만큼 말을 이동하여 '덧셈'을 연습할 수 있다.
- 게임에서 규칙을 지키고, 이기고, 지는 경험을 해볼 수 있다.

● **아이의 가능성을 키우는 Tip & 응용**

이 놀이는 아이들의 수학학습에 효과적으로 응용되는 놀이로 인도에서 만들어졌다. 우리나라 윷놀이와 유사하지만, 숫자를 함께 연습할 수 있다는 것이 좀 다르다. 아이에 따라 숫자를 20까지만 만들거나 100까지도 늘릴 수 있다. 사다리와 낙하산의 수도 더 줄이거나 더 많이 만들 수 있다.

발달이야기 숫자 보드 놀이가 수학 발달을 돕는다

아이들의 수 지식은 수와 관련된 놀이를 하면서 길러진다. 카네기 멜런 대학 연구팀이 진행한 한 연구에서 4~5세 아이들에게 수 직선에 수를 표시하도록 했다. 수 놀이 경험이 적은 아이일수록 수의 위치가 부정확했고, 숫자 간의 순서도 틀리는 경우가 비일비재했다. 두 번째 연구에서는 같은 연령의 아이들에게 '숫자 보드'를 사용한 놀이를 제공했다. 아이들은 2주 동안 15분씩 4회에 걸쳐 간단한 숫자 보드 놀이를 했다. 원리는 낙하산, 사다리 보드게임과 같은데 주사위 대신 회전판을 돌려서 나오는 숫자만큼 숫자 보드에서 말을 움직이고 먼저 목적지에 도착하면 이기는 아주 간단한 게임이었다. 연구자들은 다른 집단의 아이들에게는 숫자 보드 대신 '색 보드' 놀이를 제공했다. 이 놀이에서는 숫자 대신 회전판을 돌리면 색이 정해지고(예: 파란색) 색 보드에서 그 색깔의 칸(예: 파란색 칸)으로 이동하는 식이다. 연구결과 숫자 보드를 사용했던 아이들은 단 4번의 놀이 경험만으로도 수 감각이 향상되었지만, 색 보드를 사용했던 아이들은 4번의 놀이 경험으로도 수 감각이 향상되지 않았다.

48~72month :: 호기심 발달 탐구 | 가능성을 키우는 융복합 놀이 9

입체도형 포토북 만들기

융복합 영역: 탐구, 신체

우리 주변의 다양한 사물에서 입체도형을 찾아보고 그것을 사진으로 찍어 보는 놀이다.

● **준비물** 휴대전화 혹은 디지털 사진기

● **놀이 방법**

1. 아이에게 휴대전화로 사진 찍는 방법을 가르쳐준다.
2. 아이가 기본적인 입체도형들의 이름과 특성을 익히게 한다.
   예: 입체도형–둥글고 굴러갈 수 있는 것 '원기둥', 납작하고 쌓을 수 있는 것 '정육면체, 직육면체', 구, 원뿔 등
3. 아이가 주변에서 각 입체도형을 찾아서 사진을 찍게 한다.
4. 아이가 찍은 사진을 인화하고, 포토북으로 쓸 노트를 준비한다.
5. 각 입체도형의 사진을 노트에 붙이고 이름과 특성을 적어준다.

● **놀이 효과**

- 생활 속에서 친숙한 3차원 입체도형을 찾을 수 있다.

- 입체도형의 특성을 익힐 수 있다.
- 포토북으로 만들어서 여러 번 반복적으로 보고 이야기할 수 있다.
- 사진을 찍는 각도에 따라 사물이 어떻게 달리 보이는지 경험할 수 있다.

● 아이의 가능성을 키우는 Tip & 응용

원기둥과 원뿔, 정육면체의 밑면을 스탬프에 찍어 종이에 찍으면 각각 어떤 모양이 나타날지 이야기하면서 평면도형과의 관계를 알아본다.

> **발달이야기** 도형 이해에도 단계가 있다
>
> 이 시기 아이들은 원, 사각형, 삼각형 등의 도형에도 관심이 많은데 아이들이 도형을 알아보고 이해하는 데에도 단계가 있다.
>
> - **전 인식적 수준**: 만 4세 이전 아이들의 수준에 해당한다. 도형을 보긴 하지만 일부의 특징만을 고려하기 때문에 여러 도형이 섞여 있으면 구별하지 못한다. 그래서 이 수준의 아이들은 원, 정사각형, 삼각형 등의 도형을 그릴 때 모두 비슷하게 물규직한 곡선으로 그린다.
> - **시각적 수준**: 만 4~6세 아이들의 단계로 전체적인 모양으로 도형을 인식하고 자신이 알고 있는 사물과 맞추어 어떤 도형인지 결정한다. 예를 들어, 사각형은 "문처럼(혹은 책 모양으로) 생겼기 때문에" 사각형이다. 이 시기 아이들은 비슷한 도형끼리 짝을 짓거나 그릴 수 있다.
> - **설명적 수준**: 초등학교 저학년 아이들의 수준으로 도형의 모양을 구성 요소로 분석할 수 있다. 예를 들어, 사각형은 "네 개의 변과 네 개의 꼭짓점을 가진 도형"이 된다. 이 수준에서 아이들은 사각형을 만들 수도 있고 비슷한 사각형도 네 개의 꼭짓점과 이들을 잇는 네 개의 변을 가지고 있으면 사각형이라고 생각한다.
>
> 이상의 도형 이해 수준은 발달이 아니라 교육으로 결정된다. 그러므로 아이가 위치 개념을 정확히 이해하고 나면 생활 속 경험을 통해 점차 점, 선, 면과 삼각형, 사각형 등의 도형 정의를 가르치면 도형의 변별 수준을 넘어서 도형을 이해하고 속성에 따라 이해할 수 있는 수준으로 발달할 수 있다.

48~72month :: 호기심 발달 탐구 | 가능성을 키우는 융복합 놀이 10

'냠냠' 맛있는 입체도형

융복합 영역: 탐구, 신체

아이가 좋아하는 과자들을 이용해서 입체도형을 찾는 놀이다. 놀이를 하면서 도형도 익히고 맛있는 과자도 먹을 수 있는 일거양득의 놀이다.

- **준비물** 다양한 모양의 과자(구-사탕, 초콜릿 볼/ 원뿔-꼬깔콘, 상투 과자, 아이스크림콘/ 정육면체-캐러멜/직육면체-포장된 네모난 비스킷/ 원기둥-포장된 동그란 비스킷)

- **놀이 방법**

1. 여러 모양의 과자를 아이에게 주고 모양대로 분류한다(구, 원뿔, 원기둥, 정육면체, 직육면체).
2. 각 모양의 이름과 공통점을 알아본다.
3. 다른 모양과의 차이점을 알아본다.

구   원뿔   원기둥   직육면체

● **놀이 효과**
- 아이들에게 가장 흥미로운 사물인 과자로 도형을 익힐 수 있다.
- 일상에서 자주 경험하는 사물이므로 도형의 이름이나 특성에 대한 기억을 떠올리기 쉽다.

● **아이의 가능성을 키우는 Tip & 응용**

과자의 모양을 사진으로 찍어 입체도형 포토북에 추가하면 좋다. 좋아하는 도형의 과자들을 모아 지퍼백에 분류한 뒤 사진을 찍어둔다.

> **발달이야기** 블록 놀이만으로 도형 학습이 충분할까?
>
> 아이들은 퍼즐, 탱그램(분리된 조각들을 맞춰 원래 도형을 만드는 놀이), 블록, 가베(은물), 종이접기 활동과 같이 도형을 이해하는 데 도움을 주는 다양한 활동을 한다. 그러나 도형의 속성을 파악하고 '설명적 수준'에서 이해하기 위해서는 이런 활동만으로 충분하지 않다. 이때는 적절한 어른들의 개입이 필요하다. 국내의 한 석사 논문에서 만 5세 아동을 대상으로 도형의 변별과 인식에 대한 모델링, 질문, 힌트 주기 등 다양한 도움을 준 집단과 성인이 도움을 주지 않은 집단을 비교했다. 예를 들어 성인이 도움을 준 집단은 아이가 아주 길고 뾰족한 삼각형을 보고 삼각형이 아니라고 할 때 '이것도 뾰족한 점이 3개가 있네?', '반듯한 선도 하나, 둘, 셋. 3개가 있네. 그런데도 삼각형이 아닐까?'와 같이 질문을 하여 아이의 생각을 자극했다. 그 결과, 성인의 개입이 삼각형을 구별하는 데 긍정적인 영향을 미쳤다. 아이들은 사전 검사 때에는 '너무 길고 비뚤어져서' 삼각형이 아니라고 잘못 설명하던 것을 사후검사에서는 '꼭짓점이 3개'라서 삼각형이라고 변별하고 설명했다. 이 결과는 아이들이 블록이나 퍼즐을 가지고 노는 동안 스스로 도형의 속성(예: 3개의 변, 길이가 같은 4개의 선, 뾰족한 점)을 탐구하는 데에는 한계가 있다는 것을 보여준다. 아이의 놀이를 관찰하다가 적절한 시점에서 어른들이 각 도형의 속성에 대해 질문하거나 힌트를 주거나 가르쳐주는 것이 도움이 되었다.

48~72month :: 호기심 발달 탐구 | 가능성을 키우는 융복합 놀이 11

인형은 어디에?

융복합 영역: 탐구, 언어

다양한 위치와 방향을 나타내는 공간 어휘를 재미있게 배우는 활동으로 아이는 이 놀이를 통해 공간 어휘를 익히게 된다.

- **준비물** 투명한 플라스틱 컵 2개, 아이가 좋아하는 캐릭터 인형
- **놀이 방법**

1. 플라스틱 컵들의 한 면에 눈을 그려서 앞면을 표시한다.

2. 컵을 중심으로 해서 다양한 위치에 인형을 놓고 아이에게 인형이 어디에 있는지 질문한다. 아이가 손가락으로 가리키거나 '여기', '저기' 등의 지시어를 사용하면 정확하게 표현하도록 예를 들어 준다.
   공간 어휘: 위/아래/밑, 오른쪽/왼쪽, 앞/뒤/옆, 가까이/멀리, 안/밖, 가운데

3. 역할을 바꾸어 아이가 인형을 컵 주변의 다양한 위치에 놓으면 엄마가 인형의 위치를 말로 표현한다. 이때 가끔 공간 어휘를 일부러 잘못 사용하여 아이가 잘 듣고 있는지를 살핀다.

- **놀이 효과**
- 혼동하기 쉬운 공간 개념을 구체적으로 익힐 수 있다.

- 공간 어휘를 정확하게 익히고 표현할 수 있다.

● **아이의 가능성을 키우는 Tip & 응용**

아이와 거실 한가운데 앉아서 사물이 있는 장소를 공간 어휘를 사용해 그 사물을 찾아오는 활동을 해본다. 또 공간 어휘를 사용한 신체 활동도 해본다. 예를 들어, 아이에게 "의자 밑에 손을 놓아봐." "의자 위에 발을 놓아봐." "TV 왼쪽에 서봐." "냉장고 오른쪽에 서봐."와 같이 공간 어휘가 들어간 지시를 하고 아이가 이를 직접 신체 활동으로 표현하도록 한다. 또 반대로 아이가 엄마의 위치를 공간 어휘를 사용해서 말로 표현해보도록 한다. 그림책의 그림을 보면서 각 사물이나 인물의 위치를 공간 어휘를 사용하여 표현하게 한다. 왼쪽/오른쪽을 혼동하는 아이들이 있을 수 있으므로 잘 살펴본다.

발달 이야기 **왼쪽/오른쪽의 이해**

좀 오래된 연구지만, 국내의 한 연구에서 4~13세의 남녀 아동 370명을 대상으로 왼쪽/오른쪽의 개념 이해를 테스트했다. 그 결과 자신의 왼손/오른손을 들어보라고 하면 만 5~7세 아이들의 80% 이상이 정확하게 반응했다. 그런데 연구자가 반대편에서 마주 보고 앉아서 선생님의 왼손/오른손을 가리켜보라고 했을 때는 만 8세가 넘어야 정확하게 반응했다. 즉, 8~9세가 되어야 상대방의 왼쪽/오른쪽을 구별할 수 있었다. 10세 이후에는 사물이나 대상의 왼쪽/오른쪽을 이해할 수 있는 것으로 볼 때, 10세 정도가 되어야 왼쪽/오른쪽의 이해가 완성됨을 알 수 있었다.

48~72month :: 호기심 발달 탐구 | 가능성을 키우는 융복합 놀이 12

지시 따라 보물찾기

융복합 영역: 탐구, 언어

아직 왼쪽과 오른쪽을 혼동하고 왼쪽과 오른쪽 신발을 바꿔 신고 다니는 아이들을 위한 놀이다.

- **준비물** 아이가 좋아하는 과자
- **놀이 방법**

1. 아이가 좋아하는 과자를 거실의 서랍장이나 소파 옆 등에 숨겨둔다.
2. 아이는 엄마의 지시를 잘 듣고 과자를 찾는다.
3. 엄마는 아이가 서 있는 위치에서 과자를 숨긴 곳까지 가는 방향(왼쪽/오른쪽의 방향과 위치, 거리)을 말로 지시한다.
   예: "안방 문에 서서 거실 쪽으로 두 걸음 걸어가세요. 오른쪽으로 돌아서 세 걸음을 갑니다. 바로 앞에 있는 서랍장의 왼쪽 제일 아래 서랍을 열어요."

- **놀이 효과**
- 자신의 신체를 이용해서 왼쪽과 오른쪽의 구별을 돕는다.

● **아이의 가능성을 키우는 Tip & 응용**

오른쪽/왼쪽을 가르칠 때는 아이와 마주 보지 말고 아이와 같은 편에 서서 가르치는 것이 좋다. 먼저 아이의 우세 손을 확인한 뒤에 우세한 쪽부터 가르치기 시작한다. 아직 우세 손을 잘 모르겠으면 휴대전화를 건네주며 아이가 어느 손으로 받는지 어느 쪽 귀를 가져다 대는지를 보면 우세 손과 우세 귀를 알 수 있다. 옷을 입으려고 팔을 낄 때나 신발을 신을 때도 언제나 우세한 쪽부터 먼저 시작한다. 우세 손을 들어보라고 한 다음 겨드랑이를 부드럽게 간지럼을 태우면서 '오른쪽'(혹은 왼쪽)이라는 말을 가르쳐준다. 이때 우세한 쪽과 간지럼의 감각을 연결시켜 이름을 외우도록 우세한 쪽만 간지럼을 태운다. 오른쪽/왼쪽 신발을 바꿔 신는 아이를 위해서는 신발의 안쪽에 아이의 이름을 적어서 왼쪽과 오른쪽을 구별한다. 예를 들어, 왼쪽 신발 안에는 성을 적고(예: 한), 오른쪽 신발 안에는 이름(예: 튼튼)을 적는다.

> **발달이야기** 왼손잡이에 대한 오해와 진실
>
> 만 3~5세경 아이들은 한쪽 손을 더 잘 사용하지만, 이 시기는 선호가 그리 결정적이지는 않다. 특히 왼손잡이는 왼손과 오른손을 번갈아 사용하는 경우가 많다. 그러다가 7~10세경에는 한 손의 선호가 더 강해진다. 그 결과 전체 인구의 90%는 오른손잡이, 약 10%가 왼손잡이, 1% 정도는 양손을 모두 잘 사용한다. 그렇다면 왼손잡이는 더 창의적이고 더 똑똑할까? 심리학자 크리스 맥마너스는 그의 책 『왼손잡이와 오른손잡이』에서 과학적 연구의 결과를 다음과 같이 정리하고 있다.
>
> **창의성**: 왼손잡이가 더 창의적이라는 주장이 제기되고 있지만, 과학적인 근거가 희박하다.
> **성격**: 왼손잡이가 더 내향적이라는 주장들이 있지만, 최근 600여 명의 대학생을 검사한 바에 의하면 왼손잡이/오른손잡이에 따른 성격의 차이는 없었다. 다만 양손을 사용하는 사람들이 왼손잡이/오른손잡이보다 더 내향적인 경향이 있었다.
> **지능**: 결과가 결정적이지 않다. 7,000명 이상을 연구한 결과에 의하면 왼손잡이/오른손잡이와 지능은 관계가 없었다. 그러나 다른 연구에서는 오른손잡이가 약간 더 지능이 높았다.

48~72month :: 호기심 발달 탐구 | 가능성을 키우는 융복합 놀이 13

길이 순서대로 놓기

융복합 영역: 탐구, 언어

여러 물건의 길이를 재보고 순서대로 놓아보는 놀이다. 짧고 긴 사물을 분류하는 것을 배우게 된다.

- **준비물** 연필, 색연필, 지우개, 크레용, 책, 리본 등 길이를 잴 물건 10개 이상, 흰 도화지

- **놀이 방법**

1. 길이를 잴 물건을 모두 모아 놓고 아이에게 어떤 것이 제일 길이가 긴지, 어떤 것이 제일 짧은지 길이 순서대로 흰 도화지 위에 놓으라고 하며 물건을 한 개씩 준다.

2. 아이가 각 물건을 놓는 위치와 방법을 관찰하는데, 여러 물건의 길이를 비교하기 위해서 한쪽 끝을 가지런하게 맞추는지를 살펴본다.

3. 아이에게 길이를 비교하기 위해서 어떻게 했는지 물어본다. 만약 물건의 한쪽 끝을 가지런하게 맞추지 않고 다른 쪽 끝의 길이만 비교했다면 아이의 생각을 끌어내는 질문을 한다.
예: "지우개가 연필보다 더 길어 보이는데, 진짜 그럴까? 어떻게 해야 길이를 제대로 비교할 수 있을까?"

4. 모든 물건의 한쪽 끝을 맞춘 뒤 가장 짧은 것부터(혹은 가장 긴 것부터) 길이대로 배열하고 말로 표현해본다.
예: 사인펜이 가장 길다. 초록색 크레용이 가장 짧다. / 사인펜은 연필보다

길다. 지우개는 칼보다 짧다. / 연필은 지우개보다 더 길고 사인펜보다 더 짧다.

5. 물건들의 길이 배열을 종이에 그대로 그려보게 한다.

● **놀이 효과**
- 길이를 측정하는 방법을 익힐 수 있다.
- 여러 물건을 길이 순서대로 배치할 수 있다.

● **아이의 가능성을 키우는 Tip & 응용**

처음에는 2개의 물건으로 길이를 비교하고 점점 물건의 수를 늘려서 길이를 비교한다. 그리고 물건 간의 길이를 다양하게 표현해본다. 사인펜이 연필보다 길고 연필이 지우개보다 길다면 사인펜과 지우개의 길이를 직접 비교하지 않고도 알 수 있는지 물어보고 아이의 문제 해결 과정을 살핀다.

> **발달이야기** 유치원 교사와 부모가 생각하는 유아 수학교육
>
> 국내의 한 연구에서 부모와 유치원 교사의 수학교육에 대한 생각을 조사했다. 수학교육의 목표에 대해서는 부모, 교사 모두 '수학적 문제 해결 능력과 사고력 기르기'가 중요하다고 생각했다. 그러나 수학 교육의 내용에서는 교사들은 '분류', '서열화', '전체와 부분', '시간', '공간', '패턴'이 중요하다고 보았으나 부모들은 '수 개념', '분류', '서열화'가 중요하다고 생각했다. 또한, 교사와 부모 모두 '측정', '통계', '컴퓨터', '어림셈'에 대해서는 낮은 반응을 보였다. 수학교육을 위해 가장 좋은 활동으로 교사들은 요리 활동과 간식을, 부모들은 신체 활동과 이야기 나누기를 들었다. 효과적인 교재교구로 교사는 '측정기구-시청각 매체-블록' 순으로, 부모들은 '시청각 매체-퍼즐-블록' 순으로 평가했다. 학습지를 이용한 수학 학습에 대해 부모는 긍정적 반응을, 교사들은 부정적 반응을 보였다. 또한, 가정에서의 수학교육이 어려운 이유로 교사와 부모 모두 '가정에서 실제 할 수 있는 수학 관련 활동과 놀이를 잘 몰라서'와 '수학 내용과 가르쳐야 할 범위에 대한 이해 부족'을 들었다.

48~72month :: 호기심 발달 탐구 | 가능성을 키우는 융복합 놀이 14

비밀 패턴 풀기

융복합 영역: 탐구, 예술

먹다 남은 시리얼이나 과자의 배열을 통해 패턴을 알아보는 놀이다.

- **준비물** 다양한 색과 모양의 시리얼이나 과자, 마커펜, 종이
- **놀이 방법**

1. 먼저 엄마가 과자의 색이나 모양으로 패턴을 만들어서 보여준다.
    예: 색 패턴: 빨-파-파-노-빨-파-파-노-빨-파-파-노
    모양 패턴: ○■△○■△○■△

2. 아이에게 각 패턴을 숫자/색/모양/알파벳/한글 자모 등으로 다양하게 표현하게 한다.
    예: 빨-빨-파-노-빨-빨-파-노-빨-빨-파-노
    숫자로→ 1-1-2-3-1-1-2-3-1-1-2-3
    모양으로→ ○○★♡○○★♡○○★♡
    알파벳으로→ A-A-B-C-A-A-B-C-A-A-B-C
    한글 자모로→ ㄱ-ㄱ-ㄴ-ㄷ-ㄱ-ㄱ-ㄴ-ㄷ-ㄱ-ㄱ-ㄴ-ㄷ

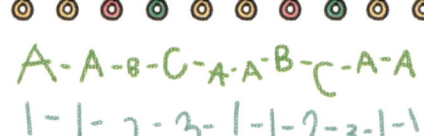

3. 이번에는 아이가 과자로 패턴을 만들고 엄마가 패턴을 이어서 연결한다. 패턴을 만들 때는 한 패턴이 적어도 두 번은 반복되도록 만들어야 한다.

- **놀이 효과**
- 사물이나 사건의 규칙성이 패턴인데, 패턴을 이해하고 만들어볼 수 있다.

- 패턴을 다양한 방법(숫자, 모양, 색, 글자 등)으로 표현할 수 있다.

● **아이의 가능성을 키우는 Tip & 응용**

주변에서 패턴을 찾아보면 좋다. 벽지, 옷의 무늬, 포장지, 신호등, 계절, 낮과 밤, 아침-점심-저녁, 좋아하는 노래에서 멜로디와 노랫말 속에서 패턴을 쉽게 찾을 수 있다. 소리와 동작으로도 패턴을 만들어보면 좋다.

- 소리 패턴: 딩-동-댕-딩-동-댕, 꿀꿀-어흥-꽥꽥-꿀꿀-어흥-꽥꽥
- 동작 패턴: 오른손 들기-왼손 들기-오른발 들기-왼발 들기-오른손 들기-왼손 들기-오른발 들기-왼발 들기

발달이야기 일상생활 속의 자료가 좋은 수학 교구가 된다

국내의 한 연구에서 일상생활 자료를 활용해서 수학적 탐구 활동을 했을 때와 수학 교재와 교구를 이용해서 수업했을 때 아이들의 수학에 대한 태도와 수학 개념의 이해를 비교했다. 그 결과 만 5세 아이들에게 토스터, 달력, 바코드 등과 같은 일상생활 자료를 활용한 수학 활동을 했을 때가 수학 관련 교재와 교구를 이용한 활동을 했을 때보다 분류, 서열, 패턴, 수 개념, 공간, 시간에서 사전 검사보다 수학 개념 점수가 향상된 것으로 나타났다. 다음은 일상생활 속의 자료들과 수학 활동들이다.

식빵, 토스터: 토스터의 굽는 단계 조절기에서 수의 증가에 따라 식빵이 더 구워지는 것을 관찰

달걀판: 달걀을 담는 홈을 이용하여 물건을 담아보며 다양한 수 세기의 경험이 가능

초콜릿볼: 정확한 실재 값이 아니라 실재 값에 가까운 타당한 값을 결정할 수 있음

크레파스: 12개, 24개 세트 개념을 이용해 수의 낱개가 아닌 집합으로 사고할 수 있음

바둑알: 검정과 흰색 알의 두 색을 이용하여 부분과 전체 관계를 알고, 패턴화할 수 있음

피자: 전체가 조각으로 나누어진 모습을 이용해 구체물 나누어 갖기를 경험

달력: 반복되는 숫자나 요일의 구성을 통해 시간의 경과 및 시간 측정단위를 경험

표지판: 다양한 방향 표시를 인식하여 위, 아래, 뒤 등의 방향, 위치 개념을 경험

카메라: 한 사물을 가깝게 혹은 멀리 찍은 사진을 보며 근접 개념의 이해. 사물의 부분-전체 관계 경험.

신호등: 규칙성 있는 신호등 색깔 변화 순서의 반복 패턴을 경험

48~72month :: 호기심 발달 탐구 | 가능성을 키우는 융복합 놀이 15

냉장고 정리

융복합 영역: 탐구, 신체, 예술

냉장고 정리를 할 때 아이와 함께하면서 표와 그래프 그리기를 연습할 수 있다.

- **준비물** 종이, 마커펜, 냉장고 속의 과일과 채소들
- **놀이 방법**

1. 냉장고에 있는 채소와 과일들을 모두 꺼내어 같은 종류끼리 분류한다.
   예: 채소-파, 양파, 당근, 무/ 과일-바나나, 복숭아, 사과

2. 종이에 그림과 같이 그래프를 그리고 제일 아래 칸에는 채소와 과일의 그림을 그린다.

3. 각 채소와 과일의 개수를 세어 개수만큼 그래프의 칸을 칠한다.
   예: 양파 10개, 파 3단, 당근 4개, 무 1개, 바나나 8개, 복숭아 5개, 사과 2개

4. 그래프를 보고 무엇이 가장 많은지 설명한다. 가장 수가 적은 것은 무엇인지 그래프를 보고 설명한다.

5. 그래프를 그려서 좋은 점이 무엇인지 이야기한다.
   예: 무엇이 제일 많은지, 제일 적은지 그리고 얼마나 더 많은지를 세지 않고도 한눈에 쉽게 알아볼 수 있다.

● **놀이 효과**
- 자료를 수집하고 정리하는 방법을 익힐 수 있다.
- 그래프를 그려보며 장점과 단점을 경험해본다.

● **아이의 가능성을 키우는 Tip & 응용**

아이의 장난감을 정리하며 장난감의 종류를 분류하고 표로 그려도 좋다. 과일, 채소들을 정리하기 위해 다양하게 분류하는 방법을 생각해본다.
예: 과일(바나나, 복숭아, 사과) 대 채소(양파, 파, 당근, 무)로 분류, 색깔별 분류, 디저트로 먹을 수 있는 것과 디저트로 먹지 않는 것의 분류 등.

발달이야기 스토리텔링 수학

수학, 과학 성취도 국제비교 연구(TIMSS, PISA) 결과를 보면 우리나라 학생들이 수학성적은 좋지만, 수학을 싫어하고 수학에 대한 부정적인 인식이 강하다. 이는 그동안의 수학학습이 너무 문제풀이에만 집중됐기 때문이다. 수학을 쉽게 이해하고 재미있게 배울 수 있게 하기 위해 교과부에서는 수학교과서에 스토리텔링을 적용했다. 스토리텔링은 story와 telling이 합쳐진 말인데 사전적으로 '이야기하다'라는 뜻이다. 즉, 스토리텔링 수학은 재미있는 이야기로 구체적인 예나 맥락을 제공해서 추상적인 수학을 더 재미있게 만든다. 예를 들어, 패턴을 가르칠 때는 주인공이 목걸이를 만드는 공장에 가서 다양한 색깔과 모양의 구슬을 규칙적으로 꿰어서 목걸이를 만드는 이야기를 듣고 아이들이 패턴의 개념에 관해 이야기를 나누고 패턴을 만들어보는 식으로 배운다. 스토리텔링 수학이 5세 아이들의 수학적 능력과 수학적 태도 향상에 도움이 되었다는 결과가 있다. 그러나 초등학교 수준에서 이야기가 긴 지문으로 제공될 때에는 이야기를 읽고 이해하는 능력이 전제되어야 수학문제를 풀 수 있는 경우들이 생긴다.

48~72month :: 호기심 발달 탐구 | 가능성을 키우는 융복합 놀이 16

우리 집 오는 길 그리기

융복합 영역: 탐구, 예술, 언어

친구들이 우리 집을 찾을 수 있게 우리 집에 오는 길(약도)을 아이가 그려보는 놀이다. 집의 위치도 알게 되고 방향이나 위치도 잘 설명할 수 있다.

- **준비물** 큰 도화지, 크레용, 마커펜, 잡지 사진, 그림, 신문, 풀, 가위, 레고 인형

- **놀이 방법**

1. 지하철역에서부터 우리 집에 오는 길을 걸으면서 주변에 무엇이 있는지 잘 살펴본다.
2. 집으로 오는 길에 어떤 건물들이 있었는지, 길은 어떻게 나 있었는지 아이와 이야기한다.
3. 큰 도화지에 지하철역부터 우리 집에 오는 길을 그리고 주변의 건물들을 그리거나 신문이나 잡지에서 그림을 오려서 붙인다.
4. 아이가 지하철역부터 집으로 오는 길을 약도를 보며 설명하게 한다. 이때 정확한 방향과 위치를 나타내는 말들을 사용하도록 한다.
5. 아이의 지시를 따라서 약도에 레고 인형을 놓고 움직인다.

● **놀이 효과**

• 집 주변과 동네 모습을 그림으로 그려볼 수 있다.

• 방향어와 위치어를 정확하게 이해하고 사용할 수 있다.

● **아이의 가능성을 키우는 Tip & 응용**

동네 전체를 그림으로 그려 꾸며보고 다양한 방향에서 집으로 오는 길을 설명해본다.

발달이야기 수학적 기초능력 기르기에 도움이 되는 동화책

스토리텔링 수학의 한 방법이 동화를 이용해서 수학적 개념을 가르치는 것이다. 다음은 유아 수학에서 영역별로 함께 읽으면 좋은 동화책을 소개한다.

내용 영역	책 제목	책 정보
수 감각 기르기	장바구니 아기오리 열두 마리는 너무 많아! 즐거운 이사 놀이 10까지 셀 줄 아는 아기염소	존 버닝햄 시음 / 보림 채인선 글, 유승하 그림 / 길벗어린이 안노 미쓰마사 지음 / 비룡소 알프 프뢰이센 지음 / 한림출판사
공간 및 도형	아기 세모의 세 번째 생일 알록달록 동물원 부릉 부릉 트럭 삼형제	필립 세들레츠스키 지음 / 물구나무 로이스 엘러트 지음 / 시공주니어 정하섭 글 한병호 그림 / 비룡소
기초 측정	똑딱-똑딱! 곰 세 마리	제임스 덴버 지음 / 그린북 폴 갤돈 편저 / 보림
패턴/ 규칙성	아주 멋진 실수 커다란 순무 모자 사세요!	신순재 글 / 김복태 그림 / 아이세움 헬린 옥슨버리, 알릭셰이 톨스토이 지음 / 시공주니어 에스퍼 슬로보드키나 지음 / 시공주니어
자료 정리 및 결과 나타내기	작은 집 이야기 궁금한 게 많은 악어 임금님 무지개 물고기	버지니아 리 버튼 지음 / 시공주니어 이지연 글, 심은숙 그림 / 아이세움 마르쿠스 피스터 지음 / 시공주니어

48~72month :: 호기심 발달 탐구 | 가능성을 키우는 융복합 놀이 17

화산 폭발 동영상 만들기

융복합 영역: 탐구, 언어

아주 간단한 방법으로 화산이 폭발하는 것을 만들어, 과학자가 되어 이 장면을 동영상으로 만들어보는 놀이다.

- **준비물** 식초, 베이킹소다, 유리병 1개, 쟁반, 식용 물감, 식기용 세제, 휴대전화 카메라

- **놀이방법**

1. 유리병에 식초를 1/3쯤 넣는다.
2. 1에 식기용 세제 1큰술, 식용 물감 5방울을 넣고 잘 젓는다.
3. 유리병에 베이킹소다 3큰술을 넣는다. 식초에 베이킹소다를 넣으면 순식간에 거품이 올라와서 화산 폭발이 시작된다. (주위로 거품이 흘러내릴 수 있으므로 넉넉하게 큰 쟁반을 준비한다. 거품은 손으로 만져도 괜찮다)
4. 똑같은 실험을 다시 하면서 마치 기자나 과학자가 실험과정을 설명하는 것처럼 과정을 말로 표현하는 연습을 해본다.
5. 연습이 되었으면 실험과정을 되풀이 해 아이는 설명을 하고 엄마는 휴대전화를 이용해 동영상을 찍는다.

● **놀이 효과**
- 과학에 대한 호기심을 불러일으킬 수 있다.
- 재료를 숟가락으로 첨가하면서 측정에 대한 직접 경험을 할 수 있다.
- 마치 리포터나 과학자처럼 실험과정을 말로 설명하면서 말하기 능력이 향상될 수 있다.

● **아이의 가능성을 키우는 Tip & 응용**

정말 화산처럼 보이게 도화지로 화산 모양을 만들어서 유리병을 감싸고 실험을 하면 더 그럴듯해 보인다. 들어가는 재료 중에 어떤 물질들이 서로 만나서 화산 폭발이 생기는지 아이와 함께 이야기해보고 중요한 재료들을 하나씩 빼면서 똑같은 실험을 해본다.

발달 이야기 *스스로 탐구하게 두는 것이 더 좋을까?*

미국의 유아 교육은 수십 년 동안 아이들에게 복잡한 원리를 직접 가르치는 대신 다양한 재료들을(예: 무게 측정을 위해서 저울, 각종 물건) 제공하고 아이가 스스로 원리를 발견하기를 기다리는 발견학습이 답이라고 믿었다. 이는 발달 심리학자 피아제와 교육철학자 듀이의 영향을 받은 것이다. 피아제는 아이가 스스로 학습한 내용을 구성할 때만 진짜 학습이 이루어진다고 믿었기 때문에 교사가 개입하는 것을 최소화하도록 했다. 또한 듀이는 실제 세상의 문제들과 직접 체험하는 것이 중요하다고 주장했다.

그러나 카네기 멜런 대학의 클라 교수는 과학이나 복잡한 주제들은 아이들이 스스로 탐구하기를 기다리기보다 분명하게 직접 가르치는 방법이 더 효과적이라고 주장한다. 클라 교수에 의하면 과학자들이 과학에 대해 아는 내용 대부분은 스스로 발견한 것이기보다는 배운 것이며 과학 실험과 같은 어떤 주제들은 학생이 스스로 발견하기 어려운 주제들이다. 따라서 이런 경우에는 어른들이 분명하게 가르치는 것이 더 효과적이다. 또한, 발견 학습은 피드백 없고 종종 잘못 해석될 위험이 있어서 오히려 아이들을 좌절하게 하기도 한다.

48~72month :: 호기심 발달 탐구 | 가능성을 키우는 융복합 놀이 18

꽃 색깔 바꾸기 마술

융복합 영역: 탐구, 예술

흰색 꽃잎의 색깔을 마음대로 바꾸는 마술 같은 과학실험이다. 마술처럼 신기한 과학의 원리에 아이들의 흥미를 끌어낼 수 있다.

- **준비물** 흰색 장미꽃 또는 흰색 카네이션, 식용 색소(빨강, 파랑, 노랑 등), 물병 4개

- **놀이 방법**

1. 물병 3개에 각각 다른 색의 색소를 풀고 장미꽃이나 카네이션을 꽂아둔다. 나머지 1개의 물병에는 물을 담고 꽃을 꽂아둔다.

2. 어떤 일이 일어날지, 시간이 얼마나 걸릴지, 물에 넣은 꽃과 식용 색소를 푼 병에 넣은 꽃에는 다른 변화가 일어날 것인지 아이에게 예측해보게 한다.

3. 3~4시간 마다 꽃에 어떤 변화가 일어나는지 확인한다.

4. 24시간이 지나면 식용 색소를 푼 물병에 넣었던 흰색 꽃의 색이 완전히 변화한다.

- **놀이 효과**

• 식물의 뿌리와 줄기가 물을 빨아들이는 과정을 잘 보여줄 수 있다(이 경우

에는 뿌리가 없으므로 뿌리 대신 줄기가 물을 빨아들인다).
- 자연의 현상에 대한 호기심을 갖게 한다.
- 질문하고 예측하고 확인하며 탐구하는 태도를 키워준다.

● **아이의 가능성을 키우는 Tip & 응용**

어른의 도움으로 꽃의 줄기를 칼로 잘라서 각각 다른 색의 식용 색소를 넣은 물에 나누어 꽂아두면 한 송이의 꽃이 부분마다 여러 색으로 변한다. 꽃이 없으면 흰 배춧잎으로 대신해도 된다.

발달이야기 지구는 둥글다. 팬케이크처럼!

지구는 어떻게 생겼을까? 그리고 사람들은 지구의 어디에 살고 있는 걸까? 그리스 아테네 대학의 보스니아두 교수는 6~11세의 아이들에게 지구를 그린 뒤 사람이 어디에 살고 있는지 그려 넣어보게 했다. 또 '지구의 모양이 어떻게 생겼는지?', '지구의 모양을 보려면 어떻게 해야 하는지?', '똑바로 계속 걸어가면 어디에 도달하게 되는지?', '지구의 끝은 어디인지?' 등을 물었다. 이렇게 아이들의 그림과 대답을 분석하여 '지구는 둥글다'는 말을 아이들이 몇 가지 방법으로 이해하고 있다는 것을 알 수 있었다.

'평평한 지구 모델'을 가진 아이들은 지구가 마치 팬케이크처럼 편평하며 그 위에 사람이 살고 있고 팬케이크의 가장자리 부분으로 가면 떨어지게 된다고 생각한다. '빈 공 모델'을 가진 아이는 지구는 마치 공과 같이 둥근데 사람들은 공의 내부에서 아래쪽에 살고 위쪽에는 하늘이 있다고 생각한다. '두 개의 지구 모델'을 가진 아이들은 지구가 두 개 있어서 사람들은 편평한 지구에 살고 있고 공처럼 생긴 다른 지구는 하늘에 떠 있다고 생각한다. 이는 아이들이 나름대로 자신이 살고 있는 지구는 편평하다는 경험과 '지구는 둥글다'는 정보를 결합하려고 시도한 결과이다. 아이들이 가지고 있는 이러한 비과학적인 생각을 '오개념(misconception)'이라고 한다. 그래서 아이들에게 과학을 가르치는 것은 놀이를 통해 아이들이 과학 현상에 대해 가지고 있는 오개념들을 알아내는 것으로부터 시작해야 한다.

48~72month :: 호기심 발달 탐구 | 가능성을 키우는 융복합 놀이 19

병 속 무지개 만들기

융복합 영역: 탐구, 예술

아이에게 멋진 무지개를 선물할 수 있는 놀이로, 병을 이용해 아이만을 위한 무지개를 만들 수 있다.

- **준비물** 유리병, 식용유, 소독용 알코올, 식기 세제, 물, 물엿, 식용 색소, 종이컵, 스포이트(또는 안약 병)

- **놀이 방법**

1. 6개의 종이컵에 각각 식용유, 소독용 알코올, 식기 세제, 물, 물엿을 같은 양으로 담는다.
   6개의 액체를 모두 유리병에 넣어야 하므로 유리병에 들어갈 수 있는 양을 잘 생각해서 조절한다.

2. 물엿, 알코올, 세제는 각각 빨강, 초록, 파란색의 식용 색소를 섞는다.

3. 이제 모든 액체를 유리병에 담는다.
   이때 순서가 중요하다. 물엿→세제→물→식용유→소독용 알코올의 순서로 담는다.

4. 물엿, 세제는 조심스럽게 병에 부으면 되고 물부터는 스포이트를 이용해서 병의 가장자리로 넣는다. 스포이트로 식용유를 옮긴 다음에는 스포이트를 물로 잘 씻은 뒤에 알코올을 옮기는 데 사용한다.
   액체를 넣을 때 액체가 서로 섞이지 않게 한 액체가 다 가라앉는 것을 확인하고 다음 액체를 넣어야 한다.

5. 액체를 다 넣으면 병에 물엿(빨간색)→세제(파란색)→물(투명)→식용유(노란색)→소독용 알코올(초록색)의 무지개가 만들어진다.

7. 실험 과정을 그림으로 그리고 결과를 기록한다.

● **놀이 효과**
- 각 액체의 냄새도 맡아보고 만져보면서 서로 다른 특성을 알게 된다.
- 같은 양의 액체들을 들어보면서 무게가 다른 것을 느끼고 '비중(또는 밀도)'의 개념을 익힌다.
- 액체를 옮기면서 흘리지 않고 유리병에 잘 붓는 과정에서 주의집중력이 생긴다.

● **아이의 가능성을 키우는 Tip & 응용**

다양한 식용유를 사용해서 같은 실험을 해본다. 예를 들어 올리브유의 경우에는 알코올보다 더 밀도(비중)가 적어서 알코올 위로 뜬다. 탁구공, 건포도, 병뚜껑, 종이 클립 등을 병 안에 넣어 가라앉는지 뜨는지를 관찰한다.

> **발달이야기** 뜰까? 가라앉을까?
>
> 아이들은 아주 어릴 때부터 물장난하면서 물에 장난감들을 띄워보는 놀이를 한다. 이런 놀이 경험이 물에 뜨고 가라앉는 것을 잘 예측하게 할까? 그렇지는 않은 것 같다. 아이들은 종종 사물을 들어보고 '무게감'에 근거해서 더 무겁게 느낄수록 가라앉을 것이라고 잘못 예측한다. 그러나 실제 뜨고 가라앉는 것은 사물의 '밀도(비중)'라는 보이지 않은 추상적 개념에 달려있다. 아이들에게 밀도와 같은 추상적인 개념을 그림으로 설명하면 이해가 쉽다. 즉, 부피는 네모로 나타내고 무게는 네모 속의 점으로 표시하면 밀도는 점들 간의 간격으로 표현된다. 그러니까 점 간의 간격이 가까울수록 밀도가 높고 물에 가라앉는다. 이렇게 밀도라는 추상적 개념을 표현해주면 4~5세 아이들도 밀도의 개념을 이해할 수 있었다.

48~72month :: 호기심 발달 탐구 | 가능성을 키우는 융복합 놀이 20

강낭콩 키우기

융복합 영역: 탐구, 언어

일주일 안에 강낭콩이 쑥쑥 자라는 것을 관찰할 수 있다. 식물이 자라는 것을 보게 해주는 데는 강낭콩이 빨리 자라 좋다.

- **준비물** 유리병, 키친타월, 강낭콩 3~4알, 물
- **놀이 방법**

1. 키친타월을 몇 겹으로 접어서 유리병에 넣는다.

2. 키친타월과 병 사이에 강낭콩을 넣는다. 이때 강낭콩을 너무 병 아래쪽으로 넣으면 뿌리가 자라는 것을 잘 관찰할 수 없으므로 병의 중간 높이에 강낭콩이 위치하게 한다.

3. 병에 물을 2~3cm 정도 붓는다. 그러면 키친타월이 물을 흡수해서 강낭콩이 물에 젖게 된다.

4. 유리병을 햇볕이 잘 드는 쪽으로 옮겨 놓고 어떤 변화가 일어나는지 매일 관찰한다. 제일 먼저 어떤 변화가 일어날지 아이에게 예측해보게 한다.
   예: 잎, 뿌리, 줄기 중 무엇이 먼저 나올지 물어본다.

5. 2~3일이 지나면 강낭콩에서 뿌리가 나기 시작한다.

6. 뿌리가 난 강낭콩을 화분에 옮겨 심는다.

7. 실험 과정을 그림으로 그리고 결과를 기록한다.

● **놀이 효과**
- 강낭콩이 조금씩 변화하는 과정을 비교하면서 관찰력이 생긴다.
- 강낭콩은 매우 빨리 자라는 식물이지만 변화를 관찰하기 위해서는 인내심이 필요한 만큼 인내심도 가지게 된다.
- 식물에 대한 관심과 호기심이 생긴다.

● **아이의 가능성을 키우는 Tip & 응용**

접시에 키친타월을 깔고 물을 뿌린 뒤에 강낭콩을 올려두고 관찰해본다. 이때 물을 너무 많이 뿌리면 콩이 썩을 수 있으므로 적절히 수분을 제공한다. 다른 씨앗들을 같은 방법으로 자라나는 과정을 비교해본다.

발달 이야기 **정교하고 매력적인 교구가 학습에 더 도움을 줄까?**

정교하고 매력적인 교구일수록 수상적인 개념을 배우는 학습에는 무석석인 영향을 순다. 예를 들어, 교구들이 흑백의 단순한 도형일 때보다 예쁜 색깔로 칠해진 도형일 경우에 아이들은 추상적인 수학적 규칙을 알아내는 것이 더 어려웠다. 만약 눈에 띄는 예쁜 색을 칠해서 규칙을 도출하기에 쉽도록 만들었을 때는 흑백일 때보다 규칙을 알아내기는 쉬웠지만, 과제가 달라지면 쉽게 실패하고 말았다. 이는 마치 한글을 배울 때 '사과'라는 글자를 빨간색으로 적어놓으면 쉽게 기억을 하지만 글자의 색이 달라지면 '사과'라는 글자를 금세 읽지 못하게 되는 현상과도 같다. 3차원의 조작이 가능한 교구들도 마찬가지다. 조작이 가능한 교구들은 때로 복잡한 공간 개념이나 수학적 개념을 쉽게 이해할 수 있게 돕는다. 그러나 대부분 상황에서는 배워야 하는 내용과 무관한 조작을 하거나 다른 특징에 주목하게 만들어서 오히려 학습을 방해한다. 결국, 학습할 때는 좀 부족한 교구(흑백의 그림이나 사진 같은)가 오히려 도움이 된다. 너무나 멋지고 매력적인 교구는 학습해야 하는 내용으로부터 아이들의 주의를 분산시킨다. 만약 주의를 끄는 데 성공하더라도 추상적인 규칙이나 개념에 대해 생각하고 배우기보다는 눈앞에 보이는 직접적인 특성에만 주목하게 만들어서 배운 것을 적용하는 데 어려움을 겪게 한다.

▶ 장 박사의 Q&A 고민상담소 ◀

도와줘요, 장 박사님!

Q 아직 과학책을 보여준 적이 없는 50개월 남아예요. 전집을 보여줘야 하는지 조금 더 커서 사줘도 되는지 궁금해요.

A 만 4세 정도의 나이면 과학 그림책을 보는 데는 무리가 없습니다. 이 무렵에는 집집마다 과학 전집들을 구매하기도 합니다. 그런데 문제는 전집을 사도 아이가 관심을 갖지 않아서 낭패를 볼 때가 있어요. 사실 다른 책도 마찬가지이지만, 책을 사고도 읽지 않으면 정말 안타깝지요. 게다가 몇십 권씩이나 되는 전집을 구매했을 경우에는 더욱 그렇습니다. 과학 전집을 사줄 가장 적절한 시기는 아이가 과학에 흥미를 보일 때입니다. 만약 아이가 아직 과학에 그다지 흥미를 보이지 않는다면 과학 전집을 사기 전에 주변 사물과 자연에 대해 호기심을 갖도록 하는 것이 우선일 것 같습니다. 이 책에서 제공되는 탐구 놀이를 아이와 함께하면서 과학 현상을 접하게 해보세요. 그렇게 해보고 아이가 궁금한 것이 생길 때가 과학 전집을 사줄 적절한 시기입니다. 다른 방법으로는 과학 전시회나 체험전 같은 것을 경험해보는 것도 좋습니다. 혹은 전집보다는 우선 낱권으로 과학 그림책을 사거나 도서관에서 빌려서 함께 읽어보며 아이의 호기심과 탐구심을 자극

하는 것도 좋은 방법입니다.

Q 만 4세 남자아이인데요. 과일이나 장난감으로 수 개념을 알려줬어요. 셋까지는 아는 거 같은데, 어떻게 수 개념을 알려줘야 할까요? 그리고 엘리베이터를 타면서 집 층수는 알려줬더니 아는데, 다른 건 아직 모르는 것 같아요. 이런 층수 개념은 또 어떻게 알려줘야 할까요?

A 아이들이 수 이름은 줄줄 외워도 수 개념을 정확하게 알지 못하고 있을 때가 많습니다. 유치원 교육과정인 누리과정에 의하면 만 4세에서는 '10개가량의 구체물을 세고 수량을 알아보기', '생활 속에서 사용되는 수의 여러 가지 의미알기' 등을 목표로 하고 있습니다. 따라서 일상생활과 놀이 중에서 자연스럽게 수에 대해 이해를 할 수 있도록 돕는 것이 좋습니다. 이 책에는 수의 크기에 대한 이해를 확실하게 도와줄 수 있는 놀이로 '수 직선 놀이(148쪽)', '더 큰 수와 더 작은 수(150쪽)', '수 가르기 놀이(152쪽)', '10 만들기 놀이(154쪽)', '10 만들기 고 피쉬 놀이(157쪽)' 등의 다양한 놀이가 제시되어 있습니다. 이런 놀이를 함께하다 보면 아이는 자연스럽게 수의 개념을 익히게 될 것입니다. 또 '낙하산과 사다리 보드게임(160쪽)'은 보드게임을 하면서 큰 수의 더하기와 빼기의 개념을 즐겁게 연습할 수 있어서 도움이 될 것입니다. 그리고 수 개념은 유아 수학 중의 가장 기본이 되는 영역이지만, 이외에도 공간과 도형, 측정, 규칙성(패턴)의 이해, 자료수집과 결과 제시 등이 수학의 영역에 포함되어 있습니다. 이 책의 각 영역에 해당하는 놀이를 찾아서 아이와 함께 즐겁게 놀아 보는 것이 가장 큰 공부 될 것입니다.

Q 이제 곧, 6세가 되는 아이인데 학습지를 시켜야 할까요? 주변에서는 이미 또래 애들이 학습지를 하고 있는데, 스트레스를 줄까 봐 안 하고 있어요. 이제는 해야 하는지 알고 싶어요.

A 주변에서 아이에게 학습지를 많이 시키고 있지만, 꼭 해야 할 이유는 없습니다. 장단점을 비교하고 내 아이에게 적절한 것을 생각하는 것이 좋습니다. 방문 학습지를 할 때의 좋은 점은 정기적으로 교사가 방문한다는 점입니다. 엄마가 수업을 할 경우에는 편한 시간에 할 수 있는 장점이 있지만, 꾸준히 하는 것이 매우 어려워서 한두 달 하다가 흐지부지되기가 쉽습니다. 둘째는 선생님은 또래의 아이들을 수십 명 이상 데리고 수업하기 때문에 아이를 비교적 객관적으로 평가할 수가 있다는 거예요. 그래서 아이가 좀 느리다거나 아니면 좀 빠르다는 판단을 할 수가 있습니다. 셋째는 커리큘럼이 체계적으로 제공되기 때문에 뭘 가르쳐야 할지 걱정할 필요가 없습니다. 그리고 교사마다 개인차가 있겠지만 가르치는 방법도 재미있습니다.

반면에 단점은 첫째, 시간을 꼭 지켜야 하기 때문에 외출이 잦다면 좀 불편할 수가 있어요. 둘째는 수업 시간이 15분 정도로 길지 않은 편이기 때문에 그 시간에 많은 것을 배울 것으로 기대하는 것은 무리입니다. 따라서 학습효과를 위해서는 수업 후에도 엄마표 복습은 꼭 있어야 합니다. 셋째는 교육비와 교재비를 합쳐서 적지 않은 돈을 지출해야 하는 점입니다. 대부분 교재만 따로 판매를 하지 않기 때문에 교재를 한꺼번에 사고 난 다음에 교육비 역시 매달 지불해야 합니다. 한 과목일 때는 그리 큰돈이 아닐 수 있어도 2~3과목을 하게 되면 이것도 큰 비용입니다.

이상의 장단점을 종합적으로 고려해보고 아이에게 어떤 점이 스트레스로 작용할지 생각하면 좋겠습니다.

Q "외계인이 정말 있어?", "지구는 얼마나 무거워?" 등 아이가 자연이나 사물에 대해 궁금한 게 많아서 엉뚱한 질문을 많이 합니다. 사실 저도 잘 몰라서 대답을 못 해주겠어요. 어떻게 하는 것이 좋을까요?

A 이 나이의 아이들은 자연과 물리적인 현상에 관심이 많습니다. 그래서 보이는 것마다 질문을 하게 됩니다. 자연스러운 아이의 호기심을 잘 키워주는 것이 가장 좋으므로 열심히 대답을 해주고 싶지요. 그러나 아이의 질문에 대해 엄마도 답을 모를 때가 더러 있고, 또 안다고 해도 아이가 알아듣도록 설명하기가 쉽지 않습니다. 이럴 때는 무조건 엄마도 모른다고 하거나 엉뚱한 질문을 한다고 핀잔을 주기보다는 '엄마도 잘 모르겠는데 같이 찾아보자' 하며 아이와 함께 답을 찾아가는 기회로 삼는 것이 좋습니다. 아이와 함께 책을 찾아보거나 요즘은 인터넷을 검색하면 대부분 답을 얻을 수 있을 것입니다. 그러면 아이는 자신의 인지 수준에 맞게 대답을 이해할 것입니다. 그래서 때로는 오해를 하기도 합니다. 만약 아이가 나름대로 이해를 했다고 하면 아이의 설명을 들어보세요. 아이가 무엇을 이해하고 무엇을 잘못 알아들었는지도 확인할 수 있을 것입니다. 그렇다고 시험을 치듯이 하지는 말고 시간이 있을 때 편안한 상태에서 아이와 이야기를 해보세요. 혹은 동생이나 다른 사람에게 설명할 기회를 만들어보세요. 만약 말로 표현이 잘 안 되면 그림으로 그리게 하는 방법도 있습니다. 이런 방법으로 아이가 가진 생각을 들여다보는 것도 도움이 됩니다. 그러면 아이가 가진 생각 중에서 어떤 부분은 맞고 또 어떤 부분은 틀렸는지도 알 수 있게 되어 대답을 해주기도 훨씬 편합니다. 단, 다른 일로 바쁜 시간에 아이가 질문

을 한 경우에는 '나중에 함께 찾아보자' 하고 약속하고 꼭 약속을 지켜서 나중에라도 대답을 꼭 해줘야 합니다. 이렇게 대답을 미루고 잊어버리게 되면 아이는 자신의 질문이 보잘것없다고 생각하고 점점 질문을 하지 않게 됩니다. 과학 전집을 몇 질씩 사서 안기는 것보다 아이가 하는 질문에 관심을 보이고 함께 대답을 찾아가는 경험이 아이에게 더 소중한 기억으로 남을 것이며 호기심과 탐구심을 자극하는 가장 좋은 기회가 될 것입니다.

▶ 발달 키워드 ◀

수학적 태도

수학적 태도는 수학에 대해 갖는 생각이나 감정을 말한다. 수학적 태도는 유아기에 형성되어서 이후 아이의 수학적 성취에 영향을 준다. 다음의 '수학적 태도 검사'를 이용해서 아이의 수학적 태도를 알아보자.

아이에게 질문하여, 먼저 '예/아니오'의 대답을 듣고 난 다음에 다시 '많이/조금'을 질문한다.

번호	질문	예		아니오	
		많이 4	조금 3	조금 2	많이 1
1	너는 여러 가지 수 활동을 좋아하니? 아니면 좋아하지 않니?				
2	너는 다른 활동을 하는 것보다 수 활동을 하는 것이 더 재미있니? 아니면 수 활동보다 다른 활동이 더 재미있니?				
3	너는 다른 친구들보다 수 활동을 더 잘한다고 생각하니? 아니면 다른 친구들보다 수 활동을 조금 못한다고 생각하니?				
4	너는 동생들에게 수 활동을 잘 가르쳐줄 수 있다고 생각하니? 아니면 동생들에게 수 활동을 가르쳐주는 것은 조금 어려워서 하기 힘들 거라고 생각하니?				
5	너는 수 활동이 다른 활동보다 쉽다고 생각하니? 아니면 수 활동이 다른 활동보다 조금 어렵다고 생각하니?				

번호	질문	예		아니오	
		많이 4	조금 3	조금 2	많이 1
6	너는 수 활동이 꼭 해야 하는 활동이라고 생각하니? 아니면 안 해도 된다고 생각하니?				
7	너는 초등학교에 가서도 수 활동을 잘할 수 있다고 생각하니? 아니면 초등학교에서 수 활동은 어려워서 하기 힘들 것 같니?				
8	엄마, 아빠는 네가 수 활동을 할 때 잘한다고 칭찬을 해주시니? 안 해주시니?				
9	선생님은 네가 수 활동을 할 때 잘한다고 칭찬을 해주시니? 안 해주시니?				
10	너는 여러 가지 방법으로 수 활동을 해보는 것을 좋아하니? 아니면 한 가지 방법으로만 수 활동을 하는 것을 좋아하니?				
11	너는 수 활동을 하는 것에 자신이 있어서 처음 보는 활동이라도 잘할 수 있니? 아니면 수 활동은 조금 어려워서 처음 보는 활동은 하기가 힘드니?				
12	선생님은 네가 수 활동을 좋아한다고 생각하시니? 아니면 네가 수 활동을 별로 좋아하지 않는다고 생각하시니?				
13	너는 선생님께서 수 활동에 대해 질문을 하면 쉽게 대답할 수 있니? 아니면 수 활동에 대한 질문은 조금 어려워서 대답하기 힘드니?				
14	엄마, 아빠는 네가 수 활동을 좋아한다고 생각하시니? 아니면 네가 수 활동을 별로 좋아하지 않는다고 생각하시니?				
15	너는 수 활동을 하다가 잘 모르는 것이 나오면 알 때까지 활동을 계속하니? 아니면 모르는 것이 나오면 그만두고 다른 활동을 하니?				

채점: '예'와 '많이': 4점/ '예'와 '조금': 3점/ '아니오'와 '조금': 2점/ '아니오'와 '많이': 1점
다음의 하위 요인별로 해당 질문의 점수를 모두 더한 뒤에 평균 점수를 구한다.

하위 요인	문항 번호	총점	점수 해석
수학에 대한 흥미	1, 2		낮음: 4점 이하 / 보통: 5~6점 / 높음: 7점 이상
수학 능력에 대한 자신감	3, 4, 7, 11, 13, 15		낮음: 18점 이하 / 보통: 19~22점 / 높음: 23점 이상
과제에 대한 지각	5, 6, 10		낮음: 8점 이하 / 보통: 9~10점 / 높음: 11점 이상
주위의 격려와 기대	8, 9, 12, 14		낮음: 12점 이하 / 보통: 13~14점 / 높음: 15점 이상

Chapter 4

사회 · 정서 감성 발달

아이의 가능성을 키우는 48~72개월 융복합 놀이

또래와 관계 맺는 법을 배워요

또래와 비교하며
자존감을 형성하는 시기

...

사회·정서 영역 발달의 특징

48~72개월의 아이들은 지금까지 부모의 보살핌을 받기만 하던 위치에서 이제 또래 친구들과 대등한 관계를 맺는 법을 배운다. 이 과정에서 자신감 있고 자신과 다른 사람의 감정이나 생각을 잘 알고 이를 언어적으로 잘 표현하고 공감하는 아이는 또래들에게 인기 있는 아이가 된다. 반대로 말보다는 신체적인 공격으로 자기를 표현하고 감정을 잘 조절하지 못하는 아이들, 너무 소극적인 아이들은 또래들에게 거부당하거나 무시당하기도 한다. 또한 이 시기 아이들은 자신을 학업, 운동, 신체뿐 아니라 사회성 영역에서 또래들과 비교하고 평가하며 자기가 얼마나 가치 있는 사람인지에 대한 자존감을 형성한다. 이렇게 만들어진 자존감과 사회성은 앞으로의 학업뿐 아니라 또래 관계를 형성하는 데에도 영향을 준다.

부모의 입장에서는 아이가 유치원에서 잘 적응하는지, 친구들에게 따돌림을 당하지는 않는지, 더 나아가서는 초등학교에 가서도 친구들과 잘 어울릴 수 있을지 염려스럽다. 그러나 딱히 무엇을 어떻게 가르치며 준비해야 할지가 막막하다. 그래서 이 시기에 유치원에서 무엇을 가르치고 있는지, 유치원의 누리과정 중 사회관계 영역의 목표를 살펴보면 어떤 부분에 신경을 더 써야 할지 도움이 될 것이다.

누리과정 사회관계 영역 내용

- 나를 알고 존중하기: 나를 알고 소중히 여기기, 나의 일 스스로 하기가 목표다.
- 나와 다른 사람의 감정 알고 조절하기: 내가 느끼는 감정을 알고, 표현하고, 상황에 맞게 조절하기, 다른 사람의 감정을 알고 공감하기가 목표다.
- 가족을 소중히 여기기: 가족과 화목하게 지내기, 가족과 협력하기, 가족의 소중함과 각 구성원의 역할을 알고 가족을 위해 할 수 있는 일을 실천하기 등이 목표다.
- 더불어 생활하기: 친구와 사이좋게 지내기, 공동체에서 화목하게 지내기, 사회적 가치를 알고 지키기, 친구와 협동하여 놀고, 갈등을 긍정적으로 해결하기 등이 목표다.

유치원에서도 실제 또래들과의 놀이나 수업을 통해서 자기와 다른 사람의 관계와 사회에 대해 배우고 있다. 아이가 자신감 있고, 자신의 감정을 잘 알고 조절하며, 또래들과 잘 지낸다면 유치원에서나 초등학교에서의 생활과 적응도 특별히 걱정할 것은 없다. 만약 아직도 또래와의 놀이를 그다지 즐기지 않고 혼자 노는 것을 더 좋아하거나 또래와 자주 다툰다면 이 시기에 적절한 사회적 기술을 배울 수 있도록 특별히 신경 쓸 필요가 있다. 이 책에서 소개되는 다음의 놀이가 아이에게 필요한 사회적 능력을 키워주는 데에 도움이 될 것이다.

아이의 사회적 능력을 키워주는 사회·정서 놀이

- **자신감 갖기**: 자신이 어떤 사람인지, 또 어떤 것들을 잘하는지를 알고 자신에 대해 긍정적인 자존감을 갖는 것을 돕기 위한 놀이로 '놀이공원 보드게임(208쪽)', '칭찬 나누기(220쪽)'를 해보자.

- **감정 인식, 표현, 조절**: 자신과 다른 사람들이 느끼는 감정을 알고 이를 언어적으로 표현하는 법을 배우는 데는 '표정 읽기(206쪽)', '명화 속 감정 느끼기(210쪽)', '감정 온도계(212쪽)', '오늘의 기분(214쪽)' 놀이가 도움이 된다. 감정을 조절하는 법을 배우는 데는 집행 기능과 관계되는 '가라사대 놀이(222쪽)', '청기 백기 놀이(224쪽)', '신호등 놀이(226쪽)', '머리-발-어깨-무릎(228쪽)' 놀이가 효과적이다. '보디스캔 명상(203쪽)'은 아이의 스트레스를 해소하는 데 도움이 된다.

- **친구 사귀기와 유지하기의 사회적 기술**: '마니또 놀이(216쪽)', '감사 쿠폰 선물하기(218쪽)', '칭찬 나누기(220쪽)' 놀이는 친구들과 다른 사람에게 호감을 표시하는 기회를 제공한다. '엉덩이 맞대고 공 옮기기(232쪽)', '줄 당겨 컵 쌓기(230쪽)', '사람 고리 풀기(238쪽)', '숟가락 위에 주사위 쌓기(240쪽)', '포스트잇 붙이기(242쪽)' 등은 다른 사람과 협력하여 문제를 해결하는 놀이로 아이가 문제 해결의 방법을 제안하고 적극적으로 의사소통할 기회를 제공한다. 특히 2013년에 개정된 초등 교과과정에서는 기존의 바른 생활(도덕), 즐거운 생활(예체능), 슬기로운 생활(사회, 과학)이 통합교과로 합쳐지고 아이가 느낀 것을 그림이나 글로 표현하고 발표할 기회가 많아졌다. 특히 수줍음을 많이 타거나 성격이 내향적인 아이들의 경우에는 평소 아이와 놀이를 하면서 아이가 느끼는 감정이나 생각을 말이나 글, 그림이나 신체 활동으로 자주 표현하는 것이 도움이 된다.

●48~72개월 사회관계 영역 학습 목표 체크 리스트

다음은 누리과정 중 이 시기 아이들이 습득해야 할 사회관계 영역의 학습 목표이다. 아이가 해당 시기의 사회관계 학습 목표를 잘 이행하고 있는지 관찰하여 기록해보자. 만약 아이가 학습 목표에 도달하지 못했다면 이 책의 사회·정서 감성 발달 놀이를 통해 잘 이끌어주면 된다.

연(월)령		학습 목표	관찰 내용
만 4세 (48~59개월)	나를 알고 존중하기	나에 대해 알아본다	
		나와 다른 사람의 차이점을 알아본다	
		나에 대해 긍정적으로 생각하고 나를 소중하게 여긴다	
		내가 할 수 있는 일을 해본다	
		하고 싶은 일을 계획하고 해본다	
	나와 다른 사람의 감정 알고 조절하기	자신의 감정을 알고 표현한다	
		다른 사람의 감정을 안다	
		자신의 감정을 조절해본다	
	가족을 소중히 여기기	가족의 소중함을 안다	
		가족 구성원의 역할에 대해 알아본다	
		가족을 위하여 내가 할 수 있는 일을 알아보고 실천한다	
	다른 사람과 더불어 생활하기	친구와 협동하며 놀이한다	
		친구와의 갈등을 긍정적인 방법으로 해결한다	
		도움이 필요할 때 다른 사람과 도움을 주고받는다	
		교사 및 주변 사람과 화목하게 지낸다	
		정직하게 말하고 행동한다	
		다른 사람의 생각, 행동을 존중한다	
		친구와 어른께 예의 바르게 행동한다	
		다른 사람과 한 약속이나 공공규칙을 지킨다	
		자연과 자원을 아끼는 습관을 기른다	
	사회에 관심 갖기	우리 동네에 대해 알아본다	
		우리 동네 사람들이 하는 일에 관심을 갖는다	

연(월)령		학습 목표	관찰 내용
만 4세 (48~59개월)	사회에 관심 갖기	물건을 살 때 돈이 필요함을 안다	
		우리나라를 상징하는 것을 안다	
		우리나라의 전통놀이와 풍습에 관심을 갖는다	
		우리나라에 대해 자부심을 갖는다	
		세계 여러 나라에 대해 관심을 갖는다	
		다양한 인종과 문화에 관심을 갖는다	
만 5세 (60개월~)	나를 알고 존중하기	나에 대해 알아본다	
		나와 다른 사람의 신체적, 사회적, 문화적 차이를 존중한다	
		나에 대해 긍정적으로 생각하고 나를 소중하게 여긴다	
		내가 할 수 있는 일을 스스로 한다	
		하고 싶은 일을 계획하고 해본다	
	나와 다른 사람의 감정 알고 조절하기	자신의 감정을 알고 표현한다	
		다른 사람의 감정을 알고 공감한다	
		자신의 감정을 상황에 맞게 조절한다	
	가족을 소중히 여기기	가족의 의미와 소중함을 안다	
		가족과 화목하게 지낸다	
		다양한 가족구조에 대해 알아본다	
		가족은 서로 도와야 함을 알고 실천한다	
	다른 사람과 더불어 생활하기	친구와 협동하며 놀이한다	
		친구와의 갈등을 긍정적인 방법으로 해결한다	
		다른 사람과 도움을 주고받고, 서로 협력한다	
		교사 및 주변 사람과 화목하게 지낸다	
		정직하게 말하고 행동한다	
		다른 사람을 배려하여 행동한다	
		친구와 어른께 예의 바르게 행동한다	
		다른 사람과 한 약속이나 공공규칙을 지킨다	
		자연과 자원을 아끼는 습관을 기른다	

48~72month | 사회·정서 감성 발달 | 가능성을 키우는 통복한 놀이

연(월)령		학습 목표	관찰 내용
만 5세 (60개월~)	사회에 관심 갖기	우리 동네에 대해 알아본다	
		다양한 직업에 관심을 갖는다	
		일상생활에서 돈의 쓰임에 대해 안다	
		우리나라를 상징하는 것을 알고 예절을 지킨다	
		우리나라의 전통, 역사, 문화에 관심을 갖는다	
		우리나라에 대해 자부심을 갖는다	
		세계 여러 나라에 대해 관심을 갖고, 서로 협력해야 함을 안다	
		다양한 인종과 문화를 알아보고 존중한다	

48~72month :: 사회 · 정서 감성 발달 | 가능성을 키우는 융복합 놀이 1

보디스캔 명상

융복합 영역: 사회 · 정서, 신체, 인지

아이와 함께 조용히 누워서 명상의 시간을 가져보자. 간단한 명상 활동으로 아이의 스트레스와 부정적 감정이 사라지고 편안해지며, 살며시 잠으로 빠져들게 된다.

● **준비물** 조용한 음악

● **놀이 방법**

1. 자리에 편안하게 누워 명상음악이나 조용한 음악을 들으며 눈을 감고 온몸에서 힘을 빼고 가만히 있는다.

2. 천천히 호흡을 하면서 마치 큰 돋보기로 몸의 구석구석을 스캔하며 살펴보는 것처럼 신체의 각 부분에 집중하는 것을 상상한다.

3. 발끝에서부터 머리로 상상의 돋보기를 이동하면서 신체 각 부분에 집중하여 감각을 느낀다.
   예: 발가락-발등-무릎-허벅지-배-가슴-어깨-팔-손목-손등-손가락-목-얼굴-머리로 올라오며 신체의 감각을 느낀다.

4. 이번에는 반대로 머리부터 발끝까지 상상의 돋보기를 이동시켜 스캔하면서 감각을 느낀다.

5. 숨을 들이쉴 때와 내쉴 때 신체 각 부분의 느낌이 어떻게 다른지 알아차린다.

6. 보디스캔을 마친 후, 몸을 살짝 움직이며 감각을 깨운다.

7. 일어나 앉아서 자신의 느낌을 이야기한다.

● **놀이 효과**

- 일상의 스트레스를 해소하는 데 도움이 된다.
- 신체의 각 부분에 번갈아가며 주의를 집중시켜 감지되는 감각을 느낀다.
- 사고 과정과 기억, 문제 해결력 등을 증진시켜 인지 발달에 도움이 된다.

● **아이의 가능성을 키우는 Tip & 응용**

눈을 감고 누워서 하는 활동이므로 불을 끄거나 창문에 커튼을 쳐서 너무 밝지 않게 실내를 조정하고, 방의 분위기를 조용하고 안락하게 만든다. 아이가 도중에 잠이 들더라도 깨우지 말고 20~30분 정도 잘 수 있게 그대로 둔다.

발달이야기 명상이 아이의 스트레스를 줄여준다

'명상'이라고 하면 눈을 감고 도를 닦는 것 같은 종교적인 수행을 떠올리기 쉽지만, 아이들도 명상을 쉽게 할 수 있다. 특히 '마음 챙김' 명상 방법은 지금 현재의 순간에 집중하여 자신의 몸과 마음을 관찰하고 순간순간 생각나는 것, 감각이 경험하는 것을 느끼는 것이다.
미국의 병원에서 이 '마음 챙김' 명상이 심장질환의 치료와 스트레스 감소 프로그램 등에 사용되면서 그 효과가 검증된 바 있다. '마음 챙김' 방법은 아주 간단하다. '내가 이런 생각을 하는구나!', 혹은 '이런 감각이 느껴지는구나!'라고 느끼고, 알아차리고, 그것을 그대로 받아들이는 것이다.
한 연구에서 유치원에 다니는 만 5세 아이들에게 이 '마음 챙김' 명상을 12회 동안 연습시키고 그 효과를 조사했다. 그 결과 마음 챙김 명상을 훈련받은 아이들이 명상 훈련을 받지 않은 아이들에 비해 일상적 스트레스가 나아졌고, 역경이나 어려움에 대한 적응력(자아 탄력성)이 더 높아졌다. 이는 명상 프로그램을 하면서 아이들이 호흡과 신체 이완을 통해 몸과 마음이 편안한 상태를 경험하고 또 매회기마다 자신이 느끼는 감각과 생각, 느낌을 언어로 표현하면서 부정적인 감정을 통제할 수 있는 기회를 가질 수 있었기 때문이다. 만약 아이가 스트레스를 심하게 느끼거나 주의 집중이 안 되고 불안해하거나 우울해할 때 아이와 함께 명상을 해보고 느낌을 이야기해보는 것이 도움이 될 수 있다.

48~72month :: 사회·정서 감성 발달 | 가능성을 키우는 융복합 놀이 2

표정 읽기

융복합 영역: 사회·정서, 언어

때로 표정은 말보다 더 많은 것을 전달한다. 다른 사람의 표정을 보고 감정을 알아맞히는 놀이다.

- **준비물** 포스트잇, 볼펜, 주머니(또는 상자)
- **놀이 방법**

1. 포스트잇에 아이가 알고 있는 다양한 감정을 적는다.
   예: 기쁨, 행복함, 화남, 슬픔, 무서움, 놀람, 당황함.
2. 1의 포스트잇을 반으로 접어서 글씨가 보이지 않게 한 다음 주머니에 넣고 섞는다.
3. 엄마와 아이가 서로 짝이 되어 엄마가 먼저 주머니에서 포스트잇을 하나 뽑는다.
4. 뽑은 포스트잇을 아이가 보지 못하게 펼쳐서 아이의 이마에 붙인다.
5. 뽑은 감정의 내용을 아이가 알아맞히도록 엄마가 표정으로 표현한다.
6. 아이가 엄마의 표정을 보고 어떤 감정인지, 어떤 상황에서 그런 표정을 지을지 아이가 알아맞힌다.

● **놀이 효과**
- 다른 사람의 표정을 읽는 사회적 기술이 발달한다.
- 다양한 감정을 표정으로 표현하는 기회가 된다.

● **아이의 가능성을 키우는 Tip & 응용**

만약 감정을 표정으로 짓기가 쉽지 않다면 잡지나 사진의 다양한 표정을 오려서 감정 카드로 만들어 놀이를 할 수도 있다. 다양한 감정 카드를 뒤집어 놓고 한 사람이 카드를 한 장 뽑아 자기만 본 뒤에 카드의 표정과 똑같은 표정을 짓는다. 그러면 나머지 사람들이 어떤 감정인지를 알아맞히면 된다.

발달 이야기 표정을 잘 읽는 아이들이 학업 성적도 더 높다

한 연구에서 만 5세 아이들의 정서 지식을 측정했다. 첫 번째 과제는 아이들이 흥미, 기쁨, 슬픔, 화남, 혐오, 두려움, 수치심의 정서에 대한 설명을 듣고 각 정서에 해당하는 표정을 고르는 것이었다. 두 번째 과제는 표정을 보고 정서의 이름을 말하는 것이었다. 그리고 4년 뒤, 실험에 참가한 아이들이 9세가 되었을 때 교사가 아이들의 사회적 행동을 적극성(대화를 시작함, 친구를 쉽게 사귐), 협동심(과제를 제때 마무리함, 주변을 깨끗하게 유지함), 자기조절(또래와의 갈등 시 감정조절, 친구가 밀치거나 때릴 때 적절하게 반응), 과잉행동(쉽게 주의가 분산됨, 과잉행동), 내면화 문제(외로움, 슬프거나 우울함), 외면화 문제(쉽게 화를 냄, 잘 싸움)에서 평가했고 학업성취도를 평가했다. 그 결과 만 5세에 정서 지식의 점수가 높았던 아이들에게서 긍정적인 사회적 행동이 더 나타났으며 학업 성적도 더 높았다. 그 이유는 아이의 정서 지식이 부족하면 우선 교사와의 긍정적인 관계가 잘 형성되지 못하기 때문이다. 아이가 교사와 친밀하며 우호적인 관계를 형성하지 못하면, 아이는 교사에게서 멀어지고, 교육적인 상호작용도 줄어들고, 아이에 대한 교사의 기대도 낮아진다. 다른 한편으로는 정서 지식이 부족하면 또래들과의 관계도 잘 형성이 되지 않고 이는 아이의 사기와 집중력, 또 공부하려는 동기에 부정적인 영향을 줄 수 있다.

48~72month :: 사회 · 정서 감성 발달 | 가능성을 키우는 융복합 놀이 3

놀이공원 보드게임

융복합 영역: 사회 · 정서, 언어

아이가 새로운 친구를 사귀었을 때 서로를 알기 위해 안성맞춤인 놀이다.

- **준비물** 두꺼운 종이, 펜, 4가지 색의 스티커, 바둑알 2개, 주사위, 2가지 색의 포스트잇 각 14장(또는 인덱스카드 28장)

- **놀이 방법**

1. 같은 색의 포스트잇 14장을 이용해서 '내 질문'을 적고 다른 색 포스트잇 14장에 '친구 질문' 14개를 적는다.
   - 내 질문: 내가 대답할 질문들(예: 가장 좋아하는 색, 음식, 놀이, 장난감, 옷, TV 프로그램, 동물, 장소, 가장 받고 싶은 선물, 소원, 제일 잘하는 것, 제일 하기 싫은 것, 가장 싫어하는 음식, 크면 되고 싶은 것 등과 그 이유)
   - 친구 질문: 친구가 대답할 질문들(예: 가장 좋아하는 만화 주인공, 놀이, 선물, 동물, 가고 싶은 곳(장소), 가장 기뻤던 날, 가장 슬펐던 날, 제일 무서워하는 것, 지금보다 더 잘하고 싶은 것, 엄마한테 제일 하고 싶은 말, 친구한테 제일 듣고 싶은 말, 봄 · 여름 · 가을 · 겨울 중 가장 좋아하는 계절, 제일 싫어하는 음식 등)

2. 두꺼운 종이에 4가지 색의 스티커를 섞어서 구불구불한 길 모양(그림 참조)으로 30칸 정도를 붙이고 왼쪽 아래에 '출발', 길이 끝나는 지점에 '도착'이라고 적는다.

3. 주사위를 던져서 숫자가 더 많이 나온 사람이 먼저 '출발'에서부터 주사위를 던져 나온 눈의 수만큼 말을 이동하고 말이 정지한 칸의 색에 따라 다음의 예시처럼 한다.
   예: 빨간색-내 질문을 하나 뽑아서 읽은 뒤 아이가 대답한다.

파란색- 친구 질문에서 한 장을 뽑아서 친구가 대답한다.
노란색- 친구에게 칭찬을 한 번 한다.
초록색- 주사위를 한 번 더 던진다.
• 아이가 글을 읽지 못하면 엄마가 대신 읽어준다.

4. 도착 지점에 먼저 들어오는 사람이 이긴다.

● 놀이 효과

• 놀이를 하면서 자신과 친구에 대해 더 잘 알 수 있다.
• 규칙을 지키며 놀이하는 법을 배운다.
• 자기 생각을 말로 표현하면서 언어 표현 능력이 향상된다.

● 아이의 가능성을 키우는 Tip & 응용

아이기 새로운 친구를 사귀었을 때 함께하면 좋은 놀이다. 때로는 질문에 답하기 어려운 경우도 있지만, 이렇게 생각해보고 말로 답하는 연습을 하는 것은 자신을 이해하는 데 도움이 된다. 아이와 함께 보드를 만드는 것도 좋다.

> 발달 이야기 **표정 읽기도 연습할 수 있다**
>
> 연구에 의하면 표정을 읽고, 표정을 짓는 것을 훈련할 수 있다고 한다. 한 연구에서는 초등학생에게 30분씩 표정 읽기 연습과 얼굴의 단서에 따라 스스로 표정 짓는 연습을 시켰다. 연습이 지속되면서 아이들은 단지 6차례의 훈련 뒤에 표정에서 정서를 정확하게 읽는 능력이 향상되었다. 아이들은 얼굴에서 주로 눈을 집중해서 보기 시작했고, 행복한 얼굴에서는 입 주위를 보았다. 표정을 정확하게 읽게 되면서 특히 여자아이들의 경우에는 사회적 불안감이 줄어들고 자존감이 향상되었다. 연구 결과에 따르면 사진이나 잡지, 혹은 그림책 속 주인공의 표정을 이용해서 감정을 읽는 연습을 추천한다. 표정을 보고 감정의 이름을 말하거나 어떤 상황에서 그런 표정이 나타나는지를 이야기해보는 것도 좋다.

48~72month :: 사회 · 정서 감성 발달 | 가능성을 키우는 융복합 놀이 4

명화 속 감정 느끼기

융복합 영역: 사회 · 정서, 예술, 언어

명화를 감상하면서 명화에서 느껴지는 감정을 경험해보는 놀이다. 명화도 감상하고 표현력도 높이는 일거양득의 효과를 얻을 수 있다.

- 준비물 뭉크의 '절규' 그림
- 놀이 방법

1. 인터넷에서 에드바르 뭉크의 「절규」를 검색하여 그림을 찾는다.

2. 전체적인 분위기와 주인공의 표정을 보며 상황을 추측해보는 질문을 한다.
   여기는 어디일까?/그림 속에는 무엇이 그려져 있니?/그림 속의 사람은 무엇을 하고 있을까?/왜 이런 표정을 하고 있을까?/어떤 일이 벌어졌을까?/이 그림 다음에는 어떤 일이 일어날까?

3. 주인공의 감정을 이해하기 위한 질문을 한다.
   주인공의 마음(기분)은 어떨까?/왜 이런 마음을 느꼈을까?/이 그림을 그리는 동안 화가는 어떤 생각을 했을까?/주인공에게 어떤 일이 있었을까?/네가 주인공이라면 이럴 때 어떤 마음이 들까?

4. 아이가 그림 속 주인공의 입장이 되는 상황을 상상하고 느낌을 함께 말해본다.
   나도 이 주인공과 같은 마음이 들 때가 있었나?/있다면 언제였나? 그런 마음이 들 때 어떻게 했나?/없다면 언제 그런 마음이 들 수 있을까? 그럴 때는 어떻게 하면 좋을까?

● **놀이 효과**
- 감정이입을 통해 자신과 타인의 감정을 이해한다.
- 타인의 감정이 나와 다를 수 있다는 것을 안다.
- 명화 속 주인공에게 감정이입을 하면서 부정적 감정을 포함한 다양한 감정을 경험해본다.
- 감정을 나타내는 언어 표현이 다양해진다.
- 상상력과 문제 해결력이 길러진다.

● **아이의 가능성을 키우는 Tip & 응용**

뭉크의「절규」라는 그림의 제목을 알려주고 작가에 대해 알려준다. 만약 그림의 배경 색이 달라지면 느낌이 어떻게 달라질까? 화가는 왜 이런 색을 사용했을까? 등의 색과 느낌에 관해 이야기해본다. 또한, 아이가 명화 속의 주인공이 되어 이야기 꾸미기를 해보고 이야기에 제목을 붙여본다.

발달 이야기 **사회적으로 위축된 아이**

아이가 소극적이며 부끄러움이 많거나 실패나 비난을 두려워해서 사람들을 만나는 사회적 상황을 피할 때 '사회적으로 위축된' 것으로 본다. 위축된 아이들은 자신에 대한 이해가 부족하고 또래 관계가 실패할 것에 대한 두려움과 긴장, 슬픔 같은 부정적인 감정을 더 많이 느낀다. 또 이 아이들은 사회적 상황을 회피하고 스스로 움츠러들며, 친밀한 관계를 형성하는 데 필요한 사회적 기술이 부족하여 또래들의 요구를 잘 파악하지 못한다. 또래들의 기대에 맞게 행동하지 못하기 때문에 결국 또래들로부터 무시되거나 기피된다. 그 결과 다시 사회적으로 적절한 행동을 배울 기회가 제한되는 악순환을 반복한다. 아이의 위축 행동은 발달에 문제가 생기고 있음을 보여주는 신호지만, 위축된 아이들은 거의 문제를 일으키지 않기 때문에 잘 드러나지 않는다. 따라서 이들을 조기에 발견하고 사회적 기술을 가르치는 등의 도움을 주기 위해서는 세심한 관찰이 필요하다.

48~72month :: 사회 · 정서 감성 발달 | 가능성을 키우는 융복합 놀이 5

감정 온도계

융복합 영역: 사회 · 정서, 언어

나의 부정적인 기분을 숫자로 말해보는 놀이다. 먼저 나의 기분을 생각해 보고 숫자로 말해야 하므로 감정을 조절하는 법을 배울 수 있다.

- **준비물** A4 용지, 색종이(빨강, 주황, 노랑, 초록, 파랑), 사인펜, 가위

- **놀이방법**

1. A4 용지를 접어서 세로로 5칸을 만든다.

2. 제일 아래 칸부터 초록-파랑-노랑-주황-빨간색으로 색종이를 붙이거나 색을 칠하고 1부터 5까지의 숫자를 적는다.

3. 숫자 옆에는 기분에 대한 간단한 설명과 함께 그 기분을 나타내는 얼굴을 그린다.
   1-초록색: 기쁘고 행복해요. 행복한 얼굴
   2-파란색: 아무렇지도 않아요. 괜찮아요. 무표정한 얼굴
   3-노란색: 조금 화(짜증)가(이) 나요. 조금 화난 얼굴
   4-주황: 매우 화(짜증)가(이) 나요. 매우 화난 얼굴
   5-빨강: 너무 화(짜증)가(이) 나서 폭발 직전이에요. 엄청나게 화난 얼굴

4. 1부터 5까지의 기분을 느꼈던 경험과 각 단계에서 기분이 나아질 수 있는 방법을 이야기해 본다.
   예: '혼자 있는다', '엄마에게 이야기한다', '심호흡을 한다', '숫자를 센다', '그림 책을 본다', '신나는 음악을 듣는다', '그림을 그린다', '좋아하는 간식을 먹는다', '걷는다', '자전거를 탄다', '춤을 춘다' 등

- **놀이 효과**
- 자신의 기분 상태에 대해 의식적으로 생각하게 된다.
- 무조건 화를 내거나 짜증 내는 대신 자신의 감정 수준을 판단하고 조절하는 방법을 생각한다.

5 폭발직전이에요		😡
4 매우 화나요		☹
3 조금 화나요		😐
2 괜찮아요		😕
1 행복해요		🙂

- **아이의 가능성을 키우는 Tip & 응용**

어린아이에게는 5단계 대신 3단계(1. 기분이 좋아요, 행복해요/2. 그냥 그래요/3. 화가 나요, 짜증이 나요, 슬퍼요)를 사용할 수도 있다. 평소에도 숫자로 자주 기분을 표시해보고 특히 아이가 4, 5번 수준에 있다면, 왜 기분이 좋지 않은지 주의 깊게 살피고 기분이 나아지는 방법을 찾아본다.

발달이야기 놀이를 할 때 느끼는 정서

한 연구에서 만 5세 아이들이 자유선택 놀이 상황에서 느끼는 기본 정서인 기쁨, 흥미, 화남, 슬픔을 관찰했다. 아이들이 가장 많이 나타내는 정서는 기쁨(52.8%)이었고 그다음으로는 흥미(40.1%)였다. 화남(4.7%)과 슬픔(2.4%)도 낮은 비율이지만, 순서대로 나타났다. 이 연구에서는 아이들이 자신이 진정 즐겁다고 생각한 놀이를 선택하고 놀았기 때문에 기쁨과 흥미의 정서가 90%를 차지한 것으로 보인다. 아이들은 혼자 있을 때보다는 친구들과 같이 있을 때 기쁨을 더 표현했고 수 조작이나 언어 영역과 같이 혼자 놀이하는 상황에서는 기쁨보다 흥미와 성취감을 더 표현했다. 기쁨은 친구들과의 의사소통의 한 형태라고 볼 수 있는데, 흥미는 정서가 나타나기 전에 무언가 몰입하고 있는 상황에서 많이 나타난다. 또한, 아이들은 친구는 있지만, 교사가 없을 때 정서 표현을 더 많이 나타냈다.

48~72month :: 사회 · 정서 감성 발달 | 가능성을 키우는 융복합 놀이 6

오늘의 기분

융복합 영역: 사회 · 정서, 언어, 탐구

오늘의 기분을 날씨에 비교해서 말해보는 놀이로 매일 달라지는 다양한 날씨의 변화와 기분을 알 수 있다. 일주일씩 정리해서 아이의 기분이 매일 어떻게 변했는지 체크해도 재미있다.

● **준비물** 도화지, 색종이, 가위, 마커펜, 크레용, 풀, 스티커

● **놀이 방법**

1. 아이와 함께 기분의 종류에 관해 이야기를 나누고 기쁨은 해, 슬픔은 비, 속상한 것은 구름, 화난 것은 천둥, 무서움은 번개로 표현한다.

2. 색종이로 해, 비, 구름, 천둥, 번개를 그리고 색을 칠한 뒤에 가위로 자른다.

3. 도화지를 큰 원 모양으로 오리고 5등분 하여 각각 해, 비, 구름, 천둥, 번개의 그림을 붙이고 간단한 설명을 적는다.

4. 자석을 이용해서 냉장고에 도화지를 붙인다.

5. 저녁 식사 때 오늘 자신이 느끼는 기분에 해당하는 날씨에 스티커를 붙인다.

● 놀이 효과
- 매일 그 날의 기분에 대해 생각해보고 표현할 수 있다.
- 다양한 감정을 표현할 수 있다.

● 아이의 가능성을 키우는 Tip & 응용

처음에는 아이가 자신의 기분을 날씨에 빗대어 표현하는 것이 어려울 수도 있으므로 엄마, 아빠가 먼저 시범을 보이고 아이가 따라 하도록 연습한다. 익숙해지면 기분을 표현하면서 이유까지 붙여서 이야기해본다.

> **발달 이야기 영어학원과 유치원에서 받는 스트레스가 다르다**
>
> 국내의 한 연구에 의하면 유치원에 다니는 아이들이 친구로부터 스트레스를 느끼는 시간은 또래들과 상호작용이 가장 빈번하게 일어나는 자유 선택 활동 시간이었다. 아이들은 놀잇감의 사용 방법이 달라서 다툼이 생기거나 놀잇감을 빼앗기거나 함께 놀고 싶은 친구가 다른 놀이를 하고 있어 혼자 놀 때 스트레스를 경험했다. 만 4, 5세 시기는 사회성이 발달해서 협동놀이도 증가하게 되는 시기지만, 동시에 친구로 인한 갈등도 경험하게 되고 이로 인해 아이들은 스트레스를 느낀다. 반면 영어학원에 다니는 아이들은 학급 정원이 적어서 함께 놀 수 있는 친구가 부족한 것, 자신을 따라다니며 외모를 놀리는 친구, 등원버스를 탈 때 차례를 지키지 않는 친구, 수업시간 중 게임이나 퀴즈를 다른 친구보다 잘하고 이기고 싶은 마음 때문에 스트레스를 느꼈다. 특히 영어학원은 특성상 학습효과를 극대화하기 위해 소수 인원으로 운영되고 학습만을 강조하게 되는데, 아이들은 이 때문에 놀 친구가 부족하고, 또 친구와의 경쟁심 때문에 스트레스를 느꼈다.

48~72month :: 사회 · 정서 감성 발달 | 가능성을 키우는 융복합 놀이 7

마니또 놀이

융복합 영역: 사회 · 정서, 언어

마니또는 이탈리아어로 '비밀 친구'라는 뜻이다. 비밀 친구는 상대 친구가 모르게 도움도 주고 친절을 베풀어야 한다. 내 친구도 모르게 비밀 친구가 되어보는 놀이다.

- **준비물** 종이, 펜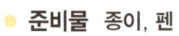

- **놀이 방법**

1. 각자 자신의 이름을 종이에 적어낸다.
2. 이름이 적힌 종이를 모두 섞은 뒤에 제비뽑기로 한 명씩 이름을 뽑는다. 이때 자기 이름이 나오면 다시 한 번 뽑는다.
3. 자기가 뽑은 이름의 사람에게 하루나 이틀 동안 아무도 모르게 친절을 베푼다.
4. 하루나 이틀 후에 자신의 마니또가 누구였는지 서로 공개한다.

- **놀이 효과**
- 다른 사람에게 친절을 베풀면서 마음이 행복해지는 것을 안다.
- 자신의 마니또가 누구인지 추측하면서 즐겁다.

● **아이의 가능성을 키우는 Tip & 응용**

사람의 수가 적으면 누가 마니또인지 금세 알게 되므로 사람이 많을수록 재미있다. 연말에 친척들이 모두 모일 때 작은 선물을 하나씩 준비하고 마니또 놀이처럼 제비뽑기로 이름을 뽑은 사람에게 선물을 주거나 마니또를 미리 알고 난 다음에 자신의 마니또를 위한 선물을 준비하는 방법도 재미있다. 이때 선물은 가격의 상한선을 미리 정해주는 것이 좋다.

발달이야기 적응을 잘하는 아이일수록 친구의 거부에 더 스트레스를 받는다

한 연구에서 만 5세 유치원 아이들이 느끼는 일상적 스트레스를 연구했다. 여러 스트레스 상황 중에서 아이들이 가장 자존감이 상하는 상황은 '친구들이 놀이에 끼워주지 않을 때'였다. 특히 유치원 적응 수준별로 스트레스를 비교해보면 적응을 잘하는 아이일수록 또래친구의 놀이에서 거절당할 때 스트레스를 더 많이 받았다. 이런 결과는 이 시기 아이들에게 또래친구들과의 관계가 매우 중요한 발달적인 과업이라는 것을 보여준다. 따라서 친구를 잘 사귀지 못하는 아이들의 경우에 친구들과 잘 사귀는 또래와 짝을 지워주거나 친구 사귀기에 중요한 기술을 직접 가르쳐주는 것이 필요하다. 특히 유치원에 적응을 잘하는 아이일수록 또래친구들의 거부가 더 큰 스트레스로 작용했다. 이는 아이가 유치원에 적응을 잘할수록 더 많은 또래친구들과 더 의미 있는 관계를 맺게 되고, 반면 또래친구에게 거부당할 때 자존감이 더 낮아지기 때문인 것으로 보인다.

48~72month :: 사회·정서 감성 발달 | 가능성을 키우는 융복합 놀이 8

감사 쿠폰 선물하기

융복합 영역: 사회·정서, 언어

다른 사람의 마음을 생각하며 만든 쿠폰으로 고마움을 전달하는 놀이다.

- **준비물** A4 용지, 사인펜, 크레용, 색연필, 가위, 실제 쿠폰

- **놀이방법**

1. 실제 쿠폰을 보며 쿠폰이 무엇인지, 어떻게 사용하는지 이야기한다.
   예: 쿠폰을 가져가면 무료로 상품을 주거나 서비스를 제공한다.

2. 엄마, 아빠나 형제에게 내가 무엇을 해주면 좋아할지 생각하고 이야기해본다.
   예: 형제-원하는 장난감 1일 사용권, 소원 들어주기, 같이 놀아주기, 자유이용권
   엄마, 아빠-TV 그만 보기, 안마하기, 구두 닦기, 심부름, 노래 불러주기, 뽀뽀, 상차림 돕기, 청소하기

3. A4 용지를 접어서 가로 2칸, 세로 4줄을 만든다.

4. 각 칸에 부모님이나 형제에게 줄 쿠폰을 그려서 만든다.

5. 쿠폰을 가위로 잘라서 고마운 일이 있을 때, 부모님이나 형제에게 쿠폰을 한 장씩 주고 사용할 수 있게 한다.

- **놀이 효과**
- 쿠폰을 받을 사람이 무엇을 좋아할지 생각하며 타인의 상황을 이해하는 조망수용 능력이 발달한다.
- 상대방을 즐겁게 해주면서 나도 즐겁고 기쁜 마음을 경험한다.

- **아이의 가능성을 키우는 Tip & 응용**

가족뿐 아니라 친구들끼리도 감사의 쿠폰(예: 장난감 교환권, 친구 초대하기)을 만들어 사용해본다. 다양한 종류의 쿠폰을 만들어도 좋고, 처음에는 '청소하기'와 같이 한 종류의 쿠폰을 여러 장 만들어서 사용해도 좋다.

> **발달이야기** 우울한 엄마는 아이의 싫은 표정을 구별 못 한다
>
> 한 국내 연구에서 만 5세 자녀를 둔 엄마들의 우울 정도와 이들이 표정을 얼마나 정확하게 읽는지를 측정하고 아이의 사회적 위축 행동을 측정했다. 그 결과, 우울의 정도가 높은 엄마일수록 아이가 사회적으로 위축되어 있었다. 또한, 엄마가 싫은 표정을 정확하게 인식하지 못할수록, 슬픈 표정을 정확하게 구별할수록 아이가 사회적으로 위축되어 있었다. 어머니가 싫은 표정을 정확하게 인식하지 못하면 아이의 감정 상태나 욕구에 민감하지 못하고 아이의 요구에 적절하게 반응하지 못해서 아이가 자신감이 없고 위축된 행동을 보일 수 있다. 또한, 이 연구에서 우울한 엄마는 슬픈 표정을 정확하게 인식하는 것으로 나타났는데, 이 경우 아이의 슬픈 표정을 더 민감하게 인식하여 아이의 요구를 무조건 받아주거나 반대로 강압적으로 해결하려는 부적절한 양육 행동을 할 가능성이 컸다.
>
> 이런 양육 행동은 아이의 사회적 위축 행동에 영향을 줄 수 있다. 이 연구의 결과는 사회적으로 위축된 아이들의 경우, 아이뿐만 아니라 엄마들의 감정 읽기 교육이 필요하다는 것을 여실히 보여준다.

48~72month :: 사회 · 정서 감성 발달 | 가능성을 키우는 융복합 놀이 9

칭찬 나누기

융복합 영역: 사회 · 정서, 언어

가족이나 친구의 좋은 점을 찾아서 칭찬해주고 칭찬을 받는 놀이로 서로 칭찬하면서 나도 알지 못했던 나의 좋은 점을 알게 되어 기분이 좋아진다.

● **준비물** 없음

● **놀이 방법**

1. **먼저 아이를 칭찬해준다.**
   예: '오늘 동생을 도와줘서 정말 큰 형 같았어', '밥을 꼭꼭 씹어 먹어서 좋았어', '깨우지도 않는데 일찍 일어나서 다 컸구나 생각했어', '현관에 신발을 정리해줘서 정말 고마웠어'

2. **칭찬을 들었을 때 기분이 어떤지 이야기해본다.**

3. **칭찬은 그 사람의 좋은 점을 찾아서 이야기하는 것이라고 알려주고 아이와 함께 사람들의 칭찬 거리를 찾아보는 연습을 한다.**
   예: 아빠–튼튼이와 놀아주려고 노력하신다/엄마–그림책을 재미있게 읽어주신다/동생–밥을 잘 먹는다/튼튼이–다른 사람이 말할 때 잘 듣는다…… 등

4. **하루 중 시간을 정해두고 가족들이 함께 서로 칭찬하는 시간을 가진다.**

- **놀이 효과**
- 칭찬을 하기 위해 다른 사람을 더 유심히 관찰한다.
- 자신도 몰랐던 칭찬 거리를 들으면 기분이 좋아지고 자아 존중감이 높아진다.

- **아이의 가능성을 키우는 Tip & 응용**

어른이나 아이나 칭찬에 익숙하지 않을 때는 처음에 매우 어색할 수도 있다. 그러나 아이가 한 번 칭찬을 듣고 기분이 좋아지는 것을 경험하게 되면 차츰 칭찬하는 것에도 익숙해진다. 아이뿐 아니라 어른도 아이의 칭찬을 들으면 기분이 좋아진다. 서로 자주 칭찬하는 습관을 만들면 좋다.

> **발달이야기 똑같은 칭찬도 아이의 나이에 따라 효과가 다르다**
>
> 칭찬은 고래도 춤추게 한다지만 똑같은 칭찬이라도 아이들의 나이에 따라 때로는 역효과를 가져오기도 한다. 연구 결과에 의하면 아이가 2, 3세로 아주 어릴 때는 무조건 칭찬을 해주는 것이 좋다. 이들은 칭찬을 말 그대로 받아들이기 때문이다. 그러나 아이들의 인지가 발달하고 칭찬하는 사람의 동기와 보이지 않는 마음에 대해 생각할 수 있게 되면서 아이들은 칭찬을 액면 그대로 받아들이지 않을 가능성이 크다. 초등학생 정도의 나이에서는 칭찬을 해석하기 시작하므로 과한 칭찬이 도리어 역효과를 가져올 수도 있다. 만 5세 정도에서는 아이의 인지 수준에 따라 칭찬의 효과가 다를 수 있으므로 아이가 칭찬을 어떻게 받아들이는지 잘 관찰할 필요가 있다.

48~72month :: 사회 · 정서 감성 발달 | 가능성을 키우는 융복합 놀이 10

가라사대 놀이

융복합 영역: 사회 · 정서, 신체

지시를 잘 들어야 놀이를 할 수 있으므로 아이들부터 어른까지 주의를 집중시키는 데는 가장 좋은 놀이다.

● 준비물 없음

● 놀이 방법

1. 동그랗게 둘러앉았거나 서로 마주 보고 선다.

2. 술래를 뽑는다.

3. 술래가 행동을 지시하는데, '가라사대'가 붙은 술래의 지시만 따라야 한다. '가라사대'가 붙지 않은 지시를 따라 할 경우엔 그 사람이 술래가 된다.
   예: '가라사대 오른손 올려. 왼손도 올려', '가라사대 왼손 올려. 왼손 내려', '가라사대 내려. 가라사대 두 손을 다 위로 올려', '가라사대 두 손 반짝반짝. 그만', '가라사대 박수 한 번 시작. 가라사대 박수 두 번 시작. 박수 다섯 번 시작. 한 번 더'

● 놀이 효과

• 지시를 잘 듣고 주의를 집중하는 능력이 발달한다.

• 필요에 따라 자신의 행동을 조절할 수 있는 자기조절 능력이 발달한다.

● **아이의 가능성을 키우는 Tip & 응용**

이 놀이에 익숙해지면 더 복잡하게 놀이를 하면 좋다. 두 사람이 술래를 하며 번갈아 지시를 주면 조금 더 복잡해진다. 이 경우 훨씬 더 지시를 따라 하기가 어렵다.

발달이야기 올바르게 칭찬하기

스탠퍼드 대학의 연구팀은 칭찬에 대한 30년간의 연구를 종합해서 다음과 같은 칭찬의 방법을 제시했다.

- **진심으로 그리고 구체적으로 칭찬한다**: 너무 잦은 칭찬이나 무성의한 칭찬을 들은 아이는 칭찬이 진심이 아니라고 생각하고 어른이 자신을 제대로 이해하지 못하거나 혹은 자신을 조종하고 있다고 생각한다.
- **아이가 변화시킬 수 있는 특성에 대해서만 칭찬한다**: 아이가 쉽게 바꿀 수 없는 능력이나 지능에 대한 칭찬을 들은 아이는 실패를 피하고 도전을 두려워하게 된다. '능력'보다는 '노력'을 칭찬해야 한다.
- **현실적이고 도달할 수 있는 기준을 제공하며 칭찬한다**: 너무 과도하고 일반적인 칭찬(예: "이렇게 그림을 잘 그리는 아이는 본 적이 없어.")은 부담감을 준다. 오히려 구체적으로 칭찬받을 행동(예: "나뭇잎 색깔을 다양하게 칠해서 나무가 정말 멋지게 보인다.")을 말해주는 것이 좋다.
- **너무 쉽게 성취할 수 있는 결과에 대해 칭찬하는 것을 조심한다**: 아무것도 아닌 일에 칭찬을 받으면 오히려 자신을 과소평가한다고 생각할 수도 있다.
- **아이가 이미 좋아하는 일에 대해 칭찬하는 것을 조심한다**: 예를 들어, 아이가 좋아하는 채소를 먹을 때마다 칭찬을 해주거나 상을 주면, 아이는 점점 그 채소를 덜 좋아하게 된다.
- **남과 비교하는 칭찬을 피하고 기술을 숙달하는 것을 강조한다**: 남과 비교하는 칭찬은 경쟁이 목표라고 가르치게 되고 만약 남보다 잘할 수 없을 때는 동기를 잃게 만든다.

48~72month :: 사회 · 정서 감성 발달 | 가능성을 키우는 융복합 놀이 11

청기 백기 놀이

융복합 영역: 사회 · 정서, 탐구

청기 백기를 이용한 단순하면서 재미있는 놀이로 아이의 집중력과 조절력을 키워줄 수 있다.

- **준비물** 나무젓가락, 파란색과 흰색 색종이, 투명 테이프

- **놀이 방법**

1. 나무젓가락 하나에 흰색 색종이를 투명 테이프로 붙인다. 다른 젓가락에 파란색 색종이를 붙여서 흰색 깃발과 파란색 깃발을 만든다.

2. 둘이 마주 보고 있으면 한 사람이 지시를 하고 깃발을 든 사람이 지시를 따른다.
   예: 청기 올려, 백기 내려, 청기 내려, 백기 올려, 청기 내리지 말고 백기 올려, 둘 다 내려 등.

3. 10회 정도 한 뒤에 역할을 바꾸어 깃발을 들었던 사람이 지시를 한다.

- **놀이 효과**
- 지시에 주의 집중하고 기억하는 능력, 자기 조절력을 포함하는 집행기능이 발달한다.

- 재빠르게 행동하는 순발력이 발달한다.

● **아이의 가능성을 키우는 Tip & 응용**

놀이를 시작하기 전에 '청기'와 '백기'의 뜻을 아이가 알고 있는지 확인한다. 처음에는 천천히 지시해서 아이가 따라 할 수 있도록 시작하고 놀이에 익숙해지면 조금 더 빨리 지시한다.

청기 백기 놀이를 아주 잘하게 되면 이번에는 지시와 반대로 행동하는 것으로 놀이 규칙을 바꾼다. (예를 들어, '청기 올려'하면 청기를 내린다)

발달이야기 집행기능의 발달

만 4, 5세 경에 발달하는 중요한 능력 중 하나가 집행기능이다. 집행기능은 실행기능, 상위인지 능력 등 다양한 이름으로 부른다. 집행기능은 계획을 세우고, 결정을 내리고, 집중하며, 지시를 기억하고 충동과 감정을 조절하고 동시에 여러 가지 일을 하고 실패로부터 배울 수 있게 해주는 능력으로 세수하고 이 닦기, 유치원에 갈 준비를 하는 과정 등 일상의 모든 일에 관여한다. 그뿐만 아니라 새로운 것을 학습하거나 다른 사람과의 원만한 사회생활을 위해서도 집행기능이 필요하다. 이러한 집행기능이 잘 발달하기 위해서는 작업기억, 정신적 유연성 그리고 자기 통제라는 세 가지의 뇌 기능 역시 잘 발달되어야 한다.

작업기억은 단기기억이라고도 하는데, 아주 짧은 시간 동안 정보를 유지하면서(기억하면서) 동시에 어떤 작업을 하는 능력이다. 예를 들어, 앞사람이 말한 내용을 기억하면서 관계되는 이야기를 덧붙이거나 단어를 듣고 받아쓰기를 할 때도 작업기억이 필요하다.

정신적 유연성은 규칙이 바뀌거나 요구가 달라질 때 상황에 따라 재빨리 주의를 변경하는 능력이다. 예를 들어, 같은 카드를 한 번은 색깔로 분류하고 다음번에는 크기로 분류하는 것처럼 분류의 규칙이 바뀔 때마다 이에 잘 맞춰가는 능력이다. 마지막으로 자기 통제는 우선순위를 정하고 충동적으로 행동하거나 반응하는 것을 참는 능력을 말한다. 이는 유명한 마시멜로 실험을 통해 알 수 있는데, 아이가 마시멜로를 당장 먹지 않고 기다려서 두 개를 먹기 위해서 참는 것도 자기 통제의 한 예이다.

48~72month :: 사회 · 정서 감성 발달 | 가능성을 키우는 융복합 놀이 12

신호등 놀이

융복합 영역: 사회 · 정서, 탐구, 신체

익숙해진 행동을 바꾸어야 하는 놀이로 행동 조절을 연습하는 데 좋다.

- **준비물** 색 도화지(예: 주황, 보라_되도록 실제 신호등 색은 피하는 것이 좋다)
- **놀이 방법**

1. 가위-바위-보를 해서 진 사람이 신호등을 하고 다른 사람은 마음대로 움직이며 다닌다.

2. 신호등 역할을 하는 사람이 주황색 도화지를 들면 모두 하던 행동을 멈추고 서야 한다. 보라색 도화지를 들면 마음대로 움직인다.

3. 주황색 도화지에 멈추고 보라색 도화지를 보면 움직이는데, 충분히 익숙해지면 규칙을 바꾼다. 즉, 주황색을 들면 움직이고 보라색을 들면 멈춘다.

4. 멈추어야 할 때 움직이거나 움직여야 할 때 멈춘 사람이 다시 신호등이 된다.

- **놀이 효과**
- 익숙해진 행동이나 규칙을 반대로 하기 위해서 행동 조절 능력이 발달한다.
- 주의 집중하기, 지시 따르기,

규칙 기억하기 능력이 발달한다.

● **아이의 가능성을 키우는 Tip & 응용**

얼음 땡 놀이, 가라사대 놀이처럼 지시를 잘 듣고 구별해서 행동해야 한다. 그러나 얼음 땡, 가라사대 놀이와 다른 점은 익숙해진 규칙을 변경하는 것이다. 또 이 놀이에서는 말 대신 색을 보고 행동해야 하는데, 놀이에 익숙해지면 색 대신 도형을 사용해도 좋다. 예를 들어, 동그라미는 움직이기, 세모는 멈추기로 정하고 놀이의 규칙을 변경해 동그라미는 멈추기, 세모는 움직이기로 바꾸어 놀아도 된다.

> **발달 이야기** 집행기능의 발달에 문제가 생길 때
>
> 집행기능은 뇌의 전전두엽 부분에서 발달하는데, 만 4, 5세부터 발달하기 시작하고 나중에 학업 성취와도 밀접하게 관계가 되는 능력이기 때문에 유아기에는 이 집행기능의 발달에 특히 관심을 가질 필요가 있다. 유아기에 집행기능의 발달이 늦어질 때는 다음과 같은 현상이 나타날 수 있다.
>
> • **질문에 잘 대답하지 못한다**: 집행기능에 문제가 있을 때는 방금 들은 질문도 잊어버리기 때문에 대답을 잘하지 못한다.
>
> • **쉽게 포기한다**: 원하는 대로 블록을 잘 쌓을 수 없거나 미술 활동 시간에 원하는 작품을 만들 수 없을 때 다른 계획으로 수정하기보다 그냥 포기한다.
>
> • **다음 할 일을 잊어버린다**: 칫솔에 치약을 묻히지 않은 채로 들고 다니거나 유치원에서는 손을 들어 대답을 하려다가 무슨 말을 하려고 했는지 잊어버린다. 옷을 입거나 간단한 일을 하는 데도 시간이 오래 걸리고 물건을 잘 잃어버린다.
>
> • **여러 단계의 지시를 잊어버린다**: '장난감을 치우고 손을 씻고 저녁 준비를 해라'라고 몇 단계로 지시하면 다 잊어버리고 뭘 해야 할지 모른다.

48~72month :: 사회 · 정서 감성 발달 | 가능성을 키우는 융복합 놀이 13

머리-발-어깨-무릎

융복합 영역: 사회 · 정서, 탐구, 신체

청기, 백기보다 좀 더 복잡한 자기 조절 놀이로 이미 연구를 통해 효과가 검증되었다. 시간 날 때마다 아이와 자주 놀면 아이의 자기 조절력을 키우는 데 좋다.

- 준비물 없음

- 놀이 방법

1. 첫 단계에서 "머리(발/어깨/무릎)를 만져봐"라고 가장 간단한 지시를 한다.

2. 두 번째 단계에서는 머리와 발을 서로 바꿔서 만진다. 즉, 머리(발)를 만지라고 하면 발(머리)을 만진다.

3. 세 번째 단계에서는 어깨와 무릎을 서로 바꿔서 만진다. 즉, 어깨(무릎)를 만지라고 하면 무릎(어깨)을 만진다.

4. 세 번째 단계까지 잘 기억하고 따라서 하면 네 번째 단계에서는 머리-발, 어깨-무릎 지시를 번갈아 가며 섞는다.
   예: 무릎 만져(어깨를 만져야 함), 발 만져(머리를 만져야 함), 머리 만져(발을 만져야 함. 어깨 만져(무릎을 만져야 함).

● **놀이 효과**

- 지시를 잘 듣고 지시의 반대로 행동하는 규칙을 기억해야 하므로 기억력과 주의집중력의 향상에 도움이 된다.
- 지시의 반대로 행동해야 하므로 행동 조절, 자기 조절에 도움이 된다.

● **아이의 가능성을 키우는 Tip & 응용**

이 놀이를 잘하면 더 복잡하게 규칙을 바꾼다. 머리-무릎, 어깨-발로 규칙을 바꾼다. 처음에만 말 그대로 "머리 만져" 하면 머리를 만진 뒤 머리-발, 어깨-무릎으로, 머리-무릎, 어깨-발로 규칙을 또 바꾼다. 간단하지만 아이들의 주의집중과 작업기억, 집행기능을 향상시키는 데 효과가 있다.

발달이야기 집행기능의 문제가 있는 아이들을 돕는 방법

이 시기 아이들의 집행기능 빌딜을 돕기 위해서는 앞서 제시한 '기리시대 놀이', '청기 빼기 놀이', '신호등 놀이', '머리-발-어깨-무릎' 등의 집행기능을 발달시키는 다양한 놀이가 도움이 된다. 이 밖에 아이의 생활을 잘 조직하기 위해서는 다음의 방법들이 도움이 된다.

- **일과 정하기와 체크 리스트 사용하기**: 매일 아침 유치원에 갈 준비를 하는 것과 같은 아주 사소한 일도 집행기능의 발달이 느린 아이들과 부모들에게는 전쟁이 된다. 아침에 일어나서 집을 나설 때까지 해야 하는 일들을 작게 나누어(세수하고 이 닦기- 아침 식사- 옷 입기-유치원 가방 챙기기 등) 체크 리스트를 만들고 아이가 이에 따라 할 수 있게 한다.

- **알림장과 친구 활용하기**: 아이의 알림장을 매일 확인하고 확실하지 않은 것을 알아볼 수 있는 친구의 연락처를 미리 알아 둔다. 집행기능의 발달이 늦은 아이는 알림장을 제대로 적지 못하거나 선생님의 말씀을 다 기억하지 못할 가능성이 크다. 따라서 연락사항을 제대로 확인할 수 있는 다른 친구들의 연락처를 알아 두는 것이 좋다.

- **보상을 사용하기**: 글 읽기를 배우거나 책 읽는 습관을 기르는 것처럼 새로운 기술을 배우기 시작할 때는 스티커나 상을 주는 보상을 활용한다. 물론 모든 행동에 상을 주기 시작하면 상이 없으면 아무것도 하지 않으려고 하거나 부모와 협상을 하는 일이 생기기 때문에 조심해서 잘 사용해야 하지만 습관을 들이는 초기 단계에서는 적절히 사용하면 효과가 크다.

48~72month :: 사회 · 정서 감성 발달 | 가능성을 키우는 융복합 놀이 14

줄 당겨 컵 쌓기

융복합 영역: 사회 · 정서, 신체, 언어

여러 명이 함께 협동심을 키우고 팀워크를 쌓는 데 효과적인 놀이로 아이들이 협동하는 과정을 관찰하는 것도 흥미롭다.

- **준비물** 고무줄, 끈(60cm), 플라스틱 컵 6개(500mL 크기)
- **놀이 방법**

1. 끈을 4등분 하여 고무줄로 묶는다.

2. 4명이 각각 끈을 잡아당겨서 고무줄을 늘인 다음 첫 번째 플라스틱 컵을 고무줄로 집어서 이동한다.

3. 같은 방법으로 6개의 플라스틱 컵을 모두 이동하여 탑을 쌓는다. 절대로 자기 끈 이외에 다른 사람의 줄이나 컵, 고무줄 등을 손으로 만지면 안 된다.

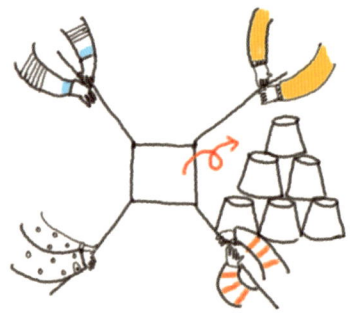

- **놀이 효과**
- 협동심을 기른다.
- 공동의 목표를 위해서 협동할 때 의사소통 능력을 기를 수 있다.

● **아이의 가능성을 키우는 Tip & 응용**

두 명이 각각 두 줄을 잡고 놀이를 하거나 혹은 4명 이상이 사람 수대로 줄을 만들어서 잡고 컵 쌓기 놀이를 할 수도 있다. 처음에는 컵을 모두 뒤집어 쌓아 보게 하고, 잘하게 되면 일부는 뒤집어서, 일부는 똑바로 쌓아 보게 할 수도 있다.

발달이야기 동생에게 책 읽어주기가 자아존중감을 키워준다

국내의 연구에서 만 5세 아이들이 만 3세 아이들에게 주 1회씩 14주 동안 그림책 읽어주기를 하고 난 다음에 보니 아이들의 독서 흥미와 자아존중감이 모두 높아졌다. 이는 책을 읽어주는 만 5세 아이들과 듣고 있는 만 3세 아이들 간의 능력 차이가 성인과 아이의 차이만큼 크지 않고, 만 5세 아이가 가르치는 기술에서 서툰 것이 오히려 5세와 3세 아이 모두에게 도움이 된 것으로 보인다. 이는 가르치는 아이의 기술이 서툴기 때문에 함께 문제를 해결하는 경우가 빈번하고 나이 차이가 크지 않아 수평적인 상호작용이 활발하게 일어나기 때문이다. 나이가 적은 아이의 입장에서는 참여의 기회가 더 많아지고 나이 많은 아이의 친사회적 행동을 모델링해서 배울 수 있다. 반대로 나이가 많은 아이는 진지하게 자신의 역할에 대해 책임감을 가지고 동생을 도와줌으로써 스스로 자부심을 느끼고 성취감을 느끼게 된다.

48~72month :: 사회·정서 감성 발달 | 가능성을 키우는 융복합 놀이 15

엉덩이 맞대고 공 옮기기

융복합 영역: 사회·정서, 신체

엉덩이를 맞대고 서로 꼭 붙잡아야만 잘할 수 있는 놀이로 아이의 친구가 집에 놀러 왔을 때 함께하면 좋다.

- **준비물** 큰 공(또는 풍선)

- **놀이 방법**

1. 두 명이 나란히 선 다음에 엉덩이 사이에 공을 끼운다.
2. 손을 대지 않고 공을 떨어뜨리지 않으면서 목표지점까지 돌아서 온다.
3. 만약 손을 대거나 공을 떨어뜨리면 출발선에서부터 다시 시작한다.

- **놀이 효과**
- 두 사람이 서로 협동하기 위해 효과적인 의사소통이 필요하다.
- 공을 떨어뜨리지 않는 효과적인 방법을 생각해내는 문제 해결력이 발달한다.

● **아이의 가능성을 키우는 Tip & 응용**

공이나 풍선의 수가 많으면 여러 명이 함께 놀이에 참여할 수 있다. 두 사람의 키 차이가 많이 나면 공을 맞대기가 어려워지고 반대로 키가 비슷해서 서로 어깨동무를 하거나 팔을 끼면 훨씬 쉽게 공을 옮길 수 있다. 그러나 이를 미리 가르쳐주지 말고 아이들이 문제를 해결하는 방법을 관찰한다. 공이 2개 있으면 두 명이 각자 공을 다리 사이에 끼고 손을 잡고 목표지점을 돌아오는 놀이를 할 수도 있다.

발달이야기 인기 있는 아이는 의사소통의 전략이 다르다

인기 있는 아이들은 어떻게 다를까? 국내 연구에서 만 5세 아이들을 인기도에 따라 인기아, 보통아, 비인기아로 나누고 놀이 시에 이들의 대화를 분석했다. 그 결과를 보면 인기 있는 아이들은 비인기아와 의사소통의 전략이 달랐다. 인기아들은 '설명하기'와 '제안하기'의 전략을 가장 많이 사용했고 비인기아들은 '제안하기'와 '수용하기'를 가장 적게 사용했다.

설명하기: 예를 들어, "내가 치과 선생님이야" 하고 말하는 것처럼 인기아들은 함께 놀고 있는 놀이 상대와 놀이 내용을 공유하기 위해 자신이 하고 있는 행동을 더 많이 설명했다.

제안하기: '우리, 엄마 놀이하자'와 같이 놀이를 제안하고 확장했다.

이외에도 병원 놀이에서는 '넌 간호사니까 여기 앉아'처럼 '지시하기'도 많이 사용했다. 이는 병원 놀이 과정에서 인기아가 각 친구의 역할을 정하고 해야 하는 일들에 대해 지시하는 경우가 많았기 때문이다. 블록 놀이에서는 인기아들의 '질문'이 많았다. 예를 들어, '밑으로 가야 한다. 왠지 아니?'에서처럼 인기아들은 자신의 작품이나 자신이 선택한 방법을 자신 있게 알려주기 위한 방법으로 질문을 많이 사용했다.

한편 비인기아의 경우에는 다양한 상황에서 공통적으로 많이 사용한 의사소통 전략은 없었다. 그러나 가장 적게 사용한 것은 '수용하기'와 '제안하기'였다. 비인기아들은 놀이를 주도하기보다 따라가는 입장이기 때문에 제안하기가 많지 않았으며, 인기아나 보통아가 제안한 내용에 대해 적극적으로 긍정하는 모습도 적었기 때문에 수용하기도 적게 나타났다. 비인기아들이 인기아들의 의사소통 방식을 참고하여 유용한 제안이나 지시로 또래 이끌기, 또래를 지지하고 수용하기, 설명하기 등을 연습하여 또래들과의 관계를 향상시킬 수 있다.

48~72month :: 사회 · 정서 감성 발달 | 가능성을 키우는 융복합 놀이 16

눈 맞춤

융복합 영역: 사회 · 정서, 신체

눈 맞춤을 통해 서로의 마음을 들여다보고 사랑하는 마음을 확인하는 소중한 시간을 가져보는 놀이다.

- **준비물** 없음

- **놀이 방법**

1. 엄마와 아이가 서로 마주 보고 앉거나 서서 서로의 눈을 4분 동안 쳐다본다.
2. 엄마가 아무 주제(예: 아침에 일어나서 지금까지 한 일)를 가지고 이야기하고 그동안 아이는 엄마의 눈을 계속 쳐다보고 있어야 한다. 눈길을 피하면 다시 처음부터 시작한다.
3. 순서를 바꾸어 아이가 이야기하는 동안 엄마도 아이의 눈을 쳐다본다.
4. 4분 후에 눈 맞춤을 하면서 어떤 생각이 들었는지 이야기한다.

- **놀이 효과**

- 가장 기본적인 사회적 기술인 눈 맞춤으로 상대방의 마음을 헤아릴 수 있게 된다.
- 상대와 눈 맞춤을 하면서 친밀감과 사랑의 감정이 생긴다.

● **아이의 가능성을 키우는 Tip & 응용**

처음에는 서로 어색하고 쑥스러워서 눈을 똑바로 바라보기가 쉽지 않다. 먼저 시간을 짧게 잡고 이야기 없이 서로 눈을 쳐다보는 연습을 한다. 4분 후에는 평상시 아이와 항상 부대끼면서도 쉽게 경험하지 못하는 친밀한 사랑의 감정을 느끼게 될 것이다. 파트너를 바꿔서 아이뿐 아니라 부부끼리 형제끼리도 눈 맞춤의 시간을 가져보자.

> **발달이야기** 아이와 사랑에 빠지는 방법
>
> 사회심리학의 한 연구에 따르면 모르는 남녀가 2분 동안만 서로의 눈을 쳐다보고 있어도 서로에 대한 호감이 증가한다는 결과가 있다. 또 다른 연구에서는 보통 사람들이 대화 중 30~60%의 시간 동안 눈 맞춤을 하지만, 사랑하고 있는 연인들의 경우에는 이 눈 맞춤의 시간이 75% 이상으로 증가한다고 한다. 물론 서양과 달리 동양에서는 눈을 똑바로 바라보는 것이 버릇이 없거나 예의에 어긋나는 일이 되는 경우도 많다. 그러나 확실히 눈은 말로 다 표현하지 못 하는 마음을 전달할 수 있다. 이는 눈 맞춤을 하는 동안 사랑의 호르몬인 옥시토신이 분비되기 때문이라고 한다.
>
> 가장 최근에 아이에게 눈 맞춤을 하고 아이를 바라본 것이 언제일까? 아이가 아주 어릴 때는 오히려 더 눈을 맞추고 말을 붙이는 일이 많았지만, 최근에는 아이 얼굴을 똑바로 바라본 기억이 별로 없다면, 4분만 아니 2분 만이라도 아이와 눈 맞춤해보자. 얼굴만 보면 잔소리 거리만 생각나던 아이와 다시 사랑에 빠질 수도 있을 것이다.

48~72month :: 사회 · 정서 감성 발달 | 가능성을 키우는 융복합 놀이 17

달라진 곳 찾기

융복합 영역: 사회 · 정서, 탐구

관찰력과 창의성을 길러주는 놀이로 아이의 기억력에도 도움이 된다. 게다가 사물을 관찰하는 재미가 있다.

- 준비물 없음
- 놀이 방법

1. 두 사람이 짝이 되어 상대방의 옷, 머리 모양, 양말 등을 자세히 관찰한다.
2. 그다음 뒤로 돌아서서 각자 자신의 옷이나 머리 모양 등에서 한 가지를 변화시킨다. 이때 상대방이 잘 알아보지 못하도록 작은 변화를 준다. (예: 양말 벗기, 머리 스타일을 다르게 하기, 셔츠를 바지 속에 넣기 등)
3. 다시 상대방의 얼굴을 마주 보고 상대방에게서 전과 달라진 곳을 먼저 찾는다.

- 놀이 효과
- 관찰력과 기억력의 발달에 도움이 된다.
- 창의성 발달에 도움이 된다.

● **아이의 가능성을 키우는 Tip & 응용**

사람들이 많을수록 짝을 바꿔가면서 달라진 점을 찾으면 더 어렵기도 하고 더 재미있다. 두 사람 외에 판정을 내려주는 심판관이 있으면 좋다.

> **발달 이야기** 실패가 두려운 아이
>
> 무엇을 하고 싶은 마음을 '동기'라고 하는데 어떤 목표를 가졌는지에 따라 동기의 종류가 달라진다. 숙달목표는 스스로 세운 기준을 달성하려는 목표인데, 자신의 능력을 조금이라도 향상시키는 것에 그 목적을 둔다. 숙달목표를 가진 아이는 실패하더라도 새로운 과제에 도전하려 하므로 늘 새로운 것을 배우기를 즐긴다.
>
> 간혹 일등을 하거나 남에게 자신이 똑똑하게 보이는 것이 목표가 되기도 하는데, 이를 '수행목표'라고 한다. 수행목표도 자세히 보면 둘로 나눌 수 있는데, 똑똑하게 보이는 것이 목표가 될 수도 있고(수행접근), 혹은 '그냥 중간만 하면 되지' 하면서 어리석어 보이는 것을 '피하는 것'이 목표(수행회피)가 되기도 한다. 수행목표를 가진 아이들은 새로운 것을 배우는 즐거움보다는 실패나 실수에 대한 두려움과 수치심에 집중하게 되고 따라서 도전을 회피하는 경향이 있다. 그러다가 한 번이라도 실패하게 되면 매우 낙심하게 되고 자기를 심하게 비난하기도 한다.

48~72month :: 사회 · 정서 감성 발달 | 가능성을 키우는 융복합 놀이 18

사람 고리 풀기

융복합 영역: 사회 · 정서, 신체, 언어

여러 명이 함께 놀 때 재미있는 놀이로 잘 몰랐던 친구와도 친해질 기회를 준다.

- 준비물 없음
- 놀이 방법

1. 모두 원 모양으로 모여서 오른팔을 내밀어 상대방의 오른팔을 잡는다. 이때 바로 옆에 있는 사람의 손은 잡지 않는다.

2. 다음에는 왼팔을 내밀고 또 다른 사람의 왼팔을 잡는다. 마찬가지로 바로 옆 사람의 손은 잡지 않는다.

3. 이제 서로의 손과 손이 엉키게 되는데, 두 손을 놓지 않은 채로 엉킨 손을 풀어본다.

- 놀이 효과

- 잘 모르는 친구들끼리도 서로 손을 잡고 몸을 부딪치면서 친해진다.
- 문제 해결 능력이 발달한다.

● **아이의 가능성을 키우는 Tip & 응용**

적어도 3명 이상의 사람이 있어야 하고, 사람들이 많을수록 더 재미있다.

발달 이야기 실패를 두려워하지 않는 아이를 키우는 엄마의 상호작용

국내의 한 연구에서 아이들의 동기유형과 엄마의 상호작용을 조사했다. 유치원 아이들에게 실패와 성공을 경험하게 한 다음에 이들의 동기를 분류했다. 그 결과 아이 중 숙달동기를 가진 아이들(실패를 무서워하지 않고 배우는 것이 목표)이 33%, 수행접근동기(남들만큼만 하거나 꼴찌가 되지 않는 것이 목표)는 약 40%, 수행회피동기(남들보다 잘하는 것 혹은 일등이 목표)는 약 27%였다.

한편 연구에 참여한 아이들과 엄마들의 상호작용을 분석해보았는데, 숙달동기를 가진 아이들의 엄마들은 수행동기를 가진 아이들의 엄마보다 놀이 중에 '권유'와 '피드백', '의견 묻기' 전략을 더 많이 사용했다. 반면, '지시' 전략을 가장 적게 사용했고 놀이 시에 정서적 공감과 애정이 더 많이 드러났다.

피드백은 엄마가 아이의 말이나 행동에 대해 '맞았어', '그건 아닌데…' 하면서 최소한으로 반응하는 것이다. 아이에게는 엄마가 관심을 갖고 있고 엄마와 함께하고 있다는 느낌을 주는 행동만으로 아이가 숙달목표를 갖는 데 도움을 준다.

의견 묻기는 '큰 종이와 작은 종이 중 어떤 것으로 하고 싶어?', '사진대로 만들고 싶어?' 하면서 아이의 의견을 묻는 것으로 엄마가 아이의 의견을 따르겠다는 태도를 보이므로 아이들은 자율성을 경험하게 된다.

권유는 엄마가 아이에게 바라는 것을 "이것 좀 그쪽에 놔줄래?", "이제 정리하자." 하는 식으로 요청하거나 부드러운 말로 지시하는 것이다. 사실상 내용에서는 "이것 좀 거기에 놓아.", "이제 정리해라." 하는 지시하기와 크게 다르지 않지만, 지시하기보다는 부드러운 어조를 사용한다. 그런데 숙달목표 집단의 엄마들이 다른 집단의 엄마들보다 이 권유하기를 더 많이 사용했지만, 지시하기는 덜 사용했다는 결과는 주목할 필요가 있다. 즉, 같은 내용이라도 그것을 전달하는 분위기가 아이를 존중하는 분위기인지 아닌지에 따라서 아이의 동기에 영향을 줄 수 있다는 것이다.

48~72month :: 사회 · 정서 감성 발달 | 가능성을 키우는 융복합 놀이 19

숟가락 위에 주사위 쌓기

융복합 영역: 사회 · 정서, 신체, 탐구

두 명이 한팀이 되어 팀 대항으로 할 수 있는 놀이로 협동심에 대해 배울 수 있다.

- **준비물** 주사위 여러 개, 큰 숟가락 2개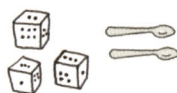
- **놀이 방법**

1. 두 명이 짝이 되어 두 팀이 함께하거나 시간을 재면서 한 팀씩 놀이할 수 있다.
2. 각 팀의 한 사람이 숟가락을 입에 문다.
3. 다른 한 사람은 1분간 숟가락 위에 주사위를 쌓는다. (주사위를 많이 쌓은 팀이 이긴다)

- **놀이 효과**
- 협동심 발달에 도움이 된다.
- 문제 해결력 발달을 돕는다.

- **아이의 가능성을 키우는 Tip & 응용**

각자 숟가락을 물고 자신의 숟가락에 직접 주사위 쌓기를 할 수도 있다. 이

때 아주 어렵게 하려면 눈을 감고 자신이 물고 있는 숟가락 위에 주사위 쌓기를 한다. (숟가락 대신 편평한 나무 막대를 사용해도 된다)

발달 이야기 또래를 사귀는 데 필요한 기술

유치원이나 놀이터에서 또래 친구들과 함께 놀지 않고 혼자서만 놀거나 친구들의 주위를 서성이며 놀이에 끼지 않는 아이들이 있다. 사실 또래의 놀이집단에 끼어드는 것이 보기보다 쉬운 일은 아니다. 너무 수줍어하거나 말을 잘 안 하는 아이들에게는 더욱 어렵다. 연구에 의하면 또래에 성공적으로 진입하는데 중요한 세 가지가 사항이 있다. 첫째, 아이가 집단에 진입하기 위해서 일련의 전술을 사용하는 것이다. 예를 들어, 또래에 성공적으로 진입하는 아이들은 처음에는 기다리기나 주위를 맴돌기, 혹은 옆에서 혼자 놀기와 같은 저위험의 전술을 사용한다. 그러다가 또래에게 말을 걸거나 질문을 하는 것과 같은 고위험도의 전술로 이동한다. 둘째, 성공적인 전술은 또래들로부터 거부당할 위험성을 어느 정도 가진다. 예를 들어, 말 걸기와 같은 전술은 옆에서 가만히 쳐다보고 있는 저위험의 전술보다 또래로부터 거부당할 가능성이 더 크다. 셋째는 진행되고 있는 놀이를 중단시키지 않으면서, 아이들의 주의를 자신에게로 너무 집중시키지 않으면서 집단에 들어가는 것이다. 그런데 또래에 잘 끼지 못하는 아이들은 저위험의 전술에서 고위험의 전술로 자연스럽게 이동하기가 어렵다. 예를 들어, 이들은 방 안을 서성이거나 친구들을 쳐다보거나 놀잇감이 아닌 사물에 관심을 가지고 던지거나 하는 저위험의 전술만을 사용하고 있는 경우가 많기 때문이다. 한 연구에서 친구들의 집단에 끼어들기 어려운 아이들에게 저위험 전략(1~4단계)과 고위험 전략(5단계)을 포함한 5단계의 전략을 가르쳤는데, 또래에 진입하는 데 효과가 있었다. 또래 놀이집단에 진입하는 5단계 전략은 다음과 같다.

1단계: 친구들이 노는 곳으로 걸어간다.
2단계: 친구들의 놀이를 관찰한다.
3단계: 장난감을 가져온다.
4단계: 옆에서 같은 놀이를 하면서 논다.
5단계: 친구에게 놀이 아이디어를 제안한다. "우리 이렇게 놀면 어떨까?" 혹은 "이렇게 하고 놀자." 하면서 자신의 놀이 아이디어를 말한다. 여기서는 특히 소품(놀잇감)을 이용해서 친구들의 놀이에 더할 수 있는 아이디어를 제공하는 것이 도움이 된다.

48~72month :: 사회 · 정서 감성 발달 | 가능성을 키우는 융복합 놀이 20

포스트잇 붙이기

융복합 영역: 사회 · 정서

아주 간단한 팀 대항 놀이로 하다 보면 웃음이 멈추지 않는다.

- **준비물** 포스트잇, 타이머
- **놀이 방법**

1. 두 명이 짝이 되어 여러 팀이 함께 놀이할 수 있다.
2. 1분간 포스트잇을 파트너에게 되도록 많이 붙인 팀이 이긴다.

- **놀이 효과**
- 협동심 발달에 도움이 된다.
- 문제 해결력의 발달을 돕는다.

- **아이의 가능성을 키우는 Tip & 응용**
- 각자 자신의 얼굴과 몸에 더 많은 포스트잇 붙이기를 할 수도 있다.
- 포스트잇이 없거나 잘 붙지 않으면 테이프를 이용해서 붙여도 된다.
- 포스트잇을 다 붙이고 수를 센 다음에는 붙은 포스트잇의 수를 같게 한

뒤, 손을 대지 않고 포스트잇 떼기를 해도 재미있다.

발달 이야기 또래 괴롭힘을 당하는 아이들의 특성

국내의 한 연구에서 만 4, 5세 유아 300여 명을 대상으로 또래 괴롭힘을 조사했다. 조사 결과 다행히도 이 연령에서는 또래 괴롭힘이 그리 빈번하지는 않았다. 그중에서도 또래 괴롭힘을 당하는 아이와 어머니의 특성을 살펴보면 다음과 같다.

첫째, 언어 수준이 낮을수록 또래의 괴롭힘의 정도가 높았다. 언어 수준이 낮은 아이들은 괴롭힘을 당해도 자기를 적극적으로 방어하고 억울함을 호소할 언어적 능력이 부족하다. 또한, 혼자 놀기 때문에 괴롭힘을 당하더라도 도와줄 친구가 없어서 괴롭힘의 표적이 되기 쉽다.

둘째, 신체적으로 공격적이고 불안·위축된 아이의 경우, 또래 괴롭힘의 가능성이 컸다. 신체적 공격성을 보이는 아이들은 또래들로부터 거부되기 쉽고, 이로 인해 괴롭힘을 당하게 될 가능성이 크다. 불안·위축적인 아이들은 사회적 관계를 두려워하고 불안해하며 새로운 상황을 회피하는 경향이 높다. 이들은 집단 활동에 잘 참여하지 못하고 괴롭힘을 당하더라도 울거나 순응하거나 하는 방법으로 적절히 대응을 하지 못한다. 따라서 공격을 해도 보복할 것 같지 않은 인상을 주기 때문에 괴롭힘 행동을 더욱 강화시킬 수 있다.

셋째, 무관심한 어머니의 아이들이 괴롭힘의 표적이 될 가능성이 컸다. 이 어머니들은 아이가 평소보다 집에 늦게 들어와도 개의치 않거나 아이가 누구랑 노는지, 어디에 있는지를 잘 모르고 자신도 어디에 있는지 아이에게 잘 알리지 않는다. 어머니가 아이들의 놀이 장소와 놀이 친구를 계획하고 선택해주는 것이 또래 관계에서 유능성을 발달시킬 수 있는 중요한 조건이지만, 이와 반대로 무관심하고 관리 감독을 하지 않는 어머니들의 아이들은 유능성을 발달시키기 어렵고 괴롭힘을 당하기 쉽다.

마지막으로, 교사와 아이 사이에 친근감이 낮고 갈등의 정도가 높을수록 또래 괴롭힘을 당할 가능성이 컸다. 선생님과의 관계가 원만하지 않다는 것은 결국 아이의 사회적 유능성이 낮다는 또 다른 지표일 수 있다.

▶ 장 박사의 Q&A 고민상담소 ◀

도와줘요. 장 박사님!

Q 아이가 혼자서 역할을 나눠 장난감을 가지고 잘 놀아요. "안녕, 곰아! 난 ○○이야. 우리 뭐할까?" 이런 식으로요. 이런 역할 놀이는 가르친 적이 없는데, 어디서 보고 따라 하는 것인지 본능적으로 하는 것인지 궁금해요.

A 역할놀이는 놀이 자체를 어른이 가르쳐서 아이가 배우기보다 아이가 발달하면서 습득된 내용이 놀이 속에서 드러나는 것입니다. 예를 들어, 아이가 엄마의 역할을 하기 위해서는 먼저 자신은 엄마가 아니라는 사실을 알아야 하고 동시에 엄마의 감정을 나의 감정과 구분하는 인지, 정서의 발달이 이루어져야 합니다. 또 엄마가 하는 역할을 언어적으로 표현할 수 있는 언어 발달 역시 바탕이 되어야 합니다. 이런 발달적인 바탕 위에 아이가 평소에 관찰한 내용이 역할놀이로 나타나게 됩니다. 엄마가 하는 말, 엄마의 말투가 아이의 역할놀이에 그대로 드러나는 것을 보면 경험과 환경도 영향을 준다는 것을 알 수 있습니다.

요약하면 역할놀이는 아이의 발달과 또 아이가 보고 듣는 경험의 내용이 드러나는 발달의 한 과정입니다. 아이들은 이런 역할놀이를 통해 타인의 관점과 감정 상태를 탐구하는 기회를 갖게 되고 언어적인 표현을 연습합니다.

그뿐만 아니라 인형과 이야기를 하거나 인형의 입에 빈 우유병을 가져다 대며 우유를 먹이는 시늉을 하면서 상상력과 창의력을 키웁니다. 또 역할을 정하고 놀이의 시나리오를 정하는 과정에서 또래와 협상하고 갈등이 생겼을 때 해결하는 방법도 배웁니다. 발달의 모든 과정이 집대성되는 놀이라고 할 수 있지요.

Q 5세 된 아이인데, 유치원에 안 보내고 집에서 가르치려고 해요. 괜찮을까요?

A 엄마가 직접 아이를 가르치는 홈스쿨링을 생각하고 계시네요. 홈스쿨링의 최대 장점은 아이의 발달 수준과 학습의 속도, 적성에 맞게 아이를 제일 잘 아는 부모가 직접 가르칠 수 있다는 것입니다. 또한, 시간과 장소에 구애를 받지 않는 것도 매력적입니다. 교육의 내용은 유치원의 교육과정인 누리과정을 참고해서 설계할 수도 있고 아이의 흥미와 관심에 따라서 아이의 흥미 중심으로 내용을 꾸릴 수도 있습니다. 사실 이 책에서 소개하는 놀이만이라도 꾸준히 그리고 제대로 놀아준다면 핵심적인 발달 영역과 교육과정의 내용은 포함이 된다고 할 수 있습니다.

　단, 홈스쿨링을 할 때 염두에 두어야 할 것은 아이들의 또래 관계입니다. 물론 부모와 안정적이고 애정적인 관계가 형성되어 있다면 기본적으로 다른 사람과 관계 맺기를 위한 준비가 되어 있을 것입니다. 그러나 부모가 일방적으로 보살펴주는 관계와 또 다른 수평적인 관계 맺기를 또래들과의 어울림 속에서 배워나가야 합니다. 홈스쿨링을 하더라도 주변의 또래들과 접촉하고 놀 수 있는 환경이 만들어진다면 다행입니다. 그러나 요즘처럼 또래들과 놀 수 있는 시간과 기회가 부족한 환경에서는 의도적으로라도 다른 아이들과의 놀이 시간을 만들어주어야 합니다. 이 시기에 또래들과 함께 놀면서 서로 싸우기도 하고 화해도 하면서 기본적인 인간관계의 기술들을 익히지 못하면 나이가 들수록 더 큰 대가를 지불하며 배워야 하기 때문입니다.

Q 5세 아이인데 인·적성검사를 해준다고 해요. 인·적성검사로 무엇을 알 수 있나요? 그리고 이 시기에 꼭 해야 하는 검사인가요?

A 아이가 정상적으로 잘 발달하고 있다면 이 시기에 꼭 해야 하는 검사는 없습니다. 그러나 아이들이 초등학교에 들어가기 전이나 저학년 때 발달 검사나 지능 검사 등을 한 번 받아 보는 것도 나쁘지 않다고 생각합니다. 그 이유 중 하나는 지금 아이의 인지나 언어 발달이 어떤 상태인지, 혹은 어디에 적성이 있는지를 알아보려는 것입니다. 그러나 더 큰 이유는 앞으로 아이를 교육하고 지도할 때 어떤 점에 신경을 써야 하고 어떤 부분을 잘 키워줘야 하는지에 대한 정보를 얻을 수 있기 때문입니다. 문제는 검사가 얼마나 신뢰성 있게 잘 만들어진 검사인가와 검사를 하는 사람이 자격을 갖춘 사람인가 하는 것입니다. 보통 신뢰성 있고 타당한 검사를 자격을 갖춘 검사자가 제대로 검사할 때는 대부분 유료입니다. 단, 예외적으로 연구 목적과 같은 특별한 경우에는 무료로 검사를 실시해주기도 하지만, 결과를 자세하게 설명해주지는 않을 것입니다. 그리고 검사를 할 때도 검사실과 같은 준비된 장소에서 실시하게 됩니다. 그렇지 않은 경우, 그러니까 검사가 무료이고 집에 와서 간단한 검사를 하는 경우는 검사 자체가 과학적인 방법으로 신뢰성 있게 타당하게 잘 만들어지지 않았을 가능성이 있습니다. 또 검사를 제대로 잘 만들었다고 하더라도 실시 과정에서 아이가 집중하지 않거나 빠른 시간 안에 검사를 끝내야 하는 문제 등으로 신뢰성 있는

검사를 하기 힘든 경우가 많습니다. 이런 경우에는 검사를 꼭 받아야 할 필요는 없다고 생각됩니다. 검사를 받는다고 하더라고 그러한 제한점을 고려하고 결과를 이해하시면 좋겠습니다.

Q 6세 아이인데, 유치원이나 어린이집 중 한 곳에 보내려고 해요. 어디가 좋을까요?

A 어린이집과 유치원을 비교해보면 어린이집은 0세부터 취학 전 아동을 위해서 보육과 교육을 제공하는 보육기관이고 보건복지부가 소관부처입니다. 어린이집의 보육교사들은 고등학교 이상을 졸업한 후에 보육교사 양성과정이나 2~3년제 대학의 보육학 관련 학과, 4년제 대학의 아동학과 등 관련 학과를 졸업하고 보육교사 1, 2, 3급의 자격증을 가지고 있습니다. 보육 시간은 종일제입니다. 이에 비해 유치원은 만 3세부터 취학 전 아동을 대상으로 하는 교육 기관이고 교육과학부가 소관부처입니다. 유치원 교사는 전문대 유아학과 이상을 졸업하고 2~3년제 대학의 유아교육학과, 4년제 대학의 유아교육학과, 아동 관련 학과를 졸업하고 유치원 1, 2급 정교사 자격증을 가지고 있습니다. 교육 시간은 반일제(3~5시간), 종일제(8시간 이상), 시간 연장제(5~8시간)로 운영합니다. 교육과정은 2012년 교육과학부와 보건복지부가 누리과정을 고시한 이후 유치원과 어린이집에 똑같이 적용되고 있습니다. 결국, 유치원이 어린이집보다 교육 시간이 더 짧고 교육비가 더 드는 대신 교사들이 유아교육과 출신들이라는 점이 차이입니다.

지금 6세이고 초등학교에 진학할 것을 준비한다면 일반적으로는 어린이집보다 유치원이 더 적절할 것으로 기대가 됩니다. 그러나 누리과정이 공통으로 적용되면서 유치원과 어린이집의 차이보다도 개별 유치원이나 어린이집마다 원장의 교육 철학과 교사들의 자질, 경험에 따라 더 큰 차이가 있다고 생각됩니다. 가까운 곳의 유치원이나 어린이집을 방문해서 직접 둘러보고 동네에서 해당 유치원이나 어린이집에 대한 평을 들어본 다음에 종합적으로 판단하는 것이 좋겠습니다.

▶ 발달 키워드 ◀

사회적 유능성

아이가 또래들과의 관계에서 얼마나 잘 적응하고 또 친구들에게 인기가 있는지, 더 나아가 또래와의 관계에 적극적으로 참여하고 있는지를 '사회적 유능성'(또는 사회성)이라고 한다. 사회적 유능성은 유아기에 발달하기 시작하지만, 아이가 평생 세상을 살아나가는 데 중요한 능력이 된다. 학업이나 지적 능력은 뛰어나지만, 사회적 유능성이 잘 발달되지 않으면 그만큼 유치원이나 학교생활이 즐겁지 않고 자신감도 저하된다. 다음의 질문들을 이용해서 아이의 사회적 유능성을 점검해보자.

| 체크 리스트: 우리 아이의 사회적 유능성은 어떤가? |

다음은 아이의 사회적 유능성을 판단하기 위한 문항들이다. 각 문항을 읽고 아이의 상황에 가장 가깝다고 생각하는 곳에 체크한다.

문항	매우 아니다 1	아니다 2	보통이다 3	그렇다 4	매우 그렇다 5
1. 다른 아이들과의 놀이나 활동을 주도한다					
2. 다른 아이들의 이야기를 잘 들어준다					
3. 다른 아이들에게 인기가 많다					
4. 다른 아이들에게 자신의 의견을 명확하게 표현한다					

문항	매우 아니다 1	아니다 2	보통이다 3	그렇다 4	매우 그렇다 5
5. 다른 아이와 갈등을 경험할 때 타협을 잘한다					
6. 다른 아이들이 이 아이를 좋아한다					
7. 다른 아이들에게 효과적으로 자기주장을 한다					
8. 다른 아이에게 양보를 잘한다					
9. 다른 아이들이 이 아이와 함께 놀고 싶어 한다					
10. 다른 아이들과 놀이를 재미있게 이끌어간다					
11. 장난감이나 교구를 다른 아이들과 사이좋게 나누어쓴다					
12. 여러 아이들과 고루 친하게 지낸다					
13. 다른 아이들이 따라 할 만한 놀이나 활동을 제안한다					
14. 어려움에 처한 아이를 잘 도와준다					
15. 다른 아이에 비해 친구가 많다					

모든 문항에 체크를 했으면 다음의 하위 요인별로 해당 질문에 대한 점수를 모두 더한 뒤에 평균 점수를 구한다. 평균 점수가 각각 3점보다 높으면 사회적 유능성이 높은 것으로 볼 수 있다. 만약 평균 점수가 3점보다 많이 낮다면 사회적 유능성이 떨어지는 것으로 볼 수 있다. 특히 어떤 부분에서 아이의 점수가 높고 낮은지를 살펴보고 아이와 놀이 시에 보완이 필요한 부분을 키워주면 좋겠다.

하위 요인	문항 내용	문항 번호	총점/문항수
사교성	또래집단에 잘 수용되며, 여러 아이들과 고루 어울릴 수 있는 능력	3, 6, 9, 12, 15	/ 5

하위 요인	문항 내용	문항 번호	총점/문항수
친사회성	다른 아이들을 잘 도와주고 사이좋게 지내며, 갈등이 있을 때 이를 효과적으로 해결하는 능력	2, 5, 8, 11, 14	/ 5
주도성	또래와의 활동이나 놀이를 능동적으로 제안하고 이끌며, 자신의 의견을 효과적으로 주장하는 능력	1, 4, 7, 10, 13	/ 5

Chapter 5

예술 창의 발달

아이의 가능성을 키우는 48~72개월 융복합 놀이

음악, 미술로 자기감정이나 느낌을 표현해요

예술적 환경에서 경험하며 재능을 발견하는 시기

• • •

예술 경험 영역 발달의 특징

48~72개월의 아이들은 언어나 인지 발달, 사회성과 신체 발달이 어느 정도 이루어져 있다. 그래서 이 시기에는 음악이나 미술을 또래들과 함께 배우고 자신의 느낌과 생각을 표현할 수 있게 된다. 또한, 이 시기는 아이들의 그림 발달에서는 전도식기에 해당하므로, 이전의 낙서와 같은 그림에서 제법 알아볼 수 있는 사실적인 그림을 그리기 시작하고, 그리기나 만들기의 욕구가 왕성해진다. 음악에 있어서도 음의 판별 능력이 발달하고 리듬에 흥미를 나타낼 뿐만 아니라 셈여림과 음색, 빠르기를 구별할 수 있고, 창의력이 왕성해지는 시기다. 아이가 지닌 이러한 예술적 능력은 자칫 눈치를 채지 못하고 지나갈 수도 있다. 그러나 이 시기에 음악과 미술을 포함한 예술적인 환경을 즐겁게 경험하면 예술적 재능이 발현되는 데 도움이 될 뿐만 아니라 예술을 즐기고 감상하는 데에도 도움이 된다. 그러므로 이 시기 예술 활동에서는 어떤 점에 관심을 두어야 하는지 유치원의 누리과정 중 예술 경험 영역의 목표를 살펴보자.

누리과정 예술 경험 영역 내용

- **아름다움 찾아보기**: 소리, 셈여림, 빠르기 리듬 등의 음악적 요소 탐색하기, 움직임과 춤의 모양 등을 탐색하기, 자연과 사물의 색, 모양, 질감, 공간 등의 미술적 요소 탐색하기가 목표다.
- **예술적 표현하기**: 음악/움직임/미술 활동/극 놀이/통합적으로 표현하기가 목표다.
- **예술 감상하기**: 다양한 음악, 춤, 미술작품, 극 놀이 등을 보고 즐기고 나와 다른 사람의 예술 표현을 소중히 여기기, 전통예술에 관심 갖기가 목표이다.

유치원 과정을 살펴보면, 그리기, 만들기 이외에도 음악, 움직임, 극 놀이로 표현하기와 예술 작품을 보고 즐기기 감상하기와 같은 다양한 활동이 포함된다. 즉 직접 예술 표현을 하는 것도 중요하지만, 기본적인 요소들을 탐색하기, 다양한 형태로 자기 생각과 느낌을 표현하고 감상하기를 강조하는 것을 알 수 있다. 이를 위해서는 이 책에서 소개하고 있는 자유롭고 즐거운 놀이 활동이 도움이 될 것이다.

2013년 개정된 초등 교육과정부터는 '융합과 통합'의 교육을 강조하면서 예술과 과학, 기술, 수학, 공학의 지식이 어우러져서 실제 생활의 문제를 창의적으로 해결할 수 있는 능력을 갖추는 것을 목표로 하고 있다. 우리나라의 세계적인 비디오 아티스트 백남준이나 세종대왕의 경우를 보아도 과학 기술과 예술이 융합될 때 세계적 수준의 창의적인 결과물이 나온다는 것을 알 수 있다. 예를 들어, 백남준은 세계 최초 비디오 아티스트이면서 작곡, 퍼포먼스, 비디오아트까지 다방면으로 활동한 예술가로 그의 작품은 비디오, TV와 같은 브라운관 원리, 자석, 위성, 로봇, 카메라와 같은 과학기술을 기반으로 테크놀로지를 활용한 작품이 많다. 또 세종대왕은 다양한 과학기구를 발명했을 뿐 아니라 작곡가이며, 무엇보다 그가 창제한 한글은 과학적이면서도 예술적인 글자로 유명하다. 이러한 결과물을 위해서는 과학, 수학과 같은 이공계의 영역(STEM)에도 예술적인 요소가 결합되는 것이 필요하며, 이것이 곧 STEAM의 융합 교육인 것이다.

이 책에 소개된 예술 놀이 '물병 악기(260쪽)', '마술피리 만들기(262쪽)', '커피 필터 부케 만들기(298쪽)', '자석으로 그림 그리기(280쪽)', '그림자놀이(278쪽)'처럼 그 자체가 과학 실험인 활동이 여럿 있다. 이러한 융합 놀이를 아이와 함께하면서 즐거운 예술 활동 속에서 과학의 현상을 경험하고, 그 원리에 호기심을 갖고, 이를 언어로 소통하며 해결하는 것이 최고의 융합 교육 프로그램이 될 것이다.

●48~72개월 예술 경험 영역 학습 목표 체크 리스트

다음은 누리과정 중 이 시기 아이들이 습득해야 할 예술 경험 영역의 학습 목표이다. 아이가 해당 시기의 예술 경험 학습 목표를 잘 이행하고 있는지 잘 관찰하여 기록해보자. 만약 아이가 학습 목표에 도달하지 못했다면 이 책의 예술 창의 발달 놀이를 통해 잘 이끌어주면 된다.

연(월)령		학습 목표	관찰 내용
만 4세 (48~59개월)	아름다움 찾아보기	다양한 소리, 음악의 셈여림, 빠르기, 리듬 등에 관심을 갖는다	
		움직임과 춤의 모양 힘, 빠르기 등에 관심을 갖는다	
		자연과 사물의 색, 모양, 질감 등에 관심을 갖는다	
	예술적 표현하기	노래로 자신의 생각과 느낌을 표현한다	
		전래동요를 즐겨 부른다	
		리듬악기를 연주해본다	
		간단한 리듬과 노래를 즉흥적으로 만들어본다	
		신체를 이용하여 주변의 움직임을 자유롭게 표현한다	
		움직임과 춤으로 자신의 생각과 느낌을 표현한다	
		도구를 활용하여 다양한 움직임으로 표현한다	
		다양한 미술 활동으로 자신의 생각과 느낌을 표현한다	
		협동적인 미술 활동에 참여한다	
		미술 활동에 필요한 재료와 도구를 다양하게 사용한다	
		일상생활의 경험이나 간단한 이야기를 극 놀이로 표현한다	
		소품, 배경, 의상 등을 사용하여 협동적으로 극 놀이를 한다	
		음악, 움직임과 춤, 미술, 극놀이 등을 통합하여 표현한다	
		예술 활동에 참여하여 표현 과정을 즐긴다	
	예술 감상하기	다양한 음악, 춤, 미술작품, 극 놀이 등을 듣거나 보고 즐긴다	
		나와 다른 사람의 예술 표현을 소중히 여긴다	
		우리나라의 전통예술에 관심을 갖는다	

연(월)령		학습 목표	관찰 내용
만 5세 (60개월~)	아름다움 찾아보기	다양한 소리, 악기 등으로 음악의 셈여림, 빠르기, 리듬 등을 탐색한다	
		움직임과 춤의 모양 힘, 빠르기, 흐름 등을 탐색한다	
		자연과 사물에서 색, 모양, 질감, 공간 등을 탐색한다	
	예술적 표현하기	노래로 자신의 생각과 느낌을 표현한다	
		전래동요를 즐겨 부른다	
		리듬악기를 연주해본다	
		리듬과 노래 등을 즉흥적으로 만들어본다	
		신체를 이용하여 주변의 움직임을 다양하게 표현하며 즐긴다	
		움직임과 춤으로 자신의 생각과 느낌을 표현한다	
		다양한 도구를 활용하여 창의적으로 움직인다	
		다양한 미술 활동으로 자신의 생각과 느낌을 표현한다	
		협동적인 미술 활동에 참여하여 즐긴다	
		미술 활동에 필요한 재료와 도구를 다양하게 사용한다	
		경험이나 이야기를 극놀이로 표현한다	
		소품, 배경, 의상 등을 사용하여 협동적으로 극 놀이를 한다	
		음악, 움직임과 춤, 미술, 극 놀이 등을 통합하여 표현한다	
		예술 활동에 참여하여 창의적으로 표현하는 과정을 즐긴다	
	예술 감상하기	다양한 음악, 춤, 미술작품, 극 놀이 등을 듣거나 보고 즐긴다	
		나와 다른 사람의 예술 표현을 소중히 여긴다	
		우리나라의 전통예술에 관심을 갖고 친숙해진다	

48~72month :: 예술 창의 발달 | 가능성을 키우는 융복합 놀이 1

물병 악기

융복합 영역: 예술, 탐구, 수학

물병으로 '도레미파솔……'을 연주하며 멋진 음악 만들어보는 놀이다.

- **준비물** 빈 물병 6개(유리병이 플라스틱병보다 더 좋다), 식용 색소, 숟가락

- **놀이 방법**

1. 물병을 일렬로 세우고 첫 번째 물병에는 물을 전부 채운다.

2. 두 번째 물병에는 첫 번째보다 물을 조금 덜 채우고 다음 물병에는 두 번째 물병보다 물을 조금 덜 채우는 식으로 6개의 물병에 물을 넣는다.

3. 물병마다 다른 색의 물감을 푼다.

4. 물병을 숟가락으로 두들겨서 소리를 듣는다.

5. 아는 노래에 맞춰 물병을 두들긴다.

- **놀이 효과**

- 떨림(진동)에 의해 소리가 난다는 것을 배운다.

- 가장 높은 소리가 나는 병(물이 가장 적은 병)과 가장 낮은 소리가 나는 물병(물이 가장 높게 채워진 병)을 찾아본다.

● **아이의 가능성을 키우는 Tip & 응용**

물의 양에 차이가 작으면 소리의 구분이 어려우므로 처음에는 물의 양에 차이를 크게 준다. '아—' 소리를 내면서 목젖에 손가락을 대어 떨림을 느껴보고 떨림에서 소리가 나는 것을 경험해본다. 병이 떨릴 때 손으로 잡아서 소리가 어떻게 변하는지도 관찰한다. 플라스틱병, 유리병, 캔 등 용기를 달리해서 소리가 달라지는 것을 관찰한다. 병 입구에 입술을 대고 불어서 바람 소리를 표현해본다(세게 약하게, 길고 짧게 등). 또 물의 높이를 정할 때 자로 정확하게 재서 일정한 길이만큼 물의 높이를 낮게(혹은 높게) 맞춘다.

발달 이야기 음악 놀이의 활용

유아기 음악 교육의 가장 중요한 목적은 아이들이 즐기면서 음악을 이해하고 더 나아가 음악 활동을 할 수 있도록 도와주는 것이다. 따라서 피아노를 치거나 바이올린을 연주하는 것과 같은 기능의 연습보다는 음악과 친숙하게 하고 좋은 음악 표현이나 감상의 습관을 갖도록 도와주는 것이나. 이를 위한 가상 좋은 방법이 바로 놀이다. 놀이는 아이들이 즐겁게 자발적으로 음악과 관련된 활동을 하면서 음악에 친숙해지게 돕는다.

음악 놀이 중에 가장 먼저 시작해야 하는 놀이가 바로 소리 놀이다. 아이들이 다양한 도구를 사용하여 소리를 내고, 탐색하고 이를 바탕으로 음악 활동을 접할 수 있게 해준다. 소리 내기를 지도하기 위해서는 먼저 듣는 것에 대한 교육을 자연스럽게 시작하는데 무엇보다도 즐겁고 아름다운 음악을 들려주고 친근하고 익숙한 음악을 들려줌으로써 쉽고 즐겁게 소리 내는 경험을 스스로 가질 수 있도록 지도한다.

48~72month :: 예술 창의 발달 | 가능성을 키우는 융복합 놀이 2

마술피리 만들기

융복합 영역: 예술, 수학, 언어

그림 형제의 동화 『피리 부는 사나이』를 읽고, 동화 속에 나오는 마술피리를 만들어 상상력을 마음껏 펼쳐볼 수 있다.

- **준비물**   자, 가위, 빨대 9개, 투명 테이프, 동화책 『피리 부는 사나이』
- **놀이 방법**

1. 9개의 빨대를 나란히 내려놓는다.

2. 두 번째 빨대를 첫 번째 빨대보다 2cm 더 짧게 자른다.

3. 세 번째 빨대는 두 번째보다 2cm 더 짧게 자른다.

4. 같은 방법으로 여덟 번째 빨대까지 2cm씩 더 자른다.

5. 9개의 빨대를 한꺼번에 나란히 붙일 수 있을 정도의 길이로 투명 테이프를 잘라서 끈끈한 부분을 위로 향하게 해서 바닥에 놓는다.

6. 빨대의 아랫부분을 나란히 맞추고 윗부분을 긴 빨대부터 키 순서대로 가지런히 놓은 뒤, 투명 테이프 위에 놓고 빨대의 아랫부분에서 3~5cm 정도 되는 지점을 테이프로 감아서 빨대를 고정시킨다.

7. 이제 피리를 불어보며 어떤 빨대에서 가장 높은 소리가 나는지, 혹은 가장 낮은 소리가 나는지 알아본다. (가장 짧은 빨대에서 가장 높은 소리가 난다)

8. 피리를 부는 자신의 모습을 그림으로 그려본다.

● **놀이 효과**

- 빨대의 길이에 따라 소리가 다르게 나는 것을 관찰한다.
- 상상력을 키우는 데 도움이 된다.

● **아이의 가능성을 키우는 Tip & 응용**

빨대로 만든 피리를 불면서 『피리 부는 사나이』의 이야기를 상상한다. 만약 마술을 부릴 수 있는 피리를 가진다면 무엇을 하고 싶은지 생각해보고, 그림으로 그린다. 모차르트도 〈마술 피리〉라는 오페라를 작곡했다. 모차르트의 〈마술 피리〉를 감상하고 그 줄거리를 알아본다.

> **발달 이야기** 음악 능력의 발달
>
> 만 4세 이후가 되면 리듬에 따라 손뼉치기, 발 구르기를 할 수 있고 자신이 들었던 음악에 대한 언어적 표현이 가능해진다. 또한, 듣기를 무척 좋아해서 자신이 원하는 곡을 선택하여 듣기도 한다. 노래 부르기에서는 말과 노래를 구분해서 좋아하는 노래를 흥얼거릴 수 있고 음역도 넓어지게 된다. 이 시기 아이들이 소리를 낼 수 있는 음역은 '레~라' 정도이다. 또래 아이들과 함께 노래 부르기가 가능해지며 자신의 차례를 지켜 노래할 수도 있다.
>
> 악기 연주에서는 다양한 리듬악기로 자신만의 감정을 표현하기도 하고, 노래에 맞춰 리듬악기를 연주할 수도 있다. 또래 아이들과 함께 연주하기가 가능해지며 악기의 소리 구분도 가능해진다. 자신이 좋아하는 악기의 소리도 생기며 타인에게 연주를 원하기도 한다. 음악 만들기에서는 노래를 부르면서 자신만의 리듬을 만들어내고, 자신의 감정에 따라 가락을 흥얼거리기도 한다. 또 자신이 습득한 음악이나 소리를 자신만의 생각으로 표현해낼 수 있고, 다양한 악기로 리듬을 반복하여 연주할 수 있다. 자신만의 리듬이나 가락을 다른 사람에게 전달할 수도 있게 된다.

48~72month | 예술 창의 발달 | 가능성을 키우는 음특한 놀이

48~72month :: 예술 창의 발달 | 가능성을 키우는 융복합 놀이 3

음악 줄넘기

융복합 영역: 예술, 신체 · 대근육, 사회성

음악에 맞춰서 여러 명이 함께 줄넘기하는 놀이로 혼자 할 때보다 더 재미있게 할 수 있다.

- **준비물** 긴 줄
- **놀이 방법**

1. 두 사람이 양쪽에서 줄을 길게 잡고 크게 돌린다.

2. 한 사람이 '꼬마야, 꼬마야' 노래에 맞추어 줄을 넘으며 노래에서 나오는 동작을 한다. 동작을 하다가 줄에 걸리면 다음 사람이 줄을 넘는다.
   꼬마야, 꼬마야 줄을 넘어라
   꼬마야, 꼬마야 뒤를 보아라(줄을 넘는 사람이 줄을 넘으면서 뒤로 돈다)
   꼬마야, 꼬마야 땅을 짚어라(줄을 넘는 사람이 줄을 넘으면서 땅을 짚는다)
   꼬마야, 꼬마야 만세 불러라(줄을 넘는 사람이 줄을 넘으면서 만세를 부른다)
   꼬마야, 꼬마야 잘 가거라(줄을 넘는 사람이 줄을 넘으면서 나간다)

- **놀이 효과**

- 그냥 줄넘기만 하는 것보다 노래에 맞추어 줄넘기할 때 더 재미있고, 더 지속해서 줄넘기를 할 수 있다.

- 줄이 넘어가는 속도와 노래의 박자에 민감해진다.
- 여러 명이 함께 줄넘기할 때는 다른 사람과 속도, 동작이 맞아야 줄에 걸리지 않기 때문에 다른 사람과의 협동이 중요하다는 것을 안다.

● **아이의 가능성을 키우는 Tip & 응용**

혼자서도 음악에 맞춰 줄넘기를 할 수 있지만, 여러 명이 함께하면 더 재미있다. 사람이 많으면 팀을 나누어 여러 명이 한꺼번에 줄에 들어가서 함께 뛸 수도 있다. 줄에 걸리지만 않으면 노래가 끝나도 나가지 않고 다음 사람이 계속 들어와서 두 명 이상의 사람들이 함께 줄을 넘을 수 있다. 어느 팀이 더 오래 줄넘기를 할 수 있는지 경쟁을 해도 재미있다.

발달 이야기 음악 수업이 뇌 발달을 자극한다

토론토 대학의 슐렌버거 교수는 음악 교육의 효과를 연구했다. 연구팀은 140여 명의 6세 아이들을 4집단으로 나누어 두 집단에게는 매주 노래 또는 건반 수업을 9개월 동안 제공했다. 세 번째 집단은 연극 수업을 했고 네 번째 집단은 아무 수업도 하지 않았다. 그런 뒤에 이들이 초등학교에 입학할 때와 2학년이 되었을 때 IQ를 측정했다. 놀랍게도 음악 수업을 받은 두 집단의 아이들이 다른 집단에 비해 지능 점수가 더 높았다. 연극 수업을 받은 아이들은 IQ의 증가가 없었지만, 음악만 배운 집단에서 관찰할 수 없었던 사회적 행동이 더 증가했다.

48~72month :: 예술 창의 발달 | 가능성을 키우는 융복합 놀이 4

윙윙윙, 왕벌이 되어 보자

융복합 영역: 예술, 신체 · 대근육, 탐구

음악을 들으며 음악에 맞춰 마음껏 신체 표현을 하는 놀이로 자유롭게 움직이며 표현력을 높일 수 있다.

- **준비물** 림스키 코르사코프의 〈왕벌의 비행〉 동영상
- **놀이 방법**

1. 먼저 아이에게 곡의 이름을 알려주지 말고 〈왕벌의 비행〉 음악을 듣고 어떤 느낌인지 이야기해보게 한다.

2. 제목이 〈왕벌의 비행〉인 것을 알려주고, 다시 한 번 음악을 들으며 벌이 어떤 모습으로 날아다니는 것 같은지 이야기해본다. 그리고 벌이 꽃을 찾아 날아다니는 모습, 벌이 꿀을 먹고 있는 모습을 몸으로 표현한다.

3. 〈왕벌의 비행〉이 만들어진 이야기를 듣고 오페라 속 왕벌의 모습을 상상한 뒤 다시 동작으로 표현해본다.

4. 동작의 종류를 다양하게 방향을 앞, 뒤, 옆, 위, 아래로 움직여보고 움직임을 빠르게, 느리게 변화시켜본다.

● **놀이 효과**
- 자유로운 신체 표현과 음악을 통해 마음이 정화되고 스트레스가 해소된다.
- 상상력과 창의성 발달에 도움이 된다.
- 신체 움직임을 통해 신체 인식, 운동 지각 능력이 길러진다.

● **아이의 가능성을 키우는 Tip & 응용**
〈왕벌의 비행〉은 '술탄 황제의 이야기'라는 오페라에 삽입된 곡으로 바다를 건너온 호박벌 떼가 백조를 습격하기 위해 주변을 윙윙 나는 장면을 묘사한 곡이다. 인터넷에서 〈왕벌의 비행〉 이야기를 찾아보고 아이와 함께 음악을 감상한다. 또 아이에게 벌의 그림이나 동영상을 보여주고 벌의 움직임에 관해 이야기하고 이를 다시 신체로 표현해 다양한 동작을 만든다.

> **발달이야기** 음악 듣기 수업이 언어 능력을 향상시킨다.
>
> 한 연구에서 만 4~6세의 아이들을 대상으로 어린이용 컴퓨터 프로그램을 개발하여 음악이나 미술을 가르쳤다. 음악 수업에서는 리듬, 멜로디, 음의 높낮이, 노래, 기본적인 음악의 개념을 배웠는데, 주로 듣기 활동이었으며 악기 수업은 아니었다. 미술 수업에서는 도형, 색, 선, 차원, 조망과 같은 개념과 관계된 것들을 배웠다. 이들은 하루에 45분씩 2번의 수업을 받았고, 주 5일 동안 4주간의 교육을 집단 수업으로 실행했다. 결과를 보면, 음악 수업을 받은 아이들만이 언어 지능에서 수행이 향상되었고 이 아이들의 90%가 향상되었다. 언어 지능의 향상은 실행 과제를 수행하는 동안 뇌의 기능적 가소성과 상관이 있었다. 이러한 결과는 음악 듣기 기술의 훈련이 언어 능력에 전이 됨을 보여주며, 음악과 언어가 밀접하게 관련되어 있음을 보여준다. 또한, 음악 처리 기제가 다른 인지 활동에 사용되는 기제와 중복될 가능성을 보여준다. 이 20일간이 음악 훈련은 아이들의 실행 기능의 수행도 향상시켰으며, 해당하는 뇌의 변화를 유발했다. 이는 음악 수업이 높은 수준의 통제, 주의 그리고 기억을 필요로 하는 것을 생각해보면 실행 기능과 음악이 관계되는 것이 이해 가능했다.

48~72month :: 예술 창의 발달 | 가능성을 키우는 융복합 놀이 5

몸으로 리듬 만들기

융복합 영역: 예술, 신체, 탐구

악기 대신 우리의 몸을 사용해서 다양한 리듬의 패턴을 만들어보는 놀이로 리듬감과 함께 창의력도 향상될 수 있다.

- 준비물 없음
- 놀이 방법

1. 몸으로 소리를 낼 수 있는 방법을 찾아본다.
   예: 손뼉치기, 발 구르기, 손으로 무릎치기, 혀 차기 등

2. '우리 모두 다 같이' 노래를 부르면서 몸을 이용한 다양한 소리를 만든다.
   예: 우리 모두 다 같이 손뼉을(발 굴러, 혀를 차, 무릎 쳐) 짝짝(쾅쾅, 끌끌, 팍팍)……

3. 간단한 소리 패턴 만들기에 익숙해지면 점점 더 긴 소리 패턴을 만든다.
   예: ♩ ♩ ♩ ♩ ♩ ♪ ♩ ♩

4. 한 사람이 소리 패턴을 만들고 다른 사람은 눈을 감고 잘 듣고 있다가 들은 소리 패턴을 그대로 따라 한다.

5. 역할을 바꿔서 소리 패턴을 만들고 따라 해본다.

● 놀이 효과

- 신체의 움직임을 모방하면서 리듬감을 익힌다.
- 다양한 소리 패턴을 만드는 과정에서 창의성이 발달한다.
- 패턴을 기억하는 과정에서 기억 능력이 발달한다.

● 아이의 가능성을 키우는 Tip & 응용

이 놀이에 익숙해지면 다양한 몸의 소리를 이용해서 리듬 패턴을 점점 더 길게 만들어본다. 부엌의 냄비나 통, 혹은 컵을 손바닥이나 숟가락 등으로 두들기면서 다양한 리듬 패턴을 만들어볼 수 있다.

> **발달 이야기** 음악 교육의 IQ 향상 효과, 3년 후면 사라진다?
>
> 1년 이하 혹은 1~2년의 단기간 음악 교육이 IQ나 인지 능력을 향상시킨다는 결과는 많이 있다. 그러나 2년 이상 음악 교육을 받으면 IQ와 인지 능력에서의 향상이 사라진다. 코스타 치오미는 4학년 아이들을 무선으로 음악 교육 집단(개인 피아노 교육)이나 대조 집단에 배치하고 음악 교육을 3년간 제공했다. 그리고 교육이 끝난 뒤와 7년 뒤에 이들의 인지 능력을 측정했다. 예상대로 1~2년의 교육 후에는 음악 교육을 받은 아이들의 인지 능력이 음악 교육을 받지 않은 아이들보다 더 높았다. 그러나 이러한 음악 교육의 효과는 3년 후에는 사라졌고, 7년 후에도 음악 교육의 효과는 없었다. 3년 이후에는 실제로 작은 인지적 효과가 있긴 했지만, 이는 연습량과 음악 수업의 출석과 같은 동기와 관련되는 요인과 관계가 있었다. 이 결과에 따르면 음악 교육이 IQ나 지능에 미치는 영향에서는 시간이 지날수록 음악 이외의 다른 요소들(인내심, 연습량 등)이 더 중요해지고 음악 교육의 직접적인 효과는 사라지는 것 같았다. 아직 더 많은 연구가 필요하지만, 음악은 그 자체로 아이들의 삶을 풍성하게 해주는 것만은 확실하다.

48~72month :: 예술 창의 발달 | 가능성을 키우는 융복합 놀이 6

종이 물고기 만들기

융복합 영역: 예술, 신체

자르고, 칠하고, 붙이고, 엮는 다양한 소근육 활동이 필요한 미술 활동으로 아이의 창의력 키우기에 좋다.

- **준비물** 두꺼운 종이, 색종이, 크레용, 가위, 풀, 털실
- **놀이 방법**

1. 두꺼운 종이에 물고기 모양을 그리고 그대로 가위로 자른다.
2. 입 부분을 세모로 오리고 몸통에는 실을 감을 수 있도록 톱니바퀴 모양으로 자른다.
3. 색종이로 지느러미와 꼬리, 눈 모양을 오려서 몸통에 풀로 붙인다.
4. 크레용으로 몸통과 지느러미, 꼬리 등에 예쁘게 장식을 하거나 색칠을 하고 눈을 그린다.
5. 털실을 30cm 정도로 자른 뒤에 물고기의 몸통에 낸 톱니바퀴 모양에 걸쳐서 여러 번 감는다.

- **놀이 효과**
- 가위질, 풀로 붙이기, 털실로 엮기 등 소근육을 사용하는 다양한 활동이 된다.
- 창의성과 미적 감각 발달에 도움이 된다.

● **아이의 가능성을 키우는 Tip & 응용**

아이가 어지를까 봐 걱정하지 않아도 된다. 모든 재료와 종이를 쟁반에 담아서 제공하면 집을 덜 어지럽히고 나중에 정리도 간편하다. 톱니바퀴 모양으로 가위질을 하는 것이 어렵거나 물고기 모양을 오리는 것이 아직 어려울 수도 있으므로 아이가 포기하지 않도록 조금씩 도와준다.

발달 이야기 절대 음감, 배울 수 있다

절대 음감은 음악을 들으면 음을 정확하게 알 수 있는 능력으로 절대 음감을 가진 사람은 한 번 들은 음악을 그대로 따라 부르거나 연주할 수 있다. 절대 음감을 가진다고 모두 위대한 음악가가 되는 것은 아니지만, 바흐나 베토벤 같은 음악가들은 절대 음감을 가졌다. 연구에 의하면 절대 음감은 타고나는 것이라기보다는 어릴 때부터 음을 구별하는 훈련에 의해 생겨날 수 있다. 한 연구에 의하면 만 4세 이전에 음악 교육을 받기 시작한 사람들의 40%가 절대 음감을 가졌고, 음악의 시작 연령이 높아질수록 절대 음감의 비율은 낮아졌으며, 9세 이후에 시작한 사람 중에는 3%만이 절대 음감을 가졌다. 이는 마치 언어를 배울 때 결정적 시기와 비슷한데, 실제로 절대 음감은 언어와 밀접한 관계가 있다. 중국이, 베트남어처럼 말의 억양을 구분해야 하는 음조 언어를 말하는 사람들에게서는 절대 음감이 더 많다. 중국 음대생과 미국 음대생의 절대 음감을 비교한 연구에서 음악을 만 4~5세 이전에 시작한 중국 학생들의 60%가 절대 음감을 가졌다. 반면 미국 학생들은 14%만이 절대 음감을 가졌다. 이 연구에서도 두 집단 모두 음악을 늦게 시작할수록 절대 음감을 가질 가능성이 작았고, 8세 이후에 음악을 시작한 미국 학생 중에서는 절대 음감을 가진 사람이 하나도 나타나지 않았다.

절대 음감을 훈련하는 가장 쉬운 방법은 어릴 때부터 음악을 많이 듣고 계명으로 노래를 부르는 연습을 많이 하는 것이다. 그러나 마치 외국어 습득과 마찬가지로 일정 나이가 지나면 절대 음감의 습득도 더 어려워진다.

48~72month :: 예술 창의 발달 | 가능성을 키우는 융복합 놀이 7

실 잡아당겨 그리기

융복합 영역: 예술, 신체·소근육, 탐구

마치 유명한 미술가가 된 듯, 누구나 실패하지 않고 멋진 작품을 만들 수 있는 놀이다.

- **준비물** 도화지, 다양한 굵기와 재질의 실, 물감, 종이 접시, 앞치마

- **놀이 방법**

1. 접시에 물감을 풀어 놓고, 실의 한쪽 끝을 잡고 3/4 정도를 물감에 담근다.

2. 도화지는 반을 접었다가 펴놓고, 물감이 묻은 실을 도화지 반쪽에 다양한 모양으로 올려놓고 한쪽 끝은 도화지 밖으로 나오게 한다.

3. 도화지를 접어서 누르면서 실의 밖으로 나온 부분을 사방으로 이리저리 당겨 실이 모두 빠져나오게 한다.

4. 접시에 다른 색의 물감을 풀고 다른 굵기나 재질의 실을 담근다.

5. 2~3번을 반복한다.

- **놀이 효과**

• 미세하게 손을 움직여 실을 잡아당

기면서 소근육이 발달한다.
- 실을 당기는 방향이나 실이 놓인 모양에 따라 의도하지 않은 멋지고 재미있는 모양이 만들어진다.
- 대칭의 원리를 자연스럽게 배울 수 있다.

● **아이의 가능성을 키우는 Tip & 응용**

물감이 묻을 수 있으니 신문지를 바닥에 깔고 앞치마를 입고 시작하는 것이 좋다. 실의 한쪽 끝은 물감을 묻히지 않고 바깥으로 빠져나와 있어야 실을 당길 수 있다. 그리고 실에 물감을 충분히 적셔야 예쁜 무늬가 나온다. 우연히 만들어진 무늬가 어떻게 보이는지 이야기한다.

발달 이야기 아이 그림의 특징

만 4세에서 6세 아이들은 그림에 관심을 갖기 시작해서 사람, 차, 동물을 그려 달라고 조르기도 하고 자기가 그리기도 한다. 아이들은 동그라미, 세모 같은 것을 그려놓고 엄마, 아빠라고 하기도 한다. 또 남자아이들은 차, 비행기 같은 교통수단과 사람, 음식, 동물을 그리고, 여자아이들은 사람과 꽃, 풍경을 즐겨 그린다. 또 이 시기 아이들의 그림은 다음의 특징들을 보인다.

올챙이 사람을 그린다: 사람의 머리를 동그라미로 그리고, 팔다리를 머리에 연결해서 마치 올챙이 같이 그린다. 얼굴의 눈, 코, 입, 귀의 위치나 인체 각 부분에는 관심이 없다.

과장 표현과 생략 표현을 한다: 관심 있는 것이나 흥미 있는 것은 과장하여 표현하고 흥미 없고 관심 없는 것은 축소하여 작게 그리거나 아예 생략해버린다.

카탈로그식 표현을 한다: 꽃, 집, 자동차, 배, 나비, 태양 등을 크기, 원근, 비례 등의 관계와 상관없이 나열하여 그린다.

나열, 병렬, 반복 표현을 한다: 한 가지 사물을 쭉 늘어놓거나 되풀이하여 그린다.

기저선을 표현한다: 그림 속에서 선을 그어 놓고 땅을 표현한다. 종이 아랫부분인 땅 위에는 여러 가지를 가득 그리고 윗부분은 하늘이라고 텅 비게 남겨두기도 한다.

48~72month :: 예술 창의 발달 | 가능성을 키우는 융복합 놀이 8

밀가루 점토 만들기와 점토 놀이

융복합 영역: 예술, 신체 · 소근육, 탐구

시중에 다양한 점토가 시판되고 있지만, 아이와 함께 엄마표 밀가루 점토를 만들어서 재미있게 놀아볼 수 있다.

- **준비물** 밀가루 1컵, 물 1컵, 소금 1/4컵, 식용유 1작은술, 베이킹파우더 2작은술, 식용 색소(색마다 6~8방울 정도).

- **놀이 방법**

1. 모든 재료를 알맞게 담아서 냄비에 넣고 아이에게 잘 젓게 한다.
2. 모든 재료가 잘 섞였으면 냄비를 중간 불에 올려놓고 계속 젓는다.
3. 재료가 처음에는 물처럼 흐르다가 2~3분 안에 공처럼 뭉쳐진다.
4. 3의 불을 끄고 식을 동안 잠시 두었다가 꺼내면 밀가루 점토가 완성된다.
5. 다양한 방법으로 점토를 가지고 논다.
   - 그냥 만지고 던지고 떼어보며 점토의 특성 탐색한다.
   - 공이나 소시지 모양을 만들거나 조금씩 떼어 종이에 모자이크처럼 붙인다.
   - 점토에 이쑤시개나 스파게티, 단추 등을 박아 넣어서 모양을 만든다.
   - 점토에 꽃잎이나 레이스, 나뭇잎을 눌러서 무늬를 찍어본다.

● 놀이 효과

- 밀가루 점토를 만들면서 재료를 정확하게 측정하는 단위를 배운다.
- 재료가 잘 섞일 수 있게 저을 때 팔의 대근육 운동이 된다.
- 점토 놀이를 하면서 주무르고 두드리고 만지는 동작은 촉각적 자극과 손가락의 힘 등 미세 근육을 강화시킨다.
- 눈과 손의 협응력을 발달시킨다.
- 집에서 만든 밀가루 점토의 촉감, 냄새, 색을 관찰하고 시판 점토와 비교한다.

● 아이의 가능성을 키우는 Tip & 응용

뜨거운 물을 사용하면 재료를 불 위에서 조리하지 않아도 된다. 또 레몬즙이나 바나나 향을 넣으면 달콤하고 향긋한 밀가루 점토가 된다. 남은 점토는 랩으로 잘 싸서 냉장고에 보관한다.

발달 이야기 점토를 이용한 입체 표현

점토는 소근육이 섬세하게 발달하지 않은 아이들도 쉽게 조작할 수 있고, 마음에 들지 않을 때는 쉽게 뭉개거나 뜯어내고 다시 작업할 수 있어서 좋은 재료다. 4~8세 아이들은 그림에서 형태를 그리기 시작하는 것처럼 점토를 가지고도 입체적 형태를 만들기 시작한다. 이때 입체를 표현하면서 바닥에 눕혀 표현하는 특징이 있다. 입체를 만들 때 아이들은 세부적으로 시작하여 다른 부분들을 첨가시키고 또 서로 연결시켜서 입체 형태를 만든다. 반면에 덩어리에서 시작하여 부분으로 빚어가는 아이들은 대부분 세부적인 표현으로 들어가지 못하고 전체 덩어리에서 머물게 된다. 그림 그리기와 마찬가지로 점토나 다른 매체를 이용해서 표현 활동을 할 때 아이들이 엄마에게 일방적으로 만들어 달라고 요구를 하기도 한다. 그런데 이때 무조건 들어주면 아이가 더 의존적이 되고 흥미를 잃어버릴 가능성이 크다. 아이가 흥미를 잃지 않는 선에서 적절히 들어주면서 아이를 개입시켜서 결국 아이가 자신도 할 수 있다는 자신감을 갖게 하는 것이 중요하다.

48~72month :: 예술 창의 발달 | 가능성을 키우는 융복합 놀이 9

마음대로 색 만들기

융복합 영역: 예술, 탐구

비가 오거나 흐린 날, 아이가 기운이 없을 때 예쁜 색을 만들면, 기분도 좋아지고 다양한 색이 만들어지는 과정도 관찰할 수 있다.

- **준비물** 빨간색, 파란색, 노란색 식용 물감, 스포이트, 얼음틀, 물

- **놀이 방법**

1. 얼음틀에 물을 담는다.

2. 빨간색, 파란색, 노란색의 물감을 얼음틀의 세 귀퉁이에 풀어 놓는다.

3. 스포이트로 빨간색 물감 한 방울을 얼음틀의 빈칸에 푼다.

4. 빨간색 한 방울을 풀어 놓은 곳에 노란색 물감도 한 방울 떨어뜨린다.

5. 빨간색과 노란색이 섞여서 어떤 색이 되는지 관찰한다. 같은 방법으로 기본색을 다양하게 섞어 보라색(파랑+빨강), 초록색(노랑+파랑), 주황색(빨강+노랑) 등 다양한 색을 만들어본다.

● **놀이 효과**

- 기본색이 섞여서 다양한 색들이 만들어지는 것을 관찰할 수 있다.
- 다양한 색이 어떻게 만들어지는지 기억하는 데 도움이 된다.
- 스포이트를 사용할 때 소근육 운동이 된다.

● **아이의 가능성을 키우는 Tip & 응용**

물감을 사용할 때는 옷에 물감이 묻지 않도록 헌 옷을 입거나 앞치마를 준비한다. 또 물감이 흘러도 쉽게 닦거나 치울 수 있도록 신문지를 깔거나 매트를 깔고 시작한다. 얼음틀의 색을 그대로 얼리면 컬러 얼음이 만들어진다. 물감이 흐르는 것이 신경 쓰인다면 투명한 지퍼백에 다른 두 가지 색의 물감을 넣어서 색 만들기를 할 수도 있다.

발달 이야기 아이가 몇 가지 색을 사용하는 것이 적당할까?

학자 중에는 아이에게 10개 이상의 색을 주는 것은 적당하지 않다는 주장도 있지만, 5~6세에 이르면 24색 정도까지 색을 구별할 수 있으므로 그 정도는 사용해도 괜찮다. 그러나 너무 많은 색상을 제공하는 것은 오히려 아이가 혼란스러울 수도 있으므로 바람직하지 않다. 만 4~5세 정도에는 12색 정도를 제공하고 다른 색의 크레파스를 겹쳐 칠하거나 물감을 섞어 쓰는 법을 가르쳐주는 것이 좋다. 오히려 사용할 수 있는 색의 수를 제한하고 섞어 쓰는 방법을 가르치면 자신만의 색을 창조할 수 있기 때문이다. 따라서 너무 많은 색을 제공해서 일부만 수동적으로 쓰게 하기보다는 적은 수의 색을 서로 섞어서 사용하는 습관을 가르치는 것이 더 바람직하다.

48~72month :: 예술 창의 발달 | 가능성을 키우는 융복합 놀이 10

그림자놀이

융복합 영역: 예술, 탐구

그림자는 언제 생길까? 그림자를 관찰해서 그림으로 그려보는 놀이로 사물을 자세히 관찰하는 능력을 키울 수 있다.

- **준비물** 흰색 도화지 여러 장, 검은색 도화지, 크레용, 가위, 풀, 손전등, 투명 테이프

- **놀이 방법**

1. 아이와 그림자에 관해 이야기한다.
   예: 그림자를 볼 수 있는 곳은 어디인지, 그림자는 어떻게 생겼는지, 그림자는 무슨 색깔인지, 빛의 방향에 따라 그림자의 모양이 어떻게 변화하는지…….

2. 실내에서 조명을 어둡게 한 다음 한 사람이 벽 쪽에서 모델처럼 자세를 취하고 다른 사람은 손전등을 벽 쪽에 비추며 그림자를 관찰한다.

3. 불을 켜고 하얀 도화지에 그림자를 본 것을 그리고 색칠한 다음에 모양을 그대로 가위로 오린다.

4. 3의 오린 모양을 검은색 도화지에 대고 검은 도화지를 오린 모양과 똑같이 오려 그림자를 만든다.

5. 흰색 도화지에 색칠해서 오린 그림을 붙이고 반대 방향으로 흰 도화지를 투명 테이프로 한 장 맞붙인 뒤에 검은 그림자를 붙인다.

● **놀이 효과**
- 그림자놀이를 통해 탐구심을 기른다.
- 그림자의 속성을 알아보고 이를 그림으로 표현한다.

● **아이의 가능성을 키우는 Tip & 응용**

검은색 도화지에 그림을 그린 뒤에 밑 부분은 남긴 채 오려서 아래로 접는다. 그러면 그림을 그려 오린 부분은 윤곽만 남고 오려서 접어 내린 부분이 검은 그림자가 된다. 밖에 나가서 빛의 방향에 따라 그림자의 모양이 어떻게 바뀌는지 잘 관찰한 뒤에 아이가 만든 그림자와 차이를 비교한다.

> **발달 이야기** 연령별 색채의 사용
>
> 유아의 연령에 따라 색의 사용도 달라진다. 만 4세 때는 대상의 색과는 관계없이 그냥 처음 선택한 색으로 거의 선으로만 그림을 그린다. 색채 사용도 빨강, 파랑, 노랑 등의 원색을 선호하는 데 사용하는 색의 수는 3~7가지 정도이다. 아이가 대상과 관계없는 색을 사용한다고 색을 정해주거나 아이가 사용한 색에 대해 평을 하는 것은 좋지 않다. 오히려 아이가 다양한 색을 계속 사용하면서 색을 탐색하도록 기회를 주는 것이 좋다.
>
> 만 5세 때도 잘 알고 있는 대상에 대해서만 대상의 색을 색칠하려고 한다. 잘 모르는 대상은 색보다는 형태를 묘사하고 색을 칠하지 않거나 전체를 한 가지 색으로 칠하기도 한다.
>
> 만 6세에도 역시 사실 표현보다는 자기가 알고 있는 내용을 표현한다. 주로 사용하는 색은 6~7가지로 밝고 선명한 원색을 사용하는데, 빨강, 노랑, 파랑, 보라, 분홍의 순으로 색을 좋아한다. 여전히 색채보다는 형태를 그리는 데 더 노력하고 선호하는 색도 아이의 심리적 상태에 따라 자주 변하게 된다.
>
> 7세가 되면 색은 더 이상 주관적이거나 정서적인 관계에 의해 결정되지 않는다. 즉 대상과 색채가 서로 관계가 있음을 알게 된다.

48~72month | 예술 창의 발달 | 가능성을 키우는 풍부한 놀이

48~72month :: 예술 창의 발달 | 가능성을 키우는 융복합 놀이 11

자석으로 그림 그리기

융복합 영역: 예술, 탐구

아이들이 완전히 몰입하게 되는 자석 놀이와 그림 그리기를 동시에 할 수 있다. 자석의 움직임에 반해 매일 하고 싶어지는 놀이다.

- **준비물** 종이 접시, 물감(빨강, 파랑, 노랑), 클립, 자석
- **놀이 방법**

1. 종이 접시에 그림물감을 풀어 놓는다.
2. 물감에 클립을 넣고 종이 접시 아래서 자석으로 클립을 움직인다.
3. 클립을 마치 붓처럼 이리저리 움직여서 종이 접시에 색을 칠한다.

- **놀이 효과**
- 자석의 특성에 대해 관찰하고 배운다.
- 그림 그리기와 자석 놀이를 재미있게 함께할 수 있다.

- **아이의 가능성을 키우는 Tip & 응용**

클립 외에 또 어떤 것을 붓 대신 이용할 수 있을지 찾아본다(예: 볼트 너트, 체인, 나사, 못 등).

발달 이야기 아는 만큼 표현할 수 있다

레지오 에밀리아의 유아교육은 1991년 뉴스위크지에서 '세계에서 가장 훌륭한 10대 교육기관'으로 선정될 정도로 세계적으로 유명하다. 특히 레지오 에밀리아의 프로젝트 접근법에서 전시하는 아이들의 작품은 유명 작가의 작품이라고 해도 될 만큼 우수하다. 그 비결 중 하나는 프로젝트가 진행되는 방법에 있는데 레지오 에밀리아의 프로젝트는 동일한 대상이나 주제에 대해 다방면으로 경험하고 알아가면서 몇 단계를 걸쳐서 작품이 만들어진다.

우선 아이들이 일상에서 관심을 두고 흥미를 보이는 주제가 정해지면 프로젝트가 시작된다. 만약 물고기가 주제라면 아이들이 물고기에 관해 아는 것이나 관련된 것을 말한다(예: 난 고등어를 먹어봤어", 구술적 분출과 토론). 그다음 여러 가지 토론한 내용을 기반으로 해서 물고기에 대해 그림을 그린다(1차 표상). 그 뒤에는 그림을 보며 물고기의 종류나 부분의 명칭, 기능 알아보기 등의 탐색을 한다(예: "등지느러미는 이리저리 나아가는 방향을 조종사처럼 조종해주는 거야."). 탐색 후에는 탐색한 내용을 바탕으로 다시 그림을 그리거나 때로는 점토나 다른 재료로 물고기를 만들어보거나 몸짓과 음악으로 표현해볼 수도 있다(대체물 이용하기). 그런 뒤에는 실제로 물고기를 보러 수산시장에 가거나 금붕어를 보며 더 자세하게 경험한다(경험하기). 실제 경험을 한 후 다시 그려본다(재표상). 간단하게 이 정도로 나눌 수 있지만 실제로는 재표상을 할 때마다 다른 매체를 이용해서 그리거나 만들기를 하고 박물관, 도서관 방문 등 관련 장소를 달리해서 여러 차례 다양하게 경험하기를 수 있다. 이런 과정을 거치면 보통 한 프로젝트가 6개월 이상 진행되기도 한다. 여기서 보는 것처럼 레지오 에밀리아의 접근법의 중요한 특징은 아이들이 막연하게 그리거나 만들고 끝나는 것이 아니라는 것이다. 궁금한 주제에 대해 연구하면서 여러 차례 되풀이해서 언어, 그림, 구조물, 동작 등의 상징으로 표현하기를 되풀이하는 과정에서 아이들의 이해와 표현이 진전된다는 것이다.

48~72month :: 예술 창의 발달 | 가능성을 키우는 융복합 놀이 12

낙서로 그림 그리기

융복합 영역: 예술

그림 그리기를 두려워하는 아이도 쉽고 간단하게 그림을 그릴 수 있는 놀이로 그림 그리기에 흥미를 줄 수 있다.

- **준비물** 종이, 펜
- **놀이 방법**

1. 종이에 펜으로 구불구불 선을 그린다.
2. 선의 각 부분에 동물이나 사람을 그려 넣는다.

- **놀이 효과**
- 그리기를 어려워하는 아이도 손쉽고 부담 없이 그림 그리기를 시작할 수 있다.
- 여러 명이 한 장의 종이에 함께 그리기를 할 수도 있다.

- **아이의 가능성을 키우는 Tip & 응용**

아주 간단한 방법이지만, 제법 그럴듯한 그림이 나온다. 한 사람이 그릴만큼 그리고 다음 사람에게 종이를 넘겨줄 수도 있고 동시에 한 장의 종이에서 같이 그리기를 할 수도 있다. 음악을 틀어 놓고 음악에 맞춰서 낙서를 해본다. 음악의 종류에 따라 낙서가 어떻게 달라지는지를 관찰해볼 수도 있다. 또는 낙서를 하고 난 다음에 낙서를 자세히 들여다보며 마구 그린 선들이 우연히 이어져서 어떤 모양이 나오는지 찾아보고 그 부분을 더 진하게 만들어도 된다.

발달 이야기 미술관 관람의 효과

미술품의 원작을 접할 수 있는 미술관 관람은 사진이나 슬라이드에서는 볼 수 없는 질감, 크기 등을 느낄 수 있어 아이들에게 강렬한 인상을 준다. 국내의 한 연구에서 만 5세 아이들을 두 집단으로 나누어 한 집단은 10차례의 미술관 관람 프로그램을 시행했다. 미술관 관람 프로그램은 40분 정도의 작품 감상 활동(1단계), 미술관 관람 후 유치원에서 감상 수첩 기록하기(2단계), 미술 표현 활동(3단계)으로 이루어졌다. 비교집단은 미술관 관람 활동을 하지 않고 유치원에서 실시하고 있는 표현 위주의 미술 교육과정 활동을 그대로 실시했다. 10주 후에 아이들의 미술 활동의 과정, 미술 표현 능력, 미술 감상 능력을 평가했다. 그 결과 예상대로 미술관 관람 집단의 아이들이 미술 활동의 과정, 표현 능력, 감상 능력에서 미술관 관람을 하지 않은 아이들보다 더 우수한 점수를 얻었다. 미술관을 관람한 아이들은 작품 활동에 더 즐겁게 참여하고 진지하게 노력했다. 또한, 이들은 다양한 작품의 감상을 통해 다양하고 창의적인 사고를 할 수 있었고, 이것이 선, 색, 형태, 화면 구성, 주제 표현 능력에 반영되었다. 또한, 작품을 감상할 때 주제와 자신의 느낌을 자신 있게 말할 수 있었다.

48~72month :: 예술 창의 발달 | 가능성을 키우는 융복합 놀이 13

병뚜껑 그림

융복합 영역: 예술

다 쓴 병이나 플라스틱 용기의 뚜껑으로 멋진 작품을 만들 수 있는 놀이다. 점을 찍듯이 종이에 찍다 보면 금세 예쁜 작품이 완성된다.

- **준비물** 병뚜껑, 플라스틱 용기, 컵, 물감, 종이
- **놀이 방법**

1. 다양한 색의 물감을 종이 접시처럼 넓은 그릇에 풀어 둔다.
2. 각종 뚜껑이나 컵, 플라스틱 용기의 가장자리에 물감을 충분히 묻힌다.
3. 2의 물감을 묻힌 뚜껑이나 컵을 종이에 마음대로 찍는다.

- **놀이 효과**
- 아주 간단하지만, 다양한 동그라미 모양으로도 멋진 작품을 만들 수 있다.

- **아이의 가능성을 키우는 Tip & 응용**

흰색 대신 검은색 도화지에 밝은색의 물감으로 동그라미를 찍어도 멋진 작품이 된다. 병뚜껑 외에도 당근이나 셀러리, 옥수수 등의 채소, 혹은 코르크 마개, 풍선 등 다양한 도구를 물감에 찍어 무늬를 만들 수 있다.

발달 이야기 미술작품을 감상하는 방법

아이와 미술관 나들이를 하거나 미술작품을 감상할 때 대부분 작품과 제목만 보고 지나간다. 작품을 보면서 아이에게 적절한 질문을 하면 아이의 기억에도 남고 감상을 도울 수 있어 좋다. 조지아 대학의 펠드만 교수는 감상 활동의 방법을 다음과 같이 제안하고 있다.

서술 단계: 아이가 작품을 관찰하며 보이는 것을 그대로 말하게 한다. 즉, 객관적인 정보를 묻는다. "이 그림에는 어떤 색이 많이 사용되었지?", "선(모양이나 형태, 명암, 질감, 공간)은 어떻게 보이니?", "이 그림에서 뭐가 보이니? 보이는 대로 모두 이야기해볼까?" 그 밖에도 작가의 이름이나 작품의 제목, 작품을 만든 시기 등을 알아본다.

분석 단계: 작품에 나타난 미술 요소나 원리를 관찰한 후 미적 요소들이 어떻게 서로 관계를 가지고 표현되는지 언어로 표현해보게 한다. 크기, 형태, 색상, 질감, 공간·부피 관계를 분석한다. "이 그림에는 무엇이 그려져 있는 것 같니?", "무엇으로 그렸을까?", "어떤 방법으로 그린 걸까?", "배경에는 무엇이 있지", "중간에는? 제일 앞에는 무엇을 그렸지?"

해석 단계: 작품에 대한 느낌이나 작가의 의도를 이야기해본다. 관찰하고 분석한 내용을 기초로 해서 아이가 작품의 주제나 표현된 정서적 의미를 발견하고 이해하도록 하는 단계이다. "이 그림의 제목은 무엇이라고 하면 좋을까?", "왜 작가는 제목을 이렇게 정했을까?"

평가 단계: 개인적인 느낌과 심미적 판단을 할 수 있도록 자신과 작품을 관련지어 보게 한다. "이 그림을 보는 느낌은 어떤 것 같니?", "작품을 만지면 어떤 느낌이 들까?", "왜 그렇게 생각해?", "이 작품에서 제일 마음에 드는 것은 뭐니?", "제일 마음에 들지 않는 것은 뭐니?"

48~72month :: 예술 창의 발달 | 가능성을 키우는 융복합 놀이 14

사진으로 그림 완성하기

융복합 영역: 예술, 탐구

사진과 약간의 상상력을 이용해서 멋진 그림을 그리는 놀이로 사진과 그림이 결합돼 재미있는 그림이 완성된다.

● **준비물** 잡지, 가위, 종이, 크레용, 색연필, 풀

● **놀이 방법**

1. 잡지에서 사진을 오린다.
2. 오린 사진을 종이에 붙이고 나머지 부분은 상상력을 동원해서 그림을 그려 완성한다.

● **놀이 효과**

- 오려 낸 사진을 단서로 작품을 완성 시키면 상상력과 창의력이 발달한다.
- 부분으로 전체를 추론하는 추리 능력이 발달한다.

● **아이의 가능성을 키우는 Tip & 응용**

잡지에서 사진을 오릴 때 전체를 오려도 되지만, 일부분(예: 동물의 다리)을 오려서 종이에 붙이면 상상력이 더 발휘된 다채로운 작품이 만들어진다.

발달 이야기 아이와 함께 가 볼 만한 미술관

다음의 소개하는 미술관을 아이와 함께 방문해보자. 방문 전에 아이들을 대상으로 하는 교육 프로그램을 미리 확인하고 가서 적극적으로 참여하면 더욱 좋겠다. 미술관에 따라서는 일일 특강 외에도 주로 방학을 이용해서 1~4개월의 교육 프로그램을 운영하기도 하니 자주 홈페이지를 방문해서 정보를 확인한다.

미술관/박물관	프로그램	연락처, 홈페이지
국립현대미술관	아이와 부모가 함께 작품을 읽고 해석하고, 창작해보는 기회를 제공한다. 장애 아동을 위한 프로그램도 있다.	www.mmca.go.kr
예술의전당	주로 회화를 위주로 하는 수업도 있고, 그림, 염색, 도예, 판화 등 미술의 다양함을 알게 해주는 여러 수업을 개설하고 있다.	www.sac.or.kr
일민미술관	아이들과 젊은 작가들이 함께 다양하고 창의적인 재료로 작품을 만들어보면서 현대미술을 쉽고 재미있게 이해할 수 있다.	http://ilmin.org/news
아트선재센터	전시 작가와 함께 전시를 관람하고 전시와 관련된 실기 활동을 통해 현대미술에 대한 이해를 돕는 프로그램이 있다.	http://artsonje.org/main/
성곡미술관	6~7세 아이들을 대상으로 전시와 연계하여 감상 교육과 실기 활동을 제공하는 프로그램, 초등학생 대상으로 교과서에 소개되는 작가들을 탐구하는 감상과 실기 활동, 방학 동안에 열리는 열린 미술전 등 다양한 프로그램이 있다.	www.sungkokmuseum.org

48~72month :: 예술 창의 발달 | 가능성을 키우는 융복합 놀이 15

스티로폼 조각

융복합 영역: 예술, 탐구(공간감각)

포장재로 사용하는 스티로폼을 재활용해서 멋진 조각을 만들어보자.

- **준비물** 스티로폼 상자, 스티로폼 볼, 이쑤시개, 파이프 클리너
- **놀이 방법**

1. 스티로폼 상자를 잘라서 조각의 밑받침으로 사용한다.
2. 스티로폼 볼들을 이쑤시개로 연결해서 구조물을 만든다.
3. 파이프 클리너를 마음대로 구부려서 스티로폼 판에 꽂는다.

- **놀이 효과**

- 예술 감각과 창의성 발달에 도움이 된다.
- 찰흙으로 만들기를 할 때보다 훨씬 간단하고 작품을 만든 뒤에 청소하기도 간편하다.
- 소근육 발달에 도움이 된다.

● **아이의 가능성을 키우는 Tip & 응용**

집에 쌓여 있는 스티로폼 상자의 뚜껑을 밑판으로 이용해서 커다란 조각 작품을 만들어도 좋다. 파이프 클리너로 색을 넣어도 좋고 파이프 클리너가 없다면 스티로폼을 조각으로 잘라서 꽃꽂이처럼 꽂아도 좋다.

발달 이야기 아이와 함께 감상하기 좋은 명화

미술관에 가기 어려울 때는 인터넷 검색을 통해서도 명화를 감상할 수 있다. 다음은 생활 주제와 관련되고 아이들이 이해하기 쉽고, 미술의 요소들이 잘 나타난 명화들이다. '발달이야기: 미술작품을 감상하는 방법(285쪽)'을 참고하여 아이와 함께 그림을 감상해보자.

교통기관: 쥐니에 신부의 마차(앙리 루소)/이카로스의 추락이 있는 풍경(피테르 브뤼헐)/생 라자르 역(클로드 모네)/르이이 역(모리스 위트릴로)/뱃놀이(에두아르 마네)/세브르의 다리(앙리 루소)

기계와 도구: 아를의 도개교(빈센트 반 고흐)/건설자들(페르랑 레제)/우물가의 여인들(폴 시냐크)

보도기관: 화가의 아버지, 루이-오귀스트 세잔(폴 세잔)/자화상-전시회 포스터(에곤 실레)/우편배달부 조셉 룰랭(빈센트 반 고흐)

여행: 가나가와 해변의 높은 파도 아래(가쓰시카 호쿠사이)/금강전도(정선)

운동: 씨름(김홍도)/풋볼하고 있는 사람들(앙리 루소)/투호도(김준근)/푸른 빛의 서커스(마르크 샤갈)

겨울: 노란색 스웨터를 입은 잔 에뷔테른(모딜리아니)/사냥꾼의 귀가(피테르 브뤼헐)

가을: 사과와 오렌지가 있는 정물(폴 세잔)/만종(장 프랑수아 밀레)

48~72month :: 예술 창의 발달 | 가능성을 키우는 융복합 놀이 16

종잇조각

융복합 영역: 예술, 신체, 언어

종이를 잘라서 얼마나 다양한 선을 만들 수 있을까? 종이를 자르면서 소근육도 발달시키고 다양한 종류의 선도 알 수 있다.

- **준비물** 색 도화지, 가위, 풀, 큰 종이

- **놀이 방법**

1. 다양한 색 도화지를 잘라서 넓이와 길이가 서로 다른 선을 만든다.
2. 도화지로 만든 선을 다양한 모양으로 접거나 돌돌 감는다.
3. 도화지로 만든 선의 아래쪽에 풀을 붙여서 큰 종이에 붙인다.
4. 다양한 모양의 선으로 조각을 만든다.

- **놀이 효과**

- 창의성과 문제 해결력을 기른다.
- 다양한 종류의 선에 대해 알아본다.

● **아이의 가능성을 키우는 Tip & 응용**

도화지로 만든 선이 종이에 잘 붙어 있도록 풀로 붙이고, 약 10초 정도는 가만히 눌러준다. 직선, 곡선, 수직선, 수평선, 나선형의 선, 구불구불한 선, 지그재그의 선, 긴 선, 짧은 선 등 다양한 모양의 선을 만들어본다.

발달 이야기 아이의 작품에 대해 이렇게 질문해라

이 시기 아이들은 표현의 욕구가 왕성해지고 자신의 작품에 대해 이름을 붙이고 설명하고 전시하고 싶어 한다. 이때 아이에게 다양한 재료를 제공해서 표현의 기회를 마련해줘야 하는 것은 물론, 아이가 그린 그림이나 만든 작품을 보고 부모가 어떻게 반응하는가에 따라 아이의 미술에 대한 흥미나 동기가 달라지므로 부모의 적절한 반응도 필요하다. 우선 아이의 작품을 클리어 파일에 넣어 포트폴리오를 만들어주거나 액자에 넣어 전시회를 열어준다. 그리고 아이가 무엇을 그린 것인지도 모르면서 무조건 "잘 그렸네!" 하고 칭찬하는 것보다는 아이가 자신의 작품에 대해 더 생각하고 언어적으로 표현하기를 바란다면 다음의 질문을 사용해 보자.

"이 그림에 대해 엄마한테 설명해줄래?" – 특히 아이가 뭘 그렸는지 잘 모를 때 섣불리 넘겨짚어서 잘못 말하지 말고 아이가 자신의 그림에 대해 말하게 한다.

"어떻게 이런 생각을 했니?" – 아이에게 작품의 의도와 영감을 생각하고 표현하게 하고 자신의 작품에 대해 자랑스럽게 여기게 한다.

"제목을 뭐라고 하면 좋을까?" – 제목은 작품을 이해하는 데 큰 힌트가 되고 아이가 제목을 생각해 보는 것은 작품의 주제를 되새기게 한다. 혹은 "우리가 동물원에 갔을 때 본 코끼리의 코처럼 생긴 것 같지?"와 같이 이전 경험이나 활동과 관련된 질문을 한다.

"이 작품을 다시 그린다면 어떤 부분을 고치고 싶니?" – 예술가들은 작품을 수십 번씩 다시 그리고 만들기도 한다. 아이에게 고치고 싶은 부분을 생각해보게 하고 되풀이해서 그려 보게 하는 것도 좋다.

48~72month :: 예술 창의 발달 | 가능성을 키우는 융복합 놀이 17

반쪽 자화상 그리기

융복합 영역: 예술, 사회성

자신의 얼굴을 사진으로 더 자세히 관찰해보고 자화상을 그려보는 놀이로 내 얼굴을 자세히 관찰하는 기회가 된다.

- **준비물** 아이 얼굴 사진, A4 용지, 색연필, 크레용, 풀, 가위
- **놀이 방법**

1. 아이의 얼굴을 사진으로 찍는다.
2. 사진 파일을 컴퓨터에 옮겨서 A4 용지에 컴퓨터로 인쇄한다.
3. 인쇄된 사진의 반을 가위로 잘라서 종이에 붙인다.
4. 사진의 반쪽 얼굴 그림을 잘 보고 나머지 반을 먼저 연필로 그린다.
5. 크레용으로 색칠한다.

- **놀이 효과**
- 사진을 보며 자신의 눈, 코, 입의 위치와 모양을 세심하게 관찰하는 관찰력이 길러진다.

- 생각하는 대로 그리는 것이 아니라 보이는 대로 객관적으로 그리게 된다.

● 아이의 가능성을 키우는 Tip & 응용

일반적으로 자화상은 거울을 보고 그리지만, 아이들은 거울을 봐도 보이는 대로 그리기보다 자기가 생각하는 대로(눈이 거의 이마 위치로 높이 붙거나 코를 정중앙에 그림) 그리게 된다. 하지만 사진의 반쪽을 이용하면 눈이나 코의 위치, 모양, 크기를 비교적 정확하게 잡을 수 있다.

> **발달 이야기** 자화상 그리기를 하면서 자기개념이 높아진다
>
> 국내의 한 연구에서 만 5세 아이들을 대상으로 5주 동안 자화상 그리기 프로젝트를 실시했다. 자화상 집단의 아이들은 주 2회씩 총 10회 동안 자신의 얼굴을 탐색하고 여러 번 자화상을 그렸다. 예를 들어, 얼굴에 대한 글을 쓰고 얼굴 그리기-거울로 얼굴 관찰한 후 얼굴 그리기-얼굴에 대해 새로 알게 된 내용 토론하기-점토로 얼굴 만들기-얼굴의 부분 표현하기-감정별로 얼굴 그리기-얼굴에 대해 발견한 내용을 공유하고 글, 그림, 점토로 표현하기 등의 다양한 활동을 했다.
>
> 10회의 자화상 활동 후 아이들의 자화상은 전체적인 그리기 수준이 향상되었을 뿐 아니라 다양한 활동을 통해 새롭게 알게 된 내용이 그림에 반영되었다. 그전에는 없던 눈 속의 눈동자, 홍채 등이 그림에 나타나고 코의 모양, 치아가 더 구체적으로 그려졌으며 아이들은 속눈썹, 눈썹, 코털을 발견하고 그 기능에 대해 궁금해하기도 했다. 또 표정에 따라 얼굴의 각 부분이 달라지고 주름이 생기는 것도 관찰하였고, 그림이 훨씬 더 자세해졌으며 표현은 창의적이 되었다. 또한, 자화상 프로젝트 이후에 아이들은 자신의 인지, 정서, 사회성, 신체에 대해 더 긍정적으로 평가했다(자아개념). 이러한 결과는 프로젝트 동안 얼굴을 또래와 토론하고 새로운 사실을 발견하고 수정하고 또 호기심을 가지고 점차 더 구체적인 자화상을 그리게 되면서 아이들의 성취감이 높아진 결과로 보인다.

48~72month :: 예술 창의 발달 | 가능성을 키우는 융복합 놀이 18

키친타월 프린팅

융복합 영역: 예술

다 쓴 키친타월 심을 재활용해서 하는 활동으로 아이와 부담 없이 할 수 있으며, 의외로 멋진 작품을 만들 수 있다.

- **준비물** 다 쓴 키친타월 심, 키친타월 몇 장, 물감, 키친타월 심이 들어가는 상자

- **놀이 방법**

1. 상자의 안쪽에 물감을 뿌린다.
2. 키친타월의 심에 키친타월을 두세 번 종이가 떨어지지 않게 잘 감는다.
3. 키친타월 심을 상자의 한쪽 끝에 놓고 물감이 묻을 정도로 힘을 주어서 다른 쪽 끝까지 굴린다.
4. 키친타월에 물감이 빼곡하게 묻을 정도로 여러 번 물감 위에 굴린 뒤 병에 꽂아서 말린다.
5. 키친타월 심뿐 아니라 상자의 물감이 묻은 부분 역시 잘라서 전시할 수 있다.

- **놀이 효과**
- 물감들이 자연적으로 섞여서 아름다운 색깔과 무늬를 나타낸다.

- 간단하지만 재미있고 창의적인 작품을 만들 수 있다.
- 재활용 재료들을 사용해서 환경 문제에 대해 생각해볼 기회를 가진다.

● 아이의 가능성을 키우는 Tip & 응용

다 쓴 두루마리 화장지도 이런 방법으로 예술 작품이 될 수 있다. 빈 병, 우유 팩, 과자상자, 요구르트병 등 주변에 흔한 생활 속 폐품들도 함부로 버리지 말고 미술 재료로 사용해서 예술 작품을 만들어보자. 아이에게 절약 정신도 가르치고 환경 문제도 함께 이야기해볼 수 있는 좋은 기회가 된다.

발달 이야기 재활용품으로 하는 미술 놀이

미술 놀이에는 매번 재료 준비가 걱정이다. 그러나 잠시만 눈을 돌리면 주변에서 쉽게 구할 수 있는 재활용품이 미술 활동의 좋은 재료가 될 수 있다. 페트병, 우유 팩, 종이컵, 유리병, 요구르트병, 비닐, 일회용 용기, 상자, 빨대, 과자상자, 스티로폼 등의 재활용품을 버리지 않고 모아두자. 파는 재료보다 거칠어도 더 소중하고 애착이 가는 작품을 만들 수 있다. 재활용품을 이용한 미술 활동의 또 다른 장점은 다음과 같다.

재활용품에 대한 새로운 가치를 배운다: 쓸모가 없다고 생각한 폐품을 작품으로 새롭게 만들어내는 것은 쓰레기라고 여겼던 것도 새로운 시각에서 바라볼 수 있는 창의력을 길러준다. 또한, 재활용품은 크기, 모양, 색상, 질감 등이 다양하므로 새로운 아이디어를 생각하고 독창적으로 표현하는 데 더욱 효과적이다.

환경 문제를 인식하여 절약 정신을 길러준다: 버리는 물건은 환경오염의 문제를 일으킨다. 재활용품을 이용한 미술 놀이는 무분별하게 버리는 물건을 다시 사용하며 환경의 소중함을 자연스럽게 배울 수 있다. 또한, 재료비를 아끼고 절약 정신을 배우게 된다.

다양한 재료 탐색을 통해 오감을 발달시켜준다: 재활용을 활용한 미술 활동은 주로 입체 작품이 되고 다양한 재료들의 독특한 질감이나 형태를 더 생생히 탐색할 수 있다.

관찰력과 문제 해결 능력이 길러진다: 재활용품이 가지고 있는 특성과 만들고자 하는 사물의 특성을 관찰하고 서로 연결해 생각하는 과정에서 다양한 문제 해결 능력을 키울 수 있다.

48~72month :: 예술 창의 발달 | 가능성을 키우는 융복합 놀이 19

손가락 인형 만들기

융복합 영역: 예술, 언어

손가락 인형을 아주 간단하게 직접 만들어서 인형극 놀이까지 해볼 수 있어 아이들이 좋아한다.

- **준비물** 두꺼운 종이, 가위, 사인펜, 색연필, 크레용

- **놀이 방법**

1. 긴 쪽의 지름이 7~8cm, 짧은 쪽의 지름이 5cm 정도의 타원을 그린다.
2. 타원의 아래쪽에 손가락이 들어갈 만한 크기의 구멍을 2개 뚫어둔다.
3. 타원 속에 동물이나 사람을 마음대로 그린다.
4. 그림을 오린 다음 구멍에 손가락을 집어넣어 인형극 놀이를 한다.

- **놀이 효과**
- 이야기를 만들면서 상상력과 창의력이 발달한다.
- 등장인물을 마음대로 그릴 수 있다.

● **아이의 가능성을 키우는 Tip & 응용**

양손 손가락에 각각 인형을 만들어서 끼우고 1인 2역의 인형극 놀이를 할 수도 있다. 너무 쉽게 아이가 좋아하는 동물, 공룡, 사람 등의 다양한 캐릭터를 만들 수 있어서 더 좋다.

발달 이야기 미술 놀이에 적합한 재료들

아이들은 미술 놀이를 할 때 다양한 재료를 경험해보는 것이 좋다. 다양한 재료를 사용하면서 재료의 특성도 익힐 수 있고 또 어떤 재료가 준비되어 있는가에 따라 만들고자 하는 동기도 달라지므로 당연히 결과물도 달라진다. 우리 주변에도 많은 미술 재료들이 있는데 이들을 다양한 시선으로 바라볼 수 있는 것이 곧 창의적인 사고이다. 미술 놀이에 사용되는 재료는 구하기가 쉽고 비싸지 않아야 하며 아이들의 일상생활 속 재료(예: 과자상자, 과자, 양말 등)라면 더욱 좋다. 또한, 모든 재료는 유아가 다루기 쉽고 흥미를 느낄 수 있고 안전한 것이어야 한다. 한 연구에서 유치원, 어린이집, 미술학원에서 어떤 재료들을 사용하는지를 조사했다. 평면 재료로는 도화지, 색 도화지, 크레파스, 색연필, 사인펜, 수채물감, 포스터물감 등이 높은 비율을 나타냈다. 입체 재료 중에는 지점토, 털실, 찰흙 순으로 가장 많이 사용되었다. 또한 요구르트병, 나무젓가락, 종이컵 역시 많이 사용되었다. 연령별로 만 4세에 적합한 재료는 털실, 젓가락, 곡식류였고 5세에게는 매직, 아크릴, 칼을 들었다.

아이들에게 적합하지 않은 재료로는 래커, 철사, 이쑤시개가 많았고 그 이유는 다음과 같다.

래커 – 쓰기가 불편하며 냄새가 심해서 실내에서 쓸 수가 없다.

철사 – 유아들이 다루기 힘들어하며 날카로워서 다칠 위험이 있다.

이쑤시개 – 작고 날카로워 사용하기 힘들다.

이 외에도 본드 · 니스는 마르는 데 시간이 걸리고 냄새가 좋지 않아서, 락스는 손에 묻으면 따갑고 냄새가 심해서, 목탄은 쉽게 부러지고 손에 너무 많이 묻어나서, 하드보드지 · 우드락은 부러지기 쉽고 자르기가 힘들어서 등의 이유로 꼽혔다.

48~72month :: 예술 창의 발달 | 가능성을 키우는 융복합 놀이 20

커피 필터 부케 만들기

융복합 영역: 예술, 탐구

흰색 카네이션 물 들이기 실험과 같은 원리를 이용해서 무지개 부케를 만들어 내 방 꾸미기를 할 수 있다.

- **준비물** 흰색 커피 필터 7장, 여러 색의 마커펜(빨강, 주황, 노랑, 초록, 파랑, 남색, 보라), 작은 물컵, 물, 신문지

- **놀이 방법**

1. 신문지를 깔고 커피 필터를 놓은 뒤에 커피 필터의 중간에 마커펜으로 큰 동그라미를 그린다.

2. 커피 필터를 반으로 접고 이를 다시 반으로 접는다.

3. 물컵에 물을 담고 필터를 넣는다. 이때 필터의 뾰족하게 접힌 부분이 물에 닿도록 물을 4~5cm 정도 담는다.

4. 30분쯤 지나면 삼투압 현상으로 물이 필터를 타고 올라와서 필터의 끝 부분에 색이 밴다.

5. 물이 든 필터를 물에서 꺼내어 신문지 위에서 말린다.

6. 위의 과정을 무지개색(빨, 주, 노, 초, 파, 남, 보)으로 되풀이해 무지개색 꽃을 만든다.

7. 마른 필터를 반으로 접고 아래쪽을 비틀고 위는 좀 구겨서 꽃을 만든다.

● **놀이 효과**
- 삼투압의 현상에 대해 배울 수 있다.
- 다양한 색의 혼합에 대해 배울 수 있다.

● **아이의 가능성을 키우는 Tip & 응용**

다른 방법으로는 커피 필터에 비슷한 계열의 색(빨강-주황-노랑 혹은 파랑-보라-남색)으로 색칠한 다음 물에 넣는 대신 분무기로 물을 뿌려줘도 된다. 다만 이때 아무 색이나 같이 섞으면 나중에 모든 색이 서로 섞여서 갈색이 되기 때문에 필터마다 비슷한 계열의 색으로 칠한다. 그리고 커피 필터 밑에 비닐이나 기름종이를 깔고 물을 뿌려야 바닥이 젖지 않는다. 또 마른 다음에 여러 장의 필터를 각각 접어서 꽃송이를 여러 개 만들 수도 있지만, 여러 장의 필터를 함께 접어서 다채로운 색의 꽃 한 송이로 만들 수 있다.

발달 이야기 미술 활동에 사용하는 도구들

미술 놀이에는 재료 외에도 다양한 도구가 사용된다. 아이들의 발달에 따라 사용하기에 적합한 도구들이 다르다. 한 연구에서 조사한 바에 의하면 미술 활동 시에 아이들이 많이 사용하는 도구는 스카치테이프, 가위, 수채화붓이 높은 비율을 나타냈다. 그 외에도 핑킹가위, 칫솔, 모양 찍기, 모양 펀치, 점토 놀이도구, 모양 자 등의 다양한 도구들이 사용되고 있었다. 연령별로 만 4세에게 적합한 도구로는 수채화붓, 가위, 스카치테이프 순으로 나타났고, 만 5세 유아에게 적합한 도구는 본드, 수채화붓, 가위 순으로 나타났다. 반면 적합하지 않은 도구로는 순간접착제, 스테이플러, 양면테이프 순으로 나타났는데 그 이유는 다음과 같다.

순간접착제 - 손에 순간적으로 달라붙기 쉬우며 유아가 사용하기 어려워한다.
스테이플러 - 날카로워 사용법을 주지시켜도 위험할 때가 있다.
양면테이프 - 자르기가 힘들어 어린 연령에서 사용하기 힘들다.

▶ 장 박사의 Q&A 고민상담소 ◀

도와줘요. 장 박사님!

Q 4세 여아인데, 어렸을 때부터 어른 노래를 곧잘 따라 했어요. 그런데 요즘 보면 노래를 2~3번 정도만 듣고는 다시 들을 때 그 노래를 아주 정확하게 따라 해요. 그리고 노래뿐 아니라 생활에서 나오는 모든 소리를 따라 하며 음을 정확하게 표현하는 거예요. 혹시 음악 영재인지 알아볼 수 있는 방법이 있을까요?

A 아이의 음악 영재성을 판단하기 위해서는 음악적 지각력, 기억력, 창의성, 표현력을 고려해야 합니다.

음악적 지각력: 소리의 음량, 음고, 음질, 음의 길이 등 미세한 차이를 감지하는 능력으로 음악적 지각력이 높은 아이들은 음악을 들을 때 반복되는 리듬패턴을 스스로 발견하고 자연스럽게 몸을 움직이거나 정확한 음정, 박자에 맞춰 흥얼흥얼 노래를 부른다.

음악적 기억력: 음악을 사진 찍듯이 정확하게 똑같이 기억하기보다는 그 음악에 담긴 음악적 특징과 의미를 기억하는 능력으로 음악적 기억력이 뛰어난 아이들은 다른 아이들보다 새로운 음악과 악보 보는 방법을 더 일찍

배우고 긴 음악을 듣고 악기로 연주해낼 수 있다.

음악적 창의성: 새로운 음악을 만들거나 표현하는 능력으로 주어진 노래의 리듬이나 선율을 다양하게 변형하여 부르거나 다루기 쉬운 악기나 노래로 독창적인 곡조를 만들거나 생활 속에서 다양한 소리를 내는 간단한 악기를 만들어 소리 내는 것을 즐기기도 한다.

음악적 표현력: 음악을 통해 풍부한 감정을 표현할 수 있는 능력으로 표현력이 뛰어난 아이들은 음악에 맞춰 춤이나 동작을 만들어보며 즐기거나 음악의 특징을 발견하고 특별한 단어와 문장으로 설명한다. 또 음악을 듣고 그 뒤의 흐름을 예상하고 같은 악기를 가지고 다양한 소리를 내보려는 다양한 시도를 한다.

아직 우리나라에서는 유아를 대상으로 음악 영재를 발굴하고 교육하는 프로그램은 미흡한 실정입니다. 단 예술의전당 음악 영재 아카데미에서 예비 초등 1학년부터 실기(피아노, 바이올린, 첼로, 플루트 또는 작곡)를 통해 음악 영재를 선발하고 있습니다. 만약 아이의 영재성을 평가하고 싶다면 음악 교육기관이나 음악 대학에 접촉하여 개별적으로 평가를 받아볼 수 있을 것입니다.

Q 아이에게 피아노를 가르쳐주고 싶은데, 언제부터 시작하면 좋을까요?

A 많은 부모가 꼭 피아니스트를 만들려는 목적이 아니더라도 아이가 악기 하나쯤은 다루면서 음악을 즐길 수 있었으면 하고 바랄 것입니다. 피아노는 바이올린 같은 현악기나 목관, 금관악기처럼 음을 맞출 필요가 없고 다른 악기에 비해 음을 내기 쉬운 악기이기 때문에 가장 먼저 고

려의 대상이 됩니다. 그래서 대부분의 아이가 취학 전 만 4~5세경에 피아노 학원에서 피아노를 배우기 시작합니다. 이 시기는 아이들의 음감이 잘 발달하고 리듬감, 멜로디, 하모니에 대한 감각을 잘 받아들일 수 있는 시기일 뿐 아니라 연습을 통해 음악에 대한 감각을 발달시킬 수 있는 시기이기도 합니다. 그러나 아이마다 발달의 개인차가 있으므로 아이가 피아노를 배울 수 있을지를 판단하기 위해서는 다음의 사항들을 먼저 고려해 보는 것이 좋습니다.

- 아이가 음악에 대하여 흥미를 느끼고 있는가?
- 아이가 짧은 멜로디를 따라 부를 수 있는가?
- 한 번에 20~30분 정도 주의를 집중할 수 있는가?
- 연필을 제대로 쥘 수 있을 정도로 손가락의 작은 근육들을 잘 사용할 수 있는가?
- 선생님의 말씀을 잘 듣고 쉽게 따라 할 수 있는가?
- 새로운 것을 배우려는 욕구가 있으며 성취를 즐기는가?

만약 이러한 조건을 잘 만족하는 아이라면 피아노를 시작하는 데 무리가 없을 것입니다. 혹시 이 중 일부라도 부족한 점이 있다면 바로 피아노를 가르치기보다는 음색, 셈여림, 음높이, 빠르기, 리듬 등 다양한 음악적 요소를 놀이나 음악의 감상 활동을 통해서 배울 수 있게 하는 것이 피아노를 배우는 데에도 도움이 됩니다. 마지막으로 이 모든 조건을 만족시키더라도 아이가 피아노를 배울 의지와 동기를 갖는 것이 중요합니다. 부모님 혼자서 결정하지 마시고 아이가 스스로 피아노를 배우겠다고 결정할 수 있도록 피아노 음악을 들려주고 인터넷에서 연주 장면도 보여주고 함께 학원도 방문해보는 것이 좋겠습니다.

Q 5세 여아인데, 이 시기 아이에게 어떤 음악을 들려주면 좋을까요? 꼭 교육적인 것을 들려줘야 하는지 아이가 좋아하는 것이라면 대중음악 같은 것을 들려줘도 좋을지 궁금해요.

A 아이에게 음악을 들려주기 전에 알아야 할 것은 음악을 그냥 듣기만 하는 것보다 음악을 들으면서 노래를 부르거나 손뼉을 치거나 춤을 추는 것처럼 음악에 맞춰 움직이는 것이 더 도움이 된다는 것입니다. 그런 의미에서 엄마가 좋아하는 음악이나 아이가 좋아하는 대중음악부터 시작해서 음악에 맞춰 함께 노래를 부르고 춤을 추면서 음악을 듣는 것도 좋은 방법입니다. 단 대중음악을 고를 때 가사가 아이들에게 너무 선정적이거나 적절하지 않은 것은 피하는 것이 좋습니다.

그러나 대중음악을 좋아한다고 한 종류의 음악만 계속 듣는 것은 아이의 음악성을 향상시키는 데 도움이 되지 않습니다. 음식을 먹을 때도 편식을 하지 않고 다양하게 먹는 것이 좋은 것처럼 대중음악 외에도 클래식, 재즈 등 다양한 음악을 들려주는 것이 좋습니다. 아이의 음악성을 향상시키기 위해서는 리듬이나 톤이 다양한 음악이 좋은데 그런 면에서 오케스트라가 연주하는 곡들은 다양한 악기가 포함되고 변화가 많아서 좋습니다. 클래식 음악을 고를 때는 이야기가 있고 다양한 악기의 소리를 들을 수 있고 너무 길지 않은 것을 고르도록 합니다. 예를 들면, 프로코피예프의 〈피터와 늑대〉, 생상스의 〈동물의 사육제〉, 차이콥스키의 〈백조의 호수〉, 그리그의 〈페르귄트〉, 림스키코르사코프의 〈술탄 황제의 이야기〉 등이 아이들이 듣고 이야기 나누기에 좋은 클래식 음악입니다. 음악을 들려줄 때는 하루 종일 배경

음악으로 틀어두는 것보다는 아이와 함께 시간을 정해두고 집중해서 들을 것을 권합니다. 여기에 노래를 들으며 따라서 부르거나 춤을 추거나 느낌을 이야기로 나누는 활동을 같이하는 것은 더욱 좋습니다.

Q 5세 아이인데 아이가 그림을 보는 것을 아주 좋아해요. 지금 이 시기부터 아이들이 볼 수 있는 그림 전시나 명화 같은 것을 보여줘도 좋을까요?

A 이 시기 아이들은 예술에 대한 감수성이 한창 민감할 때입니다. 이때 아이가 좋은 작품을 감상할 기회를 많이 갖는 것은 아이의 감수성을 발달시키는 데 도움을 줍니다. 아이와 함께 갈 수 있는 미술관은 '발달 이야기: 아이와 함께 가 볼 만한 미술관(00쪽)', 좋은 그림의 리스트를 위해서는 '발달이야기: 아이와 함께 감상하기 좋은 명화(00쪽)'를 참고하세요. 미술관이나 전시회를 가기 전에, 그리고 관람을 하면서도 미술관을 방문할 때 아무런 기준이 없이 그냥 감상하라고 하는 것보다는 아이에게 작품에 대한 호기심을 갖고 감상하는 방법을 알게 도와주는 것이 효과적입니다. '발달 이야기: 미술 작품을 감상하는 방법(00쪽)'을 참고하여 먼저 작품에서 보이는 것을 객관적으로 서술하기, 다음에는 작품의 미적인 요소들을 분석하기 그리고 작가의 의도를 해석하기, 마지막으로 자신의 느낌을 평가하기의 순서로 이야기를 나누면 훨씬 작품을 이해하고 기억하는 데 도움이 될 것입니다. 감상은 여유를 가지고 편안하게 하고 때로는 바닥에 앉아서, 가까이 또는 멀리서 다양한 각도에서 작품을 보는 방법도 시도해보세요. 관람을 마치고 돌아온 후에도 관람 자료들을 묶어서 정리하고 아이가 기억나는 것을 그림으로 그리거나 다른 방법으로 표현하여 본다면 아주 효과적인 감상이 될 것입니다.

▶ 발달 키워드 ◀

그리기 표현 능력의 평가

　유명 화가들의 그림을 보면 때로는 아이들의 낙서처럼 보이는 그림도 있다. 다른 예술 분야도 마찬가지지만, 그만큼 일반인이 그림을 객관적으로 평가하기란 쉬운 일은 아니다. 아이들의 그림도 마찬가지이긴 하지만 가장 기본적인 방법으로 아이들의 그림 표현 능력을 가늠해볼 수 있다. 예를 들어, 아이가 그린 사물을 알아볼 수 있는지, 공간적 구도를 갖추고 있는지, 다양한 색채를 사용했는지 등으로 아이의 그림을 평가해볼 수 있다. 이제 아이의 그림이 어떤 점에서 잘 표현되고 있는지, 어떤 점에서 부족한지를 알아보자.

| 체크 리스트: 우리 아이의 그림 표현 능력을 알아보자 |

아이에게 30~35분 동안 마음대로 그림을 그리게 한 뒤에 아래의 체크 리스트에 따라 평가한다.

평가 항목	평가 내용	점수
1. 도형과 선의 병합	5점-선과 기본도형의 병합이 다양하게 변화되어 정교함 4점-선과 기본도형의 병합이 단순하게 나타남 3점-선과 기본도형의 병합 없이 각기 따로 나타남 2점-선과 선 사이의 연결이 나타나지만 기본도형은 나타나지 않음 1점-단순한 선으로만 나타남	

평가 항목	평가 내용	점수
2. 다양한 색채	5점-9가지 이상의 색채 사용 4점-6~8가지 색채 사용 3점-4~5가지 색채 사용 2점-2~3가지 색채 사용 1점-1가지 색채 사용	
3. 세부적 묘사	5점-전체적으로 세밀하게 묘사함 4점-전체 중반 이상을 세부적으로 묘사함 3점-특정한 부분만 세부적으로 묘사함 2점-형체의 기본 특징만을 묘사함 1점-자세히 표현된 부분이 거의 없어 형체를 확인할 수 없음	
4. 조화로운 공간 표상	5점-전체적으로 조화를 이룸 4점-전체의 2/3가 조화를 이룸 3점-부분적으로 조화를 이룸 2점-전체의 1/4정도가 조화를 이룸 1점-전혀 조화롭지 못함	
5. 다양한 형체	5점-형체가 7가지 이상 나타남 4점-형체가 5~6가지 나타남 3점-형체가 4가지 나타남 2점-형체가 3가지 나타남 1점-형체가 1~2가지 나타남	
6. 주제 관련도	5점-주제와 연관된 내용과 소재가 분명하게 나타남 4점-주제 관련 형체들이 연관되어 있음 3점-주제 관련 형체들이 각각 독립되어 있음 2점-주제 관련 형체가 나타남 1점-주제 관련 형체가 전혀 나타나지 않음	
7. 표현의 독특성	5점-주제에 대한 상상적인 표현이 뛰어남 4점-표현이 매우 독특함 3점-내용 중 독창적 표현이 있음 2점-형체 중 일부분을 독특하게 표현함 1점-사물 그대로를 표현하려고 함	

평가 항목	평가 내용	점수
8. 그림의 완성도	5점-전체적으로 색을 칠해 그림을 거의 완성함 4점-전체 중 절반 이상을 색칠함 3점-형체의 일부분만 색칠함 2점-형체는 있으나 색칠하지 않음 1점-형체는 완성하지도 못하고 색칠도 하지 않음	
9. 그림과 언어의 연계성	5점-주제에 대한 명명이 분명하고, 아이디어가 독특함 4점-주제에 대한 명명이 있음 3점-부분적 형체에 대해 명명함 2점-명명을 했지만, 주제와 관련성이 부족함 1점-표상에 대한 명명이 없음	

총 9가지 항목에 체크를 했으면 항목별로 점수를 적는다. '표현의 독특성'과 '그림의 완성도'에서는 점수가 2점 이상이면 평균 또는 그 이상의 수준으로 볼 수 있다. 나머지 7가지 항목에서는 3점 이상이면 평균 또는 그 이상이라고 생각하면 된다. 또한, 높은 점수에 해당하는 내용을 보면서 아이가 그림을 그릴 때 어떤 표현이 더 바람직한 것인지를 알아두고 아이가 잘하는 부분은 구체적으로 칭찬해주고 보완이 필요한 부분은 바람직한 방향으로 안내하면 좋겠다.

| 에필로그 |
아이들에게 잃었던 놀이의 즐거움을 되찾아주자

• • •

일 년 전에 시작한 놀이백과 시리즈의 마지막 권이 드디어 끝났다. 발달 시기별로 놀이백과를 준비하면서 놀이가 아이들에게 얼마나 중요한지, 아이들이 놀이를 얼마나 필요로 하는지를 새삼 느꼈다. 특히 3권에 나오는 예술 놀이를 정리하면서 음악, 미술과는 거리가 멀었던 내가 진즉에 알았으면 좋았을 것들을 많이 배웠다. 특히 음악 놀이를 정리하면서 내가 둘째에게 피아노를 가르쳤던 때가 떠올랐다. 지금 생각하면 어이없게도 당시 집에는 피아노가 없어서 아이는 연습도 하지 못하고 피아노 학원에만 다녔다. 당연히 나는 아이가 요즘 어떤 곡을 치고 있는 줄도 모르고 있었다. 그리고 아이가 학교 가기 전에 뭘 그리 준비한다고 괜히 분주했던 기억만 있다. 그러나 생각해보니 아이에게 이것저것을 가르치고 여기저기를 보내다가 정작 가장 중요한 시간을 놓친 것 같다.

되돌아 생각하니 아이와 함께 놀 시간이 줄어든다는 것은 아이와 함께 즐기는 좋은 시간이 줄어든다는 뜻도 된다. 또 아이에 대한 관심이 줄어든다는 의미이기도 하다. 물론 아이를 위해서 어떤 책을 살지, 어떤 학습지를 해야 할지 항상 생각하고 있었다. 그러나 정작 우리 아이가 요즘 뭘 생각하고 있는지 뭘 하면서 행복해하는지, 엄마 아빠와 함께 즐거운 시간을 보내고 있는지와 같은 가장 기본적이면서도 중요한 관심은 마음속 저편으로 미뤄 뒀던 것 같다.

나이가 들고 보니 어릴 때 신나게 실컷 놀았던 행복한 기억이 즐거운 추억이 될 뿐 아니라 마치 통장의 잔액과 같이 마음의 든든한 자산으로 남는다. 그래서 어릴 때 즐거운 놀이의 추억을 저금해둔 사람은 마음의 부자이다. 삶의 즐거움과 행복이 무엇인지를 안다. 또 가끔 힘들고 지칠 때도 통장의 행복 에너지는 바닥을 드러내지 않는다.

아이의 초등학교 입학을 앞두고 이것저것 걱정하고 미리 준비하느라고 마음이 분주한 부모님들에게 이 책이 도움이 되었으면 좋겠다. 부디 이 책의 놀이를 아이와 함께하는 시간을 가지면서 아이에게 즐거운 놀이의 추억을 만들어줄 수 있었으면 좋겠다. 또 부모님들이 자신의 어릴 적 즐거웠던 놀이의 추억을 다시금 떠올릴 수 있었으면 좋겠다. 또 아이들은 활짝 웃고 깔깔대고 놀면서 놀이 속에서 자신의 키보다 한 뼘 더 큰 발달과 학습을 경험해볼 수 있었으면 좋겠다. 이 책이 아이들에게(그리고 어른들에게도) 잃었던 놀이를 되찾아주는데 조그마한 도움이 되기를 기대해본다.

► 참고문헌 ◄

Chapter 1 :: 오감 발달 신체 | 아이의 가능성을 키우는 48~72개월 융복합 놀이

1. 최윤철. 태권도 활동이 유아의 체격과 체력에 미치는 영향. 2013
2. Russell, W.D., & Limle, A.N. *The relationship between youth sport specialization and involvement in sport and physical activity in young adulthood*. Journal of Sport Behavior, 36, 82-98. 2013
3. Jayanthi, N. *Injury risks of sports specialization and training in junior tennis players: A clinical study*. Paper presented at the Society for Tennis and Medicine Science North American Regional Conference, Atlanta, GA. December, 2012
4. Georgopoulos, N. A., Theodoropoulou, A., Leglise, M., Vagenakis, A. G., & Markou, K. B. *Growth and skeletal maturation in male and female artistic gymnasts*. The Journal of Clinical Endocrinology & Metabolism, 89(9), 4377-4382. 2004
5. Sandseter, E. *Children's risky play from an evolutionary perspective*. Evolutionary Psychology, 9, 257-284. 2011
6. 유순영. 요가 프로그램이 유아의 기초체력 및 일상적 스트레스에 미치는 영향. 전남대학교 교육대학원 석사학위 논문. 2010
7. Hoza, B., Smith, A. L., Shoulberg, E. K., Linnea, K. S., Dorsch, T. E., Blazo, J. A., . McCabe, G. P. A randomized trial examining the effects of aerobic physical activity on attention-Deficit/Hyperactivity disorder symptoms in young children. Journal of Abnormal Child Psychology, 43(4), 655-667. 2015:2014;
8. Hillman, C. H., Pontifex, M. B., Raine, L. B., Castelli, D. M., Hall, E. E., & Kramer, A. F. *The effect of acute treadmill walking on cognitive control and academic achievement in preadolescent children*. Neuroscience, 159(3), 1044-1054. 2009
9. Côté, J., & Hay, J. *Children's involvement in sport: A developmental perspective*. In J.M. Silva & D.E. Stevens (Eds.) Psychological foundations of sport (pp. 484-502). Boston: Allyn & Bacon. 2002
10. Vlahov, E., Baghurst, T. M., &Mwavita, M. *Preschool motor development predicting high school health-related physical fitness: a prospective study*. Perceptual & Motor Skills. 119, 1, 279-291. 2014
11. 이영심. 유아 기본 동작 측정도구 개발을 위한 기초 연구. 탐라대학교 교육대학원 석사학위논문. 2002
12. 박주희, 이은해. 취학 전 아동용 또래 유능성 척도 개발에 관한 연구. 대한가정학회지, 39, 221-232. 2001

Chapter 2 :: 소통 발달 언어 | 아이의 가능성을 키우는 48~72개월 융복합 놀이

1. Ely, R., & Mccabe, A. *The language play of kindergarten children*. First Language, 14(40):019-35. 1994
2. 박효경. 동시를 활용한 말놀이 활동이 유아의 어휘력과 언어표현력에 미치는 영향. 광주교육대학교 교육대학원 석사학위 논문. 2015

3. 황인미. 동시를 활용한 말놀이 활동이 만 5세 유아의 음운인식에 미치는 영향. 건국대학교 교육대학원 석사학위 논문. 2014
4. Upton, D., &Thompson, P. J. *TwentyQuestions Task and Frontal Lobe Dysfunction*. Archives of Clinical Neuropsychology, 14(2), 203-216. 1999
5. Ely, R., & Mccabe, A. *The language play of kindergarten children*. First Language, 14(40):019-35. 1994
6. 이정민. 유아 교실에서 나타난 유아의 이야기 내용에 대한 연구. 한국유아교육학회, 한국유아교육학회 정기학술발표논문집, 613-614. 2014
7. 이영자, 박미라. 유아의 이야기 구조 개념의 발달에 관한 기초연구. 유아교육연구, 12, 31-51. 1992
8. Breckinridge, C., R., & Goldin-Meadow, S. *The mismatch between gesture and speech as an index of transitional knowledge*. Cognition, 23(1), 43-71. 1986
9. Stevanoni, E., & Salmon, K. *Giving memory a hand: Instructing children to gesture enhances their event recall*. Journal of Nonverbal Behavior, 29, 217 – 233. 2005
10. Cook, S. W., & Goldin-Meadow, S. *The role of gesture in learning: Do children use their hands to change their minds?* Journal of Cognition and Development 7(2): 211-232. 2006
11. Goldin-Meadow, S., Kim, S., & Singer, M. *What the teacher's hands tell the student's mind about math*. Journal of Educational Psychology, 91(4), 720-730. 1999
12. 정남미. 사회적 역할놀이가 유아의 말하기, 듣기, 읽기, 쓰기에 미치는 효과. 중앙대학교 대학원 박사학위논문. 1996
13. Carlson, S. M., White, R. E., & Davis-Unger, A. *Evidence for a relation between executive function and pretense representation in preschool children*. Cognitive Development, 29, 1-16. 2014
14. 이윤진, 장명림, 김문정, 김혜원. 유아 외국어 교육의 실태와 대책. 부산광역시교육청 • 대구광역시교육청 • 육아정책연구소. 2010
15. 이윤진, 이규림, 이정아. 유아기 영어교육의 적절성에 관한 연구. 육아정책연구소. 2014
16. Alloway, T. P. *WorkingMemory, but not IQ, predicts subsequent learning in childrenwith learning difficulties*. European Journal of Psychological Assessment, 225(2), 92 – 98. 2009
17. 고선희, 최경순, 황민아. 읽기폭 과제로 측정한 정상아동의 작업기억 발달. 언어청각장애연구, 14, 303-312. 2009
18. Biemiller, A. & Boote, Catherine, (2006). An effective method for building meaning vocabulary in primary grades. Journal of Educational Psychology. 98, 44-62.
19. 이정순. 초등학생 학년별 동화 선호 경향 연구. 한국교원대학교 교육대학원 석사학위 논문. 2013
20. 김민선. 5세, 6세, 7세 아동의 빠른 자동 이름 대기와 읽기 능력. 연세대학교 대학원 석사학위 논문. 2011
21. 장유경. 만 5세 아동의 읽기 유창성 발달: 인지, 개인 및 환경적 요인들의 상대적 영향력. 인지발달중재학회지, 6(1), 69-92. 2015
22. 김동일. 읽기 유창성과 독해력 수준과의 관계: 초등학교 저학년 학생을 중심으로. 서울대학교 박사 학위논문. 2000
23. 조경선. 쓰기 지도 프로그램과 프로그램에서 사용된 그림책 유형의 차이가 유아의 쓰기와 사회적 유능감에 미치는 효과. 성균관대학교 일반대학원. 2012
24. 백운미. 유치원과 초등학교 1학년 읽기 • 쓰기지도 실태와 연계성에 관한 교사의 인식과 개선방안. 인턴대학교 교육대학원 석사학위 논문. 2001
25. 이혜진. 유아기 읽기, 쓰기 교육에 대한 유치원 교사와 초등학교 1학년 교사의 인식. 이화여자

대학교 교육대학원 석사학위 논문. 2005
26. 김경신. 한국 초등 1학년 아동의 발달적 특성과 교육내용에 관한 연구. 강원대학교 일반대학원 박사학위 논문. 2007
27. 신은희. 유아 언어발달 인적 지원 환경 평가 도구 개발. 숙명여자 대학교 박사학위 논문. 2010

Chapter 3 :: 호기심 발달 탐구 | 아이의 가능성을 키우는 48~72개월 융복합 놀이

1. Halberda, J., Mazzocco, M.M.M., &Feigenson, L. *Individual differences in nonverbal number acuity correlate with maths achievement*. Nature, 455, 665 – 668. 2008
2. Stipek, D., Schoenfeld, A., & Gomby, D. *Math matters: Even for little kids*. Education Week. 2012
3. Duncan, G. J., Dowsett, C. J., Claessens, A., Magnuson, K., Huston, A. C.,Klebanov, P.,Pagani, L. S., Feinstein, L., Engel, M., Brooks-Gunn, J., Sexton, H., Duckworth, K., & Japel, C. *School readiness and later achievement*. Developmental Psychology, 43, 1428 – 1446. 2007
4. Romano, E., Babchishin, L., Pagani, L. S., & Kohen, D. *School readiness and later achievement: Replication and extension using a nationwide Canadian survey*. Developmental Psychology, 46(5), 995-1007. 2010
5. Siegler, R. S., & Ramani, G. B. *Playing boardgames promotes low-income children's numericaldevelopment*. Developmental Science, 11(5), 655-661. 2008
6. 조은숙. ZPD에 기초한 수학활동이 유아의 기하도형 이해에 미치는 영향. 순천향대학교 교육대학원 석사학위 논문. 2007
7. 김경희. 한국 아동의 왼쪽/오른쪽 개념 발달. 1981
8. Scharoun, S. M., &Bryden, P. J. *Hand preference, performance abilities, and hand selection in children*. Frontiersin Psychology, 5, .114-128. 2014
9. McManus, C. *Right Hand, Left Hand*. Phoenix Paperbacks. 2003
10. Grimshaw ,G. M., & Wilson, M. S. *A sinister plot? Facts, beliefs, and stereotypes about the left-handed personality*. Laterality: Asymmetries of Body, Brain and Cognition, 18, (2), 135-151. 2013
11. Hardyck, C., Petrinovich, L. F., &Goldman, R. D. *Left-handedness and cognitive deficit*. Cortex. 12(3), 266-279. 1976
12. 박양덕. 유아수학교육에 대한 교사와 부모의 인식 비교. 전남대학교 대학원 석사학위 논문. 2000
13. 정지근. 만 5세 유아의 측정능력 향상을 위한 실행연구. 이화여자대학교 교육대학원 석사학위 논문. 2014
14. 김진영. 유아 및 아동의 관습적 시간개념의 발달에 관한 연구. 교육발전연구, 20(1),. 43-67. 2004
15. 백소영. 일상생활 자료를 활용한 수학적 탐구 활동이 유아의 수학 개념 및 태도에 미치는 영향. 중앙대학교 교육대학원 석사학위 논문. 2005
16. 교육과학기술부. 수학교육선진화방안. 교육과학기술부보도자료. 2012. 1. 11
17. 유효인. 스토리텔링수학활동이 만 5세 유아의 수학능력 및 수학적 태도에 미치는 영향. 중앙대학교 석사학위 논문. 2015
18. 오경진. 수학동화를 활용한 유치원과 가정에서의 활동이 유아의 수학적 태도 및 문제해결력에 미치는 영향. 성신여자대학교 교육대학원 석사학위 논문. 2013

19. Vosniadou, S., &Brewer, W. F. *Mental models of the earth: A study of conceptual change in childhood*. Cognitive psychology, 24(4), 535-585. 1992
20. Baker, H., Haussmann, A., Kloos, H., & Fisher, A. *Preschoolers' Learning about Buoyancy: Does it help to give away the answer? Proceedings of the First Joint International Conference on Learning and Development and Epigenetic Robotics*. Frankfurt, Germany : IEEE. 2011
21. Uttal, D. H., Liu, L. L., & DeLoache, J. S. *Taking a hard look at concreteness: do concrete objects help young children learn symbolic relations?* In L. Balter & C. TamisLeMonda (Eds.), Child psychology : A handbook of contemporary issues (pp. 177-192). Philadelphia : Psychology Press. 1999
22. Uttal, D. H., Scudder, K. V., & DeLoache, J. S. (1997). *Manipulatives as symbols: A new perspective on the use of concrete objects to teach mathematics*. Journal of Applied Developmental Psychology, 18, 37-54. 1997
23. 김철옥. 수학개념이 포함된 협동적 신체활동이 유아의 수학능력과 수학적 태도에 미치는 영향. 이화여자 대학교 석사학위 논문. 2011

Chapter 4 :: 사회 · 정서 감성 발달 | 아이의 가능성을 키우는 48~72개월 융복합 놀이

1. Izard, C., Fine, S., Schultz, D., Mostow, A., Ackerman, B., &Youngstrom, E. *Emotion Knowledge as a Predictor of Social Behavior and Academic Competence in Children at risk*. Psychological Science, 12, 1, 18-23. 2001
2. Grinspan, D., Hemphill. A., & Nowicki, S. Jr. *Improving the ability of elementary school-age children to identify emotion in facial expression*. J Genet Psychol. 164, 88-100. 2003
3. 한민영. 자유선택활동에서 나타나는 유아의 정서표현. 이화여자대학교 대학원 석사학위 논문. 2009
4. 김남정. 기관경험에 따른 만 5세 유아의 스트레스 연구 : 유치원과 영어학원을 중심으로. 덕성여자대학교 교육대학원. 2014
5. 박정하. 유아의 유치원 적응과 일상적 스트레스. 한국교원대학교 교육대학원 석사학위 논문. 2010
6. 박정아. 어머니 우울과 정서적 얼굴표정의 정보처리, 그리고 유아의 사회적 위축행동. 한양대학교 대학원 석사학위 논문. 2013
7. Henderlong, J. & Lepper, M. R. *The effects of praise on children's intrinsic motivation: A review and synthesis*. Psychological Bulletin, 128, 774-795. 2002
8. 신민용. 독서우애활동이 만 3, 5세 유아의 읽기 흥미 및 자아존중감에 미치는 영향. 중앙대학교 대학원 석사학위 논문. 2015
9. 김영미. 유아의 인기도에 따라 사회가상놀이에서 나타나는 의사소통전략. 위덕대학교 교육대학원 석사학위 청구 논문. 2008
10. 이정아. 마음챙김에 기초한 유아인지명상 프로그램이 유아의 일상적 스트레스와 자아탄력성에 미치는 효과. 동국대학교 교육대학원 석사학위 청구 논문. 2013
11. Kellerman, J., Lewis, J., Laird, J. D. *Looking and loving: The effects of mutual gaze on feelings of romantic love*. Journal of Research in Personality, 23, 145-161. 1989
12. Rubin, Z. *Measurement of romantic love*. Journal of Personality and Social Psychology, 16(2), 265-273. 1970
13. 김유정. 유아의 동기유형: 유아의 기질 및 어머니의 상호작용과의 관련성. 경희대학교 대학원 박사학위 청구논문. 2014

14. Jill, S. B., & Olswang, L. B. *Facilitating peer-group entry in kindergartners with impairments in social communication*. Language, Speech & Hearing Services in Schools, 34(2), 154-166. 2003
15. 김혜연. 유아기 또래 괴롭힘의 피해에 관련된 변인 연구 : 유아의 언어능력, 사회•정서적 행동, 어머니의 양육행동 및 교사-유아 관계를 중심으로. 가톨릭대학교 대학원 박사학위 청구논문. 2008
16. 박주, 이은해. 취학 전 아동용 또래 유능성 척도 개발에 관한 연구. 대한가정학회지, 39,221-232. 2001

Chapter 5 :: 예술 창의 발달 | 아이의 가능성을 키우는 48~72개월 융복합 놀이

1. Schellenberg, E. G., *Music Lessons Enhance IQ*. Psychological Science, 15(8), 511 – 514. 2004
2. Moreno, S., Bialystok, E., Barac, R., Schellenberg, E., Cepeda, N. J., & Chau, T. *Short-term music training enhances verbal intelligence and executive function*. Psychological Science, 22, 1425–1433. 2011
3. Costa-Giomi, E. *The long-term effects of childhood music instruction on intelligence and general cognitive abilities*. Update: Applications of Research in Music Education, 33(2), 20-26. 2014
4. Costa-Giomi, E. *The effects of three years of piano instruction on children's cognitive development*. Journal of Research in Music Education, 47(3), 198-212. 1999
5. Baharloo, S., Johnston, P. A., Service, S. K., Gitschier, J., and Freimer, N. B. *Absolute pitch: An approach for identification of genetic and nongenetic components*. American Journal of Human Genetics, 62, 224-231. 1998
6. Deutsch, D., Henthorn, T., Marvin, E., & Xu H-S. *Absolute pitch among American and Chinese conservatory students: Prevalence differences, and evidence for a speech-related critical period*. Journal of the Acoustical Society of America, 119 (2), 719–722. 2006
7. Music and Reading
   Meanwhile, researchers at Stanford University, led by psychologist Brian Wandell, found that children's level of musical training was closely correlated with improvements in reading fluency. Wandell investigated the effects of various arts training, including the visual arts, music, dance and drama/theater, on reading and phonological skills (the ability to manipulate the basic sounds of speech). He has tracked 49 children ages 7 to 12 who are enrolled in a larger, federally funded study examining changes in brain structure associated with the development of these skills. The effect on reading fluency was seen only with musical training, Wandell said. The more musical training a child had, the greater were the improvements in reading. The research also revealed preliminary evidence of a correlation between early exposure to the visual arts and improvement in math calculation, a finding Wandell called "surprising." He is exploring this result further via a new set of experimental studies. To try to understand the underlying brain mechanisms for these links, Wandell's team used a brain-imaging technique called diffusion tensor imaging (DTI). This technique measures properties of white matter, the tracts of axons linking various brain regions. The studies revealed "a remarkable connection between the properties of white matter fibers and phonological awareness," Wandell said. Phonological awareness is directly related to reading ability. His group is now planning interventional studies to determine if arts training induces this change in

brain structure or if the change is merely a correlation and is caused by other factors.
8. 권영걸. 색의 세계2-이제는 색이다. 서울: 도서출판국제. 2002
9. 형은숙. 자화상 프로젝트활동이 유아의 그리기표상능력 및 자아개념에 미치는 영향. 전북대학교 교육대학원 석사학위 논문. 2014
10. 허민진. 재활용품을 활용한 미술활동의 현황 및 실태 연구. 동아대학교 석사학위 논문. 2014
11. 이샘. 유아의 조형활동에 있어서 재료사용 및 실태분석 연구. 건국대학교 교육대학원 석사학위 논문. 2005
12. 이샘. 유아의 조형활동에 있어서 재료사용 및 실태분석 연구. 건국대학교 교육대학원 석사학위 논문. 2005
13. 지성애. 미술교육방법이유아의표상능력에미치는효과. 유아교육 연구, 21(1), 177-201. 2001

장유경의
아이 놀이 백과 5~6세

초판 1쇄 발행 2016년 1월 10일 | 초판 2쇄 발행 2018년 12월 5일

지은이 장유경 | 기획 CASA LIBRO | 펴낸이 김영진
본문 디자인 주수현 | 본문 그림 홍시야

사업총괄 나경수 | 본부장 박현미 | 사업실장 백주현
개발팀장 차재호
디자인팀장 박남희 | 디자인 관리 김가민
마케팅팀장 이용복 | 마케팅 우광일, 김선영, 정유, 박세화
해외콘텐츠전략팀장 김무현 | 해외콘텐츠전략 강선아, 이아람
출판지원팀장 이주연 | 출판지원 이형배, 양동욱, 강보라, 손성아, 전효정, 이우성

펴낸곳 (주)미래엔 | 등록 1950년 11월 1일(제16-67호)
주소 06532 서울시 서초구 신반포로 321
미래엔 고객센터 1800-8890
팩스 (02)541-8249 | 이메일 bookfolio@mirae-n.com
홈페이지 www.mirae-n.com

ⓒ 2016 장유경

ISBN 978-89-378-2467-8 14370
ISBN 978-89-378-3499-8 (세트)

* 북폴리오는 (주)미래엔의 성인단행본 브랜드입니다.
* 책값은 뒤표지에 있습니다.
* 파본은 구입처에서 교환해 드리며, 관련 법령에 따라 환불해 드립니다.
  단, 제품 훼손 시에는 환불이 불가능합니다.

> 북폴리오는 참신한 시각, 독창적인 아이디어를 환영합니다.
> 기획 취지와 개요, 연락처를 bookfolio@mirae-n.com으로 보내주십시오.
> 북폴리오와 함께 새로운 문화를 창조할 여러분의 많은 투고를 기다립니다.

「이 도서의 국립중앙도서관 출판예정도서목록(CIP)은 서지정보유통지원시스템 홈페이지(http://seoji.nl.go.kr)와
국가자료공동목록시스템(http://www.nl.go.kr/kolisnet)에서 이용하실 수 있습니다.
(CIP제어번호: CIP2015035154)」